逃不开的大势

SUPERTRENDS
50 Things you Need to Know
About the Future

[丹麦] 拉斯·特维德——著
（Lars Tvede）
陈劲 姜智勇——译

中信出版集团 | 北京

图书在版编目（CIP）数据

逃不开的大势 /（丹）拉斯·特维德著；陈劲，姜智勇译. -- 北京：中信出版社，2022.4（2023.6重印）
书名原文：Supertrends: 50 Things you Need to Know About the Future
ISBN 978-7-5217-3874-2

Ⅰ.①逃… Ⅱ.①拉…②陈…③姜… Ⅲ.①经济学－通俗读物 Ⅳ.① F0-49

中国版本图书馆 CIP 数据核字（2021）第 270817 号

Supertrends by Lars Tvede , ISBN: 9781119646839
Copyright © 2020 John Wiley & Sons, Ltd
All Rights Reserved. This translation published under license. Authorized translation from the English language edition, Published by John Wiley & Sons . No part of this book may be reproduced in any form without the written permission of the original copyrights holder
Copies of this book sold without a Wiley sticker on the cover are unauthorized and illegal
Simplified Chinese translation copyright 2022 by CITIC Press Corporation
ALL RIGHTS RESERVED
本书仅限中国大陆地区发行销售

逃不开的大势
著者： ［丹麦］拉斯·特维德
译者： 陈劲 姜智勇
出版发行：中信出版集团股份有限公司
（北京市朝阳区东三环北路27号嘉铭中心 邮编 100020）
承印者： 北京诚信伟业印刷有限公司

开本：787mm×1092mm 1/16　　印张：21　　字数：235 千字
版次：2022 年 4 月第 1 版　　印次：2023 年 6 月第 2 次印刷
京权图字：01-2021-3770　　书号：ISBN 978-7-5217-3874-2
定价：79.00 元

版权所有·侵权必究
如有印刷、装订问题，本公司负责调换。
服务热线：400-600-8099
投稿邮箱：author@citicpub.com

目录

第1章 感觉者、思考者、刺猬与狐狸——关于预言

你是感觉者还是思考者? / 004

刺猬与狐狸——哪一个更能看清未来? / 009

创新带来无限生机 / 010

倍速增长的知识 / 017

创意设计领域 / 025

世界远远好过你我的想象 / 030

第2章 人口与繁荣

西方与他方 / 041

实际上,人口增速正在快速下降 / 042

繁荣的巨大增长仍在继续 / 047

大规模老龄潮 / 049

农村地区的人口下降 / 050

全球平等的提高和局部不平等的加剧——这会继续下
去吗? / 051

更加和平的世界 / 055

被遗忘的 10 亿人——全球最大问题？　/ 057

第 3 章　生物科技革命——像计算机技术一样的生命科学

CRISPR——新型基因文字处理　/ 064

基因工程带来的物种　/ 068

灭绝物种再造——真实的侏罗纪公园　/ 069

未来的基因改造人类　/ 075

更健康、更安全的世界　/ 078

抗击癌症的新革命　/ 079

旧身体、新细胞　/ 083

可穿戴设备、自动诊断、生物黑客和生活方式医学　/ 086

未来的智能医疗　/ 089

第 4 章　计算机、软件和电子网络

从优异到奇异　/ 095

适用于新级别计算机的贝尔定律　/ 099

云计算与"即服务"运动　/ 101

人工智能——蹿红的职业终结者　/ 103

物联网——机械世界的神经纤维　/ 110

大数据 = 大买卖　/ 114

智能机器人——新的生态系统　/ 118

智能远程控制——现实世界里的魔法棒　/ 123

量子计算机——快几十亿倍　/ 124

　　　　虚拟现实——真实的梦境　/ 128

　　　　增强现实——打了鸡血的口袋妖怪　/ 128

　　　　环境用户体验——畅快淋漓的全面体验　/ 130

　　　　网络攻击——"犯罪即服务"及其他　/ 131

　　　　跟踪狂经济　/ 132

第 5 章　通向无尽的能源之路

　　　　化石燃料——临近峰值　/ 140

　　　　巨大的、不断增长的储量　/ 142

　　　　核能——复兴在即？　/ 147

　　　　核聚变——终极能源解决方案　/ 151

第 6 章　创新对资源及环境的重要意义

　　　　创新，创新！　/ 164

　　　　创意——终极资源　/ 168

　　　　人造肉　/ 178

　　　　更大的繁荣，更好的环境　/ 184

　　　　正确看待全球变暖　/ 185

　　　　实际上，世界正在变得更绿　/ 195

　　　　第六次物种大灭绝？　/ 196

第 7 章　新型网络与分散式技术

　　　　地理社交化——我是谁？我在哪里？　/ 204

电子商务革命——方兴未艾 /205

影响者营销 /208

奔放的分布式自治组织 /208

区块链——价值网 /210

点评经济——对市场和文化有益 /214

地球村与新网络红人 /216

火热的分享、关心与节约——共享经济 /217

指数型组织：赚大钱！ /220

第 8 章　未来的交通、住房和城市

未来的交通——更快、更灵活 /226

建筑行业的创新 /233

未来的奢华牧游者 /237

第 9 章　新的生活方式——体验与自我实现

体验经济——世界就是舞台 /246

关于声誉的观念变革 /251

自我实现——成为服务的产品 /251

创新创业——更低成本的自我实现 /253

自己动手与创客运动——工作即消遣 /254

人才云——劳动力市场的完全变革 /257

更多的回包 /261

定制媒体 /261

多元身份获得更多认可 /263

智力放大——更好、更灵活的教育 /264

第10章　更动态世界的商业管理

冲动型组织 /269

因循型组织 /270

事功型组织 /271

多元型组织 /272

进化型组织 /272

新技术带来新的管理方式 /273

新型信息范式：探寻—感知—分享 /275

什么应当保持不变？什么应当灵活处理？ /276

授权——激活员工 /277

投入——元组织的运用 /278

兼收并蓄：为你的项目调用全球力量 /278

基于算法的管理与人治型管理 /280

第11章　未来技术的政治影响力

时常祸乱文明的三种社会规范模式 /285

未来的福利社会——金字塔型国家还是灵活的应用商店？ /292

自上而下式的管理和草根发展的斗争 /296

开放还是封闭？ /299

公共管理中的信息问题　/ 299

平台型政府：小政府、大服务　/ 303

吸引力日益增长的基本收入　/ 305

基于价值观的公共管理——好事还是坏事？　/ 306

第 12 章　最后一点

后　　记 / 317
致　　谢 / 321
参考文献 / 325

第 1 章
感觉者、思考者、刺猬与狐狸——关于预言

"人类即将迎来300年不遇的最大熊市。"这是著名财经分析师罗伯特·普莱切特2010年夏天接受《纽约时报》采访时做出的预言。"熊市"指价格下跌的股票市场，而且普莱切特预测的是贬值"90%以上的"巨大衰退。这并不是他第一次做出灾难性预测。2009年6月，短短一年之前，普莱切特同样做出过暴跌预测；2011年，他再次拉响了警报——"熊市远未结束"。市场会一路下跌，下跌，再下跌。普莱切特的预测每一次都像野火一样迅速蔓延。对信以为真的人来说，唯一的问题在于，市场每一次都是上涨，上涨，再上涨。

实际上，这正是股票市场通常该有的样子。举例来说，在过去的100年间，美国股市平均每年上涨7%（在考虑通胀因素的情况下），这一复利增长足够把一位被动股票投资者的购买力提高大约80 000%（上涨，上涨，再上涨）！

因为不断拉响末日警报，普莱切特经常被称为华尔街最大的"熊"。这是一句俚语，华尔街用它来称呼那些看空市场的人。那么，普莱切特究竟是怎样得出这些预测的？他的依据是所谓的"艾略特波浪理论"。普莱切特曾经表示，自己从未见过哪种市场的演进能够脱离艾略特波浪模式。

我无意在此赘述艾略特波浪理论，但是，它为什么能够产生如此神奇的作用？无论如何执着地探究，我都未能找到支持其作用的理论。我甚至无法在普莱切特自己的著述中找到它。普莱切特只是简单地形容它"神乎其神"。这不禁让人好奇，类似《纽约时报》这样的主流报纸为什么会在2009年、2010年和2011年连续刊登普莱切特的观点，更别提他此前此后更多的言论了。还有更让人疑惑不解的，《赫伯特金融文摘》指出，假如一位投资者从1985年到2010年完全按照普莱切特的建议投资，那么他会损失98.3%。但是，如果这位投资者换个角度，在这25年中投资一份被动跟随股票市场指数的基金，不对投资组合进行任何操作，那么，他会盈利857%。普莱切特有没有某种大智慧？我不知道。但是，他的智慧得不到丝毫证据的支持。

你是感觉者还是思考者？

一听到普莱切特的故事，我们心里就会立刻跳出"罔顾事实"这个词。尽管它是一种比较通俗的说法，但它依然适用于一种被科学认可的性格类型，一种让人意想不到的类型。它被大量用于"迈尔斯-布里格斯性格类型测试"中。该测试把人分为"情感"和"思考"两大类型，也就是说，"罔顾事实"的人被视为极度"情感丰富"的，而不是特别"擅长分析"的。那么，根据迈尔斯-布里格斯性格类型理论的分析，"感觉者"应该是什么模样的？他们也许能在下面的描述中看到自己的影子：

- 我更喜欢和人打交道，或者，我更喜欢沟通。

- 我非常在乎关系是否和谐融洽。如果做不到一团和气，我就会感到焦虑不安。
- 我会主动发现别人重视什么，我会表达对他人的关心。
- 我会通过心灵做出决断，我希望做一个富有同情心的人。
- 人情练达即文章，我不喜欢直白地抛出"冰冷的事实"。
- 有的时候，我会看不到或者避开问题中的"硬道理"。
- 人们有时会觉得我过于理想主义、多愁善感，有时会觉得我太喜欢兜圈子了。

"感觉者"会更多地体恤他人的感受，他们非常注意在辩论中保持礼貌的语气，追随人群的一致意见。冰冷的事实和枯燥的统计数字不会引起他们太多的注意。通常情况下，诉诸情感的故事会被科学蔑称为"逸事型证据"，但是"感觉者"对此反应强烈。"感觉者"在现实生活中的多数行为是他们当下感到正确和适宜的；"感觉者"可能极其重视他人的看法，前提是他们要首先确认对方是好的还是不好的。只要和典型的"感觉者"讨论一次，你就会发现，他（她）会更多地把讨论和你这个人本身联系在一起，而不是和你的论证联系在一起。得益于迈尔斯－布里格斯性格类型测试的广泛流行，我们可以得到关于人群划分的量化情况。多项跨国研究证明，大约44%的男性和76%的女性是明显的"感觉者"。如果把地球上的所有人视为一个整体，那么，其中有60%的人属于"感觉者"。

根据迈尔斯－布里格斯的评测结果，其余40%的人，也就是56%的男性和24%的女性，属于"思考者"类型。总体而言，他（她）们可能会对下面的描述做出肯定：

- 我热爱技术和科学，我偏爱逻辑性较强的学科。

- 不一致性会引起我的注意。
- 我会用逻辑来解释或解答几乎所有的问题。
- 我会通过头脑做出决定,我希望做到公平公正。
- 我认为,用事实说话比圆滑老练重要得多。
- 有时,我会看不到或者不重视问题中"人"的一面。
- 人们觉得我目的过于明确,冷酷,无情。

"思考者"最有可能根据技术、科学和逻辑做出决策。他们会优先考虑数据带来的启示,较少关心与自己对立的大多数意见,不太在意自己的行事方式是否会冒犯他人。在辩论时,"思考者"更重视逻辑,而不是语气。如果逻辑与共识发生冲突,他们通常会选择逻辑。

在我看来,普莱切特明显是一位"感觉者",因为他数十年如一日地按照某种"罔顾事实"的方式行事。这种情况同样发生在世界著名的环保积极分子保罗·埃利希身上。在漫长的职业生涯中,埃利希不断提出关于全球环境和资源末日的预言,这一连串的预言最后无一例外地破灭了。比如,早在20世纪60年代,埃利希认为,印度不可能在20世纪80年代喂饱2亿人。结果,今天的印度不仅养活了13亿人口,还达到了更高的营养水平。在《人口爆炸》(1968年)中,埃利希进一步指出,全球人口的增长会遭到疾病、战争和饥荒的抑制。在接下来的1969年,他在英国提出:"2000年,英国将不复存在。"在埃利希看来,人口过剩的英国势必因为人口压力的增长和资源的匮乏而彻底崩溃。他预言的情况并没有发生。在我看来,自埃利希的著作出版以来,英国的空气更清新了,水更洁净了,就连英国菜都有了不小的进步。

埃利希不知疲倦地提出耸人听闻的大饥荒预言。他甚至提出，即便美国坐拥如此惊人的巨大财富，也无法免于饥荒。埃利希不厌其烦地详细预测：到20世纪80年代，美国会有6 500万人深受饥馑之苦；到1999年，美国人口将因此减少到2 260万。事实上，美国人口迅速增长到了2.73亿；日益严重的问题并不是饿肚子，而是肥胖症！埃利希对这些事实视而不见，他并没有收回自己之前的看法。在他看来，全球资源正在面临枯竭之虞，这是毋庸置疑的！在《富裕的终结》(The End of Affluence)(1975年)中，埃利希仍在进行预言："在1985年之前，人类一定会进入真正的匮乏时代"，在这个时代里，"关键矿产的可用储量将走向枯竭"。时至今日，将近40年过去了，我们并没有耗尽埃利希担忧的任何一种矿产。然而，这一切仍旧无法使他的态度产生丝毫的改变。

埃利希还认为，地球上的生命将会走向消亡。他在1993年预测：在未来的70年里，地球上一半的动物种类将彻底消失；到2015年，地球上所有的动物种类（是的，他说的是所有动物）都会彻底消失。结果如何？如今的地球依旧生机盎然，一只小鸟刚从我眼前飞过。科学界普遍认为，在过去的大约400年间，物种灭绝的比例大约为1/1 000。这也是如今仍然有740万~1 000万种生物，包括细菌等微生物，活跃在地球上的原因。

流行一时的胡扯

这些故事听起来让人难以相信，更古怪的故事还有很多。尽管误判不断，可是"喜爱波浪理论的罗伯特"们和"有一说一的保罗"们过着名副其实的"摇滚巨星"般的日子。普莱切特不断在媒体上抛头露面，被奉为财经分析大师，他的言论被媒体不断引用。埃利希获得的官方荣誉多得惊人，甚至一张A4纸都写不下。这些奖项来自众多机构，包括塞拉俱乐部、世界自然基金会（WWF）、瑞典皇家科学院（诺贝尔奖提名机构之一）、沃尔沃集团、联合国、阿尔伯特·爱因斯坦俱乐部、美国生态学会和伦敦皇家学会等等。我们或许应该这样看，埃利希获得这些奖项的原因并不是科学证明了他的分析是正确的，而是很多人认为他是一位用心良苦的好人。显然，这些圈子里的人觉得埃利希是个好人。

但是，人们如何看待"埃利希"们从来没有预测成功，甚至离题万里这一事实呢？有些记者思虑较深，他们偶尔会对埃利希式的尴尬境地发问，但这丝毫没有影响"喜爱波浪理论的罗伯特"们和"有一说一的保罗"们固执的立场。也许他们有时只是过于领先于时代，也许这能证明他们有多么高瞻远瞩。或许，他们是对的，只是我们不懂得如何正确地衡量。

无独有偶，我们同样可以在那些相信世界即将毁灭的宗教组织中看到类似的情况。关于这一点，最广为人知的研究来自《当预言落空时》（*When Prophecy Fails*）一书。该书研究了低调神秘的末日宗教"追寻者"。该组织的领袖是一位名叫多萝西·马丁的芝加哥女性。根据她的预言，人类将在1954年12月21日迎来世界末日。该书的作者、心理学家利昂·费斯汀格和他的两位同事一度进入这一组织，想要揭露信徒们在预言落空时的反应。需要说明的是，在此之前，"追寻者"的信徒们大多辞掉了工作，和亲友、同事郑重道别。"世界末日"的前夜，也就是12月20日午夜，信徒们等待着来自太空的无线电信号。据说，这信号会引导他们登上宇宙飞船。多萝西告诉他们，飞船会带着"追寻者"信徒们登上一颗名叫"克拉里恩"的星球。在他们启程之后的短短7个小时里，地球会毁灭在滔滔洪水中。

就这样，钟表的指针指向了21日零点，然而飞船并没有出现。这时发生了什么？一名信徒说，另一座钟上的时间还是23

点 55 分。但是，很快地，所有的钟表都走过了零点。他们在一片痛苦的沉默中等到了凌晨 4 点 45 分。就在这时，多萝西突然宣布，她收到了最新的神谕。因为"追寻者"信徒们"泄露了太多天机"，所以，神决定拯救地球一次。最让人难以理解的是，这件事（毋宁说没有事）反而让信徒们更加坚信自己是正确的。他们在第二天史无前例地主动联系了媒体，宣布他们刚刚拯救了整个世界。罔顾事实的人们真的能做到这种程度。

刺猬与狐狸——哪一个更能看清未来？

多萝西和她的追随者们也许真的是脑子有问题。但是，也许"天外来客多萝西"们、"喜爱波浪理论的罗伯特"们和"有一说一的保罗"们有一个共同点：他们都是"刺猬"，都是哲学家以赛亚·伯林在著名论文《刺猬与狐狸》中提到的刺猬。

刺猬？是的。在这篇论文里，伯林把人群分为"刺猬"和"狐狸"两大类。其中，刺猬指的是用单一的、最基本的思想看待世界的人；而狐狸指的是立足大量丰富多彩的思想和观察看待世界的人。他还补充指出，刺猬并不像狐狸那样善于洞察未来（为此，他广泛引用了多种统计调查材料）。我们可以把"思考者"、"感觉者"、"刺猬"和"狐狸"放在一个简单的表格中进行对比，从而说明它们看待未来的不同方式。

	聚焦于单一的、最基本的思想	综合大量思想、模型和观察
迈尔斯－布里格斯"感觉者"	罔顾事实的刺猬	罔顾事实的狐狸
迈尔斯－布里格斯"思考者"	数据驱动的刺猬	数据驱动的狐狸

"罔顾事实的刺猬"的生活中充满了错误的预测。之所以赢得了各种各样的荣誉和奖励，是因为它们对其他罔顾事实的刺猬形成了巨大的吸引力。但是，就未来的预测而言，这四种类型之间存在着巨大的差别。最聪明的是"数据驱动的狐狸"。

创新带来无限生机

人类拥有35万年的漫长历史。终其一生，也许很多人都没有留意过周遭社会的显著变化。因此，我们不难理解，为什么多年以来会有那么多人低估未来，这其中不乏知识渊博的人。举例来说，著名的罗马工程师、作家、政治家弗龙蒂努斯就在公元98年提出："人类的发明早已抵达了极限，我看不见任何发展的希望。"创新的机会早在几千年前就枯竭、穷尽了。至少弗龙蒂努斯这样认为。

在他们看来，即将走到尽头的显然远远不只创新，地球上的资源同样即将枯竭。在弗龙蒂努斯的悲鸣过去几百年之后，迦太基主教西普里安道出了他眼中的事实："高山大川，面目全非。放眼望去，满目疮痍。它们出产的大理石越来越少，矿藏越来越贫乏，可供人类开采的贵金属日渐稀少。"换句话说，地球上的资源早在1770年前就已经所剩无几了。这同样是现在许多人的看法。长久以来，托马斯·马尔萨斯一直是最著名的末日论者之一。他在1798年写道："就人类养活自身的能力而言，它的增长速度永远跟不上人口增长的速度，这一永恒不变的趋势是人类的一大铁律，不可改变。"因此，马尔萨斯预言，全球会爆发越来越多的饥荒。

1908年，时任美国总统西奥多·罗斯福在白宫召开了一次紧急危机会议，商讨一个迫在眉睫的严重问题：美国的资源即将耗尽。罗斯福说:"曾经极为丰富的矿产、石油和天然气已经消耗殆尽,半数以上的原木早被砍伐一空。"他还说:"很多专家指出,铁和煤耗尽的日子已经近在眼前了。"

我们现在当然知道这种说法是错的。但是,这种未来资源极度匮乏的想法很快就卷土重来了,其中以20世纪60年代和70年代最为突出。1969年,诺贝尔奖获得者乔治·沃尔德指出:"种种迹象表明,世界人口将在2000年翻一番。越来越多的人认为,全世界很多地方会在那时爆发饥荒。其规模之大,前所未有。专家们对此唯一的争议并不在于大饥荒是否会发生,而在于它将在什么时候发生。"

由此可见,专家们认为这一灾难是在所难免的,他们唯一的分歧在于灾难发生的时间,而不是它是否会发生。奇怪的是,在沃尔德的警告之后,全球的饥荒反而快速减少了。尽管资源怀疑论者正确地预言了全球人口的快速增长,但是他们没有意识到,人类的创新,以及由此而来的自给自足的能力会更加快速地提高,如图1-1所示。

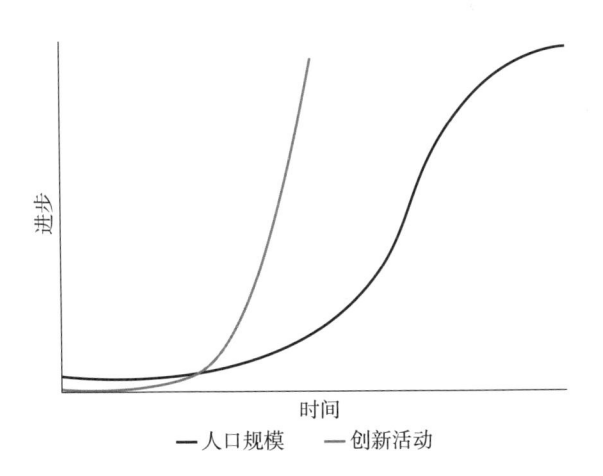

图1-1 人口增长与创新进步的赛跑

从纯粹的心理学角度来看，我们很难想象未来与当下的悬殊差异。的确，我们现在能够看到这一变革多么剧烈，也能看到世界变得更加美好。但是，当我们展望未来时，我们往往会按以前的方式以线性的眼光推测将来的发展，甚至看不到发展。因此，历史上充满了大人物低估未来发展的事例，这些大人物中甚至包括一些依靠数据的"狐狸"式的聪明人。举个例子。1995 年，未来学家伊恩·皮尔逊在一次讲座上预测，短短几年之内，IBM（国际商业机器公司）的人工智能计算机"深蓝"就能打败国际象棋世界冠军卡斯帕罗夫。讲座结束之后，一位听众告诉皮尔逊，他本人正是"深蓝"程序的撰写者。他认为该程序存在某些局限性，永远都不可能打败卡斯帕罗夫。然而，短短 18 个月之后，"深蓝"战胜了这位世界冠军，一战成名。

事实上，我们很难找到一种从未被引领潮流的专家们低估或者拒绝过的创新。比如，1903 年 10 月 9 日，在一篇题为《不会飞的飞行器》（*Flying Machines Which Do Not Fly*）的文章中，《纽约时报》对人类创造飞行器的努力大肆嘲讽。这篇文章最后的结论是：这些数学家和机械师终将获得成功，不过要等到"100 万年到 1 000 万年"以后。几个星期之后，10 月 22 日，著名的物理学家西蒙·纽科姆为《独立报》撰文，文中指出："鸟类无法成为人类的榜样。鸟儿会飞，这并不能证明人类会飞。操纵飞行器离不开人，而人的体重差不多有 150 磅[①]，加上机器本身的重量，这些必要的负载是鸟儿没有的。人们也许会发现，想要飞上天空，这些负载必然成为一道无法逾越的难关。"

这里有两处值得注意。第一，纽科姆至今仍是世人公认的、史上最杰出的科学家之一。他曾是美国天文学会和美国数学学

[①] 1 磅 = 0.453 6 千克。——编者注

会主席，并且曾对国民经济思想，包括著名的货币数量理论等，做出重要贡献。然而，这位一流天文学家、数学家和经济学家对飞行器深表怀疑。这是其一。第二点是引用的日期：1903年10月22日。就在此时，著名的天文学家、物理学家、创业者塞缪尔·兰利正在试验建造飞行器。对于兰利的尝试，《纽约时报》同样毫无信心。它在1903年12月10日的社论中宣布："我们希望兰利教授不要再继续飞行器的试验了。因为这样不仅会浪费他的宝贵时间和资金，还会进一步把他在科学领域的无价功绩置于危险境地。"

《纽约时报》的编辑们并不知道，就在他们发表这篇社论的前一天，默默无闻的怀特兄弟正在忙着组装零件，制造飞机。也许这些编辑受到了《北美评论》12月号的影响，它刊登了声名显赫的海军少将、蒸汽工程局局长乔治·梅尔维尔的文章，认为发明飞机的尝试是没有意义的，"毫无成功之希望"。

我们自然知道这个故事的结局。假设你此刻正在乘坐飞机，比如波音787，以每小时800千米的速度飞过天空，如果你读到这段文字，那么你一定会觉得这非常可笑，尤其是在我们想到怀特兄弟不仅顶住了物理学家、海军少将和报纸编辑的非议，在短短几个星期（如果不是几天）内造出飞机，还在几天之后，也就是1903年12月17日，成功地让它飞上天空的时候。怀特兄弟成功的时间，比《纽约时报》编辑预测的时间提前了"100万年到1 000万年"。

由此可见，人们常常会低估未来的可能性。不仅如此，即使被他们低估的事物变成了现实，这些人仍会做出毫无根据的判断，如"很明显，它根本没有市场"等等。

紧接着，这样的事物往往会受到全球热捧。以航空业为例。你现在就可以通过FlightAware.com网站查询一下；怀特兄弟的发明此时此刻处于怎样的状况。网站查询结果显示：在过去的24小时里，共有113 646次航班抵达目的地。这个网站还告诉我，此时处于飞行状态的航班共有10 710架。通过计算可以得知，现在大约有120万人正坐在飞机里遨游天际。

由此可知，虽然人们通常对创新抱有怀疑态度，但是，一旦创新的结果行之有效，人们就很愿意购买它们。确实如此，但是，当人们大量购买创新成果时，末日论者又会浮出水面，提出"有一说一的保罗"式的观点：假如人人都去购买某种商品，人类很快就会耗尽地球上的资源。我们可以负责任地说，平均而言，在过去的几百年间，商品的价格经历了大幅下降，这一点无法说明我们正在走向资源的枯竭，反而说明了资源的日益丰富。我会在下文详细论述这一点。

末日论者的错误

我们不必在这个问题上纠缠不清。再来看几个例子，它们能说明，在发展问题上，大名鼎鼎的末日论者的错误有多么频繁。1830年，狄奥尼修斯·拉德纳教授指出，通过高速铁路出行是不可能的，因为"乘客会喘不上气来，窒息而死"。7年之后，法国医师、外科医生阿尔弗雷德·韦尔波认为，手术麻醉是不可能实现的。1878年，另一位外科医生伊拉斯谟·威尔逊在巴黎世博会上第一次见到了电灯，但是他认为这只是奇技淫巧，未来的人们不太可能听说这一发光现象。1888年，前文提到过的西蒙·纽科姆提出："人类对天文学的认知可能已经接近极限了。"1894年，物理学家阿尔伯特·迈克耳孙在芝加哥大学的一次就职演说中提出："物理科学发现了越来越多的基本定律和事实，它们的根基扎得很牢。因此，用新的发现取代它们的可能性微乎其微。"

如此说来，基础科学的未知领域几乎所剩无几了。美国专利局局长查尔斯·迪尤尔在1899年指出，就连技术领域和商业领域也是如此。实际上，在向普通民众普及技术常识的过程中，迪尤尔凭借下面这句名言奠定了自己的地位："一切能被发明的东西都已经被发明了。"

从那时到现在，情况一直如此。备受敬重的专家、学者们先后提出，未来不可能出现军用飞机、电视机、家用计算机、核能等等。1957年，Hall Business出版社的编辑甚至提出，计算机不过是一时的潮流，转眼就会消失不见。

让我们从更宏大的视角看待这个问题。智人这一物种已经存在了大约35万年。在这段漫长的历史中，创新在绝大多数的时间里显得微乎其微。据说，距离现在最近的一次间冰期大约持续了1.17万年。这次间冰期刚开始的时候，人类才刚刚萌发出创新的嫩芽，随后，创新逐渐加速。到了大约5 000年前，第一个真正意义上的人类文明连同它创造的城镇一同出现了。这很可笑，不是吗？这意味着，在人类历史的头35万年左右的时间里，几乎什么都没发生过。如今呢？如今的我们一往无前，势不可当。

查阅百科全书，我们会发现，最早的人类成就可以回溯到3 000年前。一项重要的计量经济学（计量经济学主要运用统计方法分析历史事件）研究证明，从那时起，直到1950年，人类历史成就的发展如图1-2所示。

即使到了1450年，全球总体创新表现依然乏善可陈，但是，实际上，事物的发展是日积月累、潜滋暗长的。知识与能力的线性累积随着大量地区的兴衰时起时伏。在埃及兴起之后，波斯随之而来，接下来是古希腊的城邦，随后依次是中国、罗马、西班牙和其他地区。一个地区的发展总会有起有落，然而全球范围的总体加速局面始终没有出现过。在这个过程中，各种文明在漫长而久远的更替过程中兴起和衰落。成与败、兴与亡、起与落，轮番上演。在历史的巨大陵园里，安葬着大约200种文明。

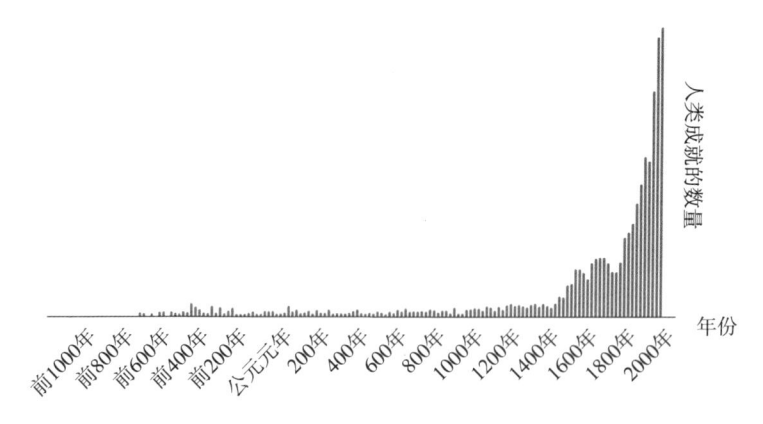

图1-2 人类的创新与成就（公元前1000年—公元1950年）

注：数据来自百科全书。

然而，到了1450年，西欧终于爆发了创新的大发展。它明显地集中在一条带状地区：它沿着意大利北部一路进入现在的瑞士境内，再进入德国、北欧的一部分地区以及法国东部。在这次创新爆发期间，以及此前几百年的时间里，这一带状地区始终由几千个相互竞争的城邦组成。从那时起，直到1950年（上述研究的截止时间），西方（西欧和西欧国家的殖民地，包括北美洲、澳大利亚等）的创新成果占据了全球创新的97%，而这些地方的人口只占全球人口的不到10%。从1950年到2000年，西方对创新的贡献下降到了大约95%。考虑到亚洲近年来的创新热潮，西方的创新比例可能会降到90%，并一路走向80%、70%。现在，中韩两国的发展速度惊人。在我看来，这对全人类都是有益的。

倍速增长的知识

和过去相比，人类创新和创造力的发展速度有多快？非常快。实际上，它呈现出了超指数的发展态势。超指数指的是一种恒定的加速状态，但加倍的速度不断降低。

这里需要略做一些技术上的说明。线性序列指的是类似于"2，3，4，5，6"这样的序列，而指数序列可以是 x^2 式的，例如"2，4，8，16，32……"

假设你按照指数序列赛跑，你的初始步幅长度是1米，那么，你跑出的第1步是1米，第2步是2米，第3步是4米，以此类推，你的第20步将超过500千米，当你迈完这一步时，你已经距离起跑线1 000千米远了。照这样计算，只需要26步，就可以绕行地球一圈半。

由此可见，指数式的增长是超乎寻常的。让我们换个角度说明这个问题。想象一下，你在一个大湖里种植睡莲，这种睡莲按照2次幂的指数速度繁殖。假设这些睡莲在第20年时铺满整个湖面，那么，请问，它们在第19年时覆盖的面积有多大？只有整个湖面的一半。如果按照双指数的速度计算，就可以得到更快的发展。也就是说，指数本身也会随着时间呈现出指数级增长。它会带来类似于"2，8，512，134 217 728……"式的序列。我们会在谈到量子计算时详细探讨指数型案例。

让我们更全面地看待这个问题。考古学家认为，直立行走的人类在距今约70万年前发明了石斧，在距今约50万年前发明了第一顶兽皮帐篷。接下来，在距今约40万年前发明了磨尖的矛头。也就是说，我们这些浑身是毛的祖宗在30万年里一共完成了 3 项发明。但是，随后，发明进程变得越来越快了：

- 公元前 25 万年：切石法
- 公元前 23 万年：土葬
- 公元前 20 万年：刀
- 公元前 20 万年：绳子

5 万年，4 个发明。差不多在发明刀和绳索的同时，直立人进化成了智人。

在接下来的 3 万年里，至少出现了 4 项发明：锯齿刀刃、骨针（公元前 9 万年）、艺术和玩具（公元前 7 万年）。我们都知道，在此之后，人类发展的速度进一步加快。未来学家、发明家巴克敏斯特·富勒在他的著作《关键路径》(Critical Path) 中提出了一个非常有趣的说法。富勒首先估算了人类从直立人时代到公元元年积累的所有知识，并把它称为一个"知识单位"。接下来，他估计人类只用了 1 500 年就完成了下一个知识单位。换句话说，在大约 1 500 年的时间里，人类的知识总量翻了一番。下一次翻番只用了 250 年，即从 1500 年到 1750 年。150 年之后，也就是 1900 年时，又翻了一番，人类积累的知识总量达到了 8 个知识单位。这说明人类知识的发展是指数式的，与此同时，它的加倍速度在不断下降。这说明它是超指数式的。

物理学家约翰·齐曼提出了另一种计算方法。齐曼估计，假设 1670 年时只有 1 篇科学论文或者 1 位科学工作者，那么，这个数量到 1770 年就变成了 100，1870 年变成了 10 000，1970 年变成了 100 万。这太令人震惊了！它由此引出了本书 50 个超级趋势中的第一个。对这 50 个超级趋势的介绍及其背后的预测原则可以帮助我们理解历史、探求未来。

1. 全球科学活动每 15 年翻一番。也就是说，它会在 100 年的时间里增长 100 倍。（齐曼定律）

我们可以把齐曼定律和由此而来的大部分定律看作矢量性的。它们的意义在于，综合这些定律，我们可以对这个世界的演化发展得到一个最基本的认识。

这些规则的应用会让思考未来变得很方便。阿尔弗雷德·马歇尔是同时代最有影响力的经济学家之一。他想出了一种非常有趣的工作方式。每当读到别人的经济学文章时，马歇尔都会把这些文章转化成简单的数学公式。他通过这样的方法理解作者论证背后的底层算法，这通常能帮助他理解眼前的文章是不是讲得通。

齐曼定律正是一种这样的定律。在齐曼定律中，年增长率大约相当于 4%。通过衍生的创新，齐曼定律促成了这样一种组合：一方面是越来越好，通常也越来越廉价的产品，另一方面是全球 GDP（国内生产总值）的长期增长。后者每年的总体增长率约为 3%，人均增长率约为 2%。

那么，如今的事物发展速度究竟有多快？这个问题不仅关系到科学活动，还关系到创新。它是很难测量的，但是我们都知道，数字数据存储量每 3 年就会翻一番；与商业紧密相关的数据的数量每隔 25 个月就会明显地翻一番。与此同时，大型数字技术的性能每隔一年就会翻一番。我们会在后面的章节里详细讨论这一点。

换个有趣的角度来看。如果齐曼定律依然成立，那么它意味着，2030 年的全球科学活动将是 1980 年的 10 倍左右。它还意味着，2080 年的全球科学活动将是 2030 年的 10 倍左右。那么，一位出生在 1980 年并去世于 2080 年的人有机会在有生之年见证科学活动增长 100 倍。这个定律真不错,很有必要牢记在心。

如果齐曼定律在未来的两个世纪一直有效,那么它意味着我们的科学活动将在 200 年的时间里增长 1 万倍。这是不是很有趣?想想看,到 2100 年时,人们懂得的东西是 2000 年时的 100 倍,2200 年时达到足足 1 万倍。不仅如此,计算机很有可能从人类手里接管越来越多的科学任务。我们正走在一条多么神奇的旅程上啊!

创新机制

我们都知道,知识本身和知识的影响在不同人群、企业、行业和国家之间的扩散并不均衡。它的扩散更像睡莲的局部族群在广袤湖面上的繁殖。它经常通过协同进化从一个领域传播到另一个领域,从线性增长变成指数增长。协同进化指的是一种技术的突破触发其他技术突破的现象。如此一来,知识产生了更多的知识,就像成功通常会带来更多的成功一样。

但是,有些指数式发展不是已经再次陷入停顿了吗?假如我们讨论的是摩尔定律,那么这种争论是有意义的。摩尔定律说的是集成电路(例如计算机芯片)上的晶体管或者元件数量每隔一年半就会翻一番。与此同时,每个处理单元的价格会降到原来的一半。我并没有把摩尔定律列入本书的定律当中,因为如果单纯按照字面意思理解,摩尔定律似乎即将走到尽头。尽管如此,摩尔定律一直发挥着极好的作用。假设摩尔定律奠定了汽车行业的发展基础,那么,如今的汽车已经可以实现每小时 6.75 亿千米的最高速度。开着这样的汽车,我们可以在 1/5 秒内绕地球一圈。这让人忍俊不禁。我曾在很多场合见到人们挑战摩尔定律,想要淘汰它。但是他们的尝试都没有成功。如今,很多证据说明,摩尔定律(的原型)正在走向终点。原因在于更小型元件的作用（"登纳德缩放比例定律"）正在日益减小。同时，在电子于电子门之间发生不当跳跃之前，电子门之间的距离可以达到多小？这一点仍然受到基础物理的诸多约束。我们正在一路跌跌撞撞地走向这些极限。

但是，我们不会在产品中注意到这一点。众所周知，生产厂商正在引入第三个维度。传统的计算机芯片是平面的，如果在它们上面叠加更多的分层，芯片的性能就会得到极大的提高。这种 3D 芯片已经出现在三星公司最先进的硬盘里。但是，因为每个表层单位会产生巨大热量，所以，为了使性能达到预期的水平，我们必须为系统提供冷却装置。IBM 等公司正在研究相应的解决办法。尽管如此，还有很多其他技术可以支持摩尔定律依然有效的说法，并且为我们带来可以作为证据的体验，包括多核处理器、云计算、光计算和量子计算等等。

计算机能够恰如其分地说明人类的创新是如何发生的，因此，让我们就这个话题多说几句。尽管摩尔定律的原型即将走到尽头，《经济学人》杂志还是通过《超级技术》(*Megatech*) 一书罗列了对计算机未来性能保持乐观的几个原因。例如，它突出强调了更好的程序设计以及配套的、经过专门设计的芯片。这一点在 2017 年得到了证明。谷歌公司的国际象棋程序"阿尔法元"击败了 StockFish 8 程序。后者曾经击败 IBM 的"深蓝"，是当时全球顶尖的国际象棋程序。最有趣的是，赢得比赛的"阿尔法元"每秒钟"仅"完成 8 万次运算，而 StockFish 8 的运算速度达到了每秒钟 7 000 万次，后者的速度几乎是前者的 1 000 倍。不仅如此，StockFish 还加载了各类国际象棋职业比赛的所有数据，而"阿尔法元"仅仅自学了 4 个小时（是的，4 个小时！）。它用令人目不暇接的速度和自己对弈。这说明了，无须实现没有必要的高速运算，计算机的工作效率就可以达到更高的水平。

更根本性的变化在于，计算机的力量在未来将更多地作为一种外在的资源存在，类似于外接电源或者自来水。我们可以在需要它们时随时开启，而不必在自己的某间屋子里、在办公桌下永久性地放置一台服务器，也用不着随身携带智能手机。苹果公司的智能语音助手 Siri 就是这一发展趋势的绝佳例证。Siri 无法凭借计算机的能力或者手机上的知识来回答我们的问题，因为它们远远不够强大。与此相反，我们的问题被记录并发送到苹果公司的数据中心。苹果公司有许许多多这样的数据中心，那里有成千上万台功能更强大的计算机。这些数据中心配备了各种最先进的技术，在未来还可能会配备光学计算机、量子计算机等等。因此，你得到的答案可能是 1 万台计算机在一瞬间协作运算的结果。有一天，当我们走进这一领域时，摩尔定律就会变得没那么重要了。

今后将出现计算机设计的生命

前文提到过，我们目睹了一个又一个领域从低迷的状态或线性发展的状态进入指数式发展的状态。这一点同样适用于绝大部分的生物化学学科，尤其是基因和蛋白质领域。

人类基因组计划成立于 1990 年，原计划 15 年完成，也就是在 2005 年完成。它是目前全球最大的生物学联合研究项目。该项目着手绘制人类基因图谱，即 DNA（脱氧核糖核酸）双螺旋结构，它包含着我们的基因，决定着我们的物种。在很长一段时间里，这个项目带给人们的是无穷无尽的挫败感，这主要因为这项工作的初期进展极其缓慢，以至有人估计它还需要 693 年才能大功告成。不出所料，7 年之后，到 1997 年时，这个项目已经耗费了 14 亿美元，经历了数次工作效率的提升，但它只完成了图谱的1%。按照这个速度,很多人认为这个项目根本不可能完成,即使完成,也至少需要140亿美元的资金。这是人们完全无法接受的。

只有未来学家、创业家雷·库兹韦尔相信这个项目能够如期完成。他看到了其他人没有看到的一面:基因图谱工作的速度正在呈现指数级增长趋势。库兹韦尔说对了。2003年,人类基因组项目宣布完成,比原定的截止日期提前了两年。这要归功于化学分析新方法与计算机分析新方法的结合。基因图谱的绘制成本因此不断地大幅下降。这就引出了下一个趋势,《经济学人》杂志用物理学家罗布·卡尔森的预测为其命名卡尔森曲线。

2. DNA破译技术的发展和价格下降的速度至少与摩尔定律保持一致。(卡尔森曲线)

卡尔森的预测是对的。基因技术在实践中表现出的效率远远超过了摩尔定律的速度,人类目前已经完成了50万人的基因图谱,而在1997年,这个结果听起来一定像是天方夜谭。实际上,它在1997年听起来简直是疯言疯语。但是,它变成了现实。我们因此拥有了可供支配的绝佳资源。它会帮助我们进行健康诊断和疾病预防。顺便提一句,这个资源的规模本身也在呈现指数级增长趋势。哦,抱歉,应该是超指数级增长趋势。

成功破译DNA只是一流技术协同进化的一个例子,这个领域正在涌现大量的、更多的例子。例如"DNA互联网",它是一个由多家研究机构和企业共同赞助的配对平台。人们可以在这里分享基因档案,帮助医生们找到各种疾病的遗传学谜底。这一现象也呈现出指数级增长趋势。假如我们把它同人工智能和大数据结合起来,那么我们也许会进入一个前所未见的全新世界。我们会在后面详细讨论人工智能和大数据的问题。

我们就生活在未来之中

前几天，我在 Instagram（一个分享照片和视频的社交平台）上看到了一张照片：一辆兰博基尼跑车，停在德国的一座中世纪古堡前。这张照片立刻打动了我。它让我不禁联想到，在我们祖先的眼里，我们如今的生活一定是一种完全令人疯狂的未来。想想看，如果一辆兰博基尼跑车在中世纪人民的眼前飞驰而过，那么他们会不会失去理智。如果换成一架飞机在天上掠过呢？这实在令人大开眼界！我认为，人类有时应当停下来反思自己正在经历的巨大发展。我们生活在一个指数式发展的时代里，很容易忘记自己的世界已经走出了多远。即使是在自己的有生之年，这情形依然如此。例如，今天的科学家们能够为微生物编程，这就像制造能够自我复制的机器人一样。它拥有令人难以相信的精确度，能够带来类似于复合蛋白质和药物的多种新产品。换言之，生命体已经成了人类的计算平台，而细胞就是新型机器人。

3. 随着社会的日益数字化，人类会越来越多地为生物细胞编码，它们会像自我复制的机器人一样为我们服务。

这表现为一种更广大趋势的一部分，这一趋势会让极其微小的事物为我们提供智能化服务。与此同时，计算机已经发展到自我编程，并与其他计算机相互编程的阶段。这势必产生新的超级智能，并展现出超乎想象的能力。

前文提到过，100 年后，人类的科学活动将是当前的 100 倍。虽然我活不到 100 岁，但是有生之年见证的明显进步就已经足够令人称奇了。还有一点需要注意，在我撰写本书的短短10年之前，我们还没有优步、Snapchat（色拉布）、爱彼迎、Spotify（一个音乐播放平台）、Instagram、比特币、自拍杆和iPad（苹果公司生产的平板电脑）。如果进一步回溯，回到1970年，人类那时还没有互联网、个人计算机、DNA解码、网飞、移动电话、等离子显示器以及无数我们早已习以为常的其他技术。这让我想到了第4个趋势：

4. 未来的挑战需要用更新的技术来解决。

谢天谢地！我们显然无法用中世纪的办法解决今天的大多数问题。展望未来，我们必须让自己学会接受这样一个事实：如果现有的技术总量在50年后的技术总量中占10%，那么，它在未来100年后的技术总量中大约只能占1%。这难道不意味着我们将要开发的那90%或99%的新技术会更加聪明、更加智能吗？

创意设计领域

创新主要是运用新方法把现有的事物组合起来。但这同样存在发人深省的一面。在其他条件相同的情况下，这样一个过程可能变成超指数式。举个例子。假如我们只有两种产品A和B，那么，我们可以通过两两组合得到3种结果，即AA、AB和BB。但是，如果我们把现有产品的数量增加一倍，变成4种（A、B、C和D），那么，可能出现的两两组合就会从3种增加到14种。这意味着，即使创意素材的增长是线性的，也能带来组合数量的超指数级增长。

钢琴也是一个绝佳的例子。它只有88个键，但是，就像我们看到的那样，人们可以用这 88 个键弹奏出无穷无尽的乐章。化学也是一样。已知的化学元素只有 118 种。让我们保守地假设每个分子只由 10 个原子构成，并且忽略原子的顺序，同时假设它们形成单链结构，每个原子只出现一次，依然能得到大约 42 634 215 112 710 种不同的组合方式（这里暂时忽略有些原子组合无效的情况）。然而，实际上，结构中含有 10 个以上原子的分子是数不尽的，而且，即使我们简单地把原子数目增加到 15 个，新的组合也会带来 1 015 428 940 004 440 000 种不同的分子类型。如果除去人为限制的条件，就会存在包含几十亿个原子的分子。所以说，118 种原子可能构成多少种分子？这个数目大得惊人——不用说，由此得到的分子种类多得望不到尽头。数学家们把这种现象称为"组合爆炸"。

量子物理学家戴维·多伊奇在他的著作《无穷的开始》(*The Beginning of Infinity*)中令人信服地指出，由于这些现象，创新能够无穷无尽地一直延续下去。我完全同意这个看法。基于多伊奇和与他观点类似的人的看法，我们可以得出下一个趋势：

5. 创新是一个无穷的、呈指数级增长的过程，一旦开始，就不会有自然约束能让它停下来，物理定律除外。

也许有人会提出反对意见："不对，很多社会曾经充满了创新性，但是它们后来都不再创新了。"说得没错，实际上，说得对极了。但是，它们都是社会变革的结果，受制于暴政、集权、宗教等等；受到这些约束条件影响的社会确实会失去创新的力量。我想说的是，抛开物理定律的约束，创新是不存在自然藩篱的。

所以，创新是一种很容易理解的现象。它同时又蕴藏着巨大的力量。因此，在提出上述趋势之后，我们需要紧接着提出另一个趋势：

6. 从根本上讲，可能的和必要的事物也许都会成真。在未来，只要有客观需求的存在，而且不违背物理定律，一切想象就都有可能实现。

这是一个绝佳的趋势，至少在我看来是这样的。因为物理定律是极为慷慨大方的。举个例子，物理学中的绝对速度极限是光速，以这一速度运动的物体大约可以在一秒钟之内绕行地球 7 圈。再举一例。氘和氚是核聚变的主要原料，它们蕴藏的能量至少能够为人类提供 3 000 万年的清洁安全能源。量子计算机也是一样，对于某些类型的计算而言，量子计算机的运算速度比如今最快的传统计算机快几十亿倍。

这真令人拍案叫绝。也许正是这个原因，我们要把这条定律归功于著名的科幻作家（同时也是极为出色的预言家）阿瑟·克拉克，他说："如果一位年高德劭、声誉卓著的科学家说，某事是可能的，那么他很有可能说错了。"巧合的是，技术领域中同样存在这样一种现象，它常常导致我们对技术进步的低估：实际上，我们有时会高估技术进步的短期效应（我们已经讨论过这一点了），低估它们的长期效应。有些人论述过这一点，例如未来学家罗伊·阿马拉。因此，我们把它称为"阿马拉定律"。

7. 人们经常会高估新技术的短期影响，低估它们的长期影响。（阿马拉定律）

我认为，造成这一现象的主要原因在于，每一项伟大的核心创新一开始都是没有用户的，或者只有寥寥无几的用户，直到它的实际应用遍地开花为止。例如，电视转播离不开实况体育赛事、脱口秀和肥皂剧的发展，这些内容的发展需要大量的时间和尝试，不可能一蹴而就。需要时间是因为它们很复杂，同时，建立在新核心技术之上的绝大多数应用并不仅仅与技术有关，它们还关系到新的商业模式和新的企业类型。

为什么我如此笃定地认为创新会不断地表现出超指数级增长趋势？上文已经提到过一些原因，例如，重新组合本身就是一个超指数级的过程。除此之外，还有以下几点原因。

第一，与上一次冰期结束时的人口相比，如今的人口至少是当时的3万倍。而绝佳创意的产生和传播通常是指数级的。所以，如果一项好创意需要把受众人数扩大到原来的1 000倍，它只需要多用2倍的时间就够了。但是，人数为原来的1 000倍的人群至少会产生数量为原来的1 000倍的想法。所以，人口的增长带来了创新的飞速发展。

与此同时，在很多社会里，人们早已不再认为尘世的事务是由天神决定的。与此相反，人们认为世事受到自然力量驱使，而自然的力量是可以被分析的。这就是启蒙和科学的力量。除此之外，旅行、互联网和国际贸易等让人们彼此之间的联系变得越来越紧密。因此，与之前相比，人们有更多的机会交换思想、看法和发明。另外，城市化也是一个重要因素。因为创新力量的增速比城市或者城镇人口的增速还要快。城市越大，工作、生活的节奏就越快。在大城市的街头，就连行人的脚步都要快一些。城市里的人还会频繁地会面、共事、合作、交流意见。一个人身边围绕的人越多，找到与自身技能互补对象的机会就越多，这是不言而喻的。直白地说，乡村地区是资源中心，而城镇地区是创新中心。其中，后者的人口是不断增长的。这也解释了为什么人类不会耗尽资源，为什么我们需要的资源中心越来越少。

创新力量不断增加的一个额外原因是人类变得越来越富有智慧了，这真是一件令人欣喜的事。人们最初在 20 世纪 80 年代发现了这一规律。如今，它早已得到了很好的证明。它也为我们带来了下一个趋势：

8. 在人均经济增长水平较正常的国家里，人们的平均智力会以每年约 0.3 个百分点的速度增长，即每 10 年增长 3 个百分点，直到经济水平完全达到发达水平为止。

这个趋势至少在西方世界和东南亚是成立的。这是一道特别简单的数学题，通过标准智商测试得到平均智力每 10 年增长 3 个百分点，每 100 年增长 30 个百分点。这是一个极高的水平。这样的增长足以把一国民众从"呆若木鸡"变为"聪明过人"。这也许是很多因素共同作用的结果，这些因素包括种族混合（远系繁殖）的程度更高，同系繁殖的程度更低，营养更好，婴幼儿罹患严重传染病的概率更低，疟疾等顽疾不再肆虐以及认知刺激更好，等等（见图 1-3）。它形成了一种良性循环。人们越富有，就会变得越聪明。人们越聪明，就会变得越富有。尽管如此，从全球层面来看，这个过程似乎陷入了停滞。但是，人类毕竟在这一点上取得过长足的进步，而且，这样的良性循环仍然发生在发展中国家里。

不仅如此，有机会接受教育的人也越来越多。举个例子，有机会读大学的人数每 15 年就会翻一番。这主要得益于两个原因。第一，很多发展中国家变得越来越富有，它们有能力为教育做出更多投入。第二，单纯从教育角度来看，女性接受教育的水平正在赶上男性。就高等教育而论，有些国家的女性甚至超过了男性。实际上，在富裕国家［这里指的是 OECD（经济合作与发展组织）成员国家］，投身于终身教育的女性明显多于男性。

齿轮图中的文字：人口增长、互联网、移民的增加、教育的进步、旅行活动的增加、平均智力水平的日益提高、城市化的加剧、女性的解放

图1-3　超指数级创新背后的驱动力量

我想提的最后一点是，社交媒体让那些拥有好创意和才华的人更容易被发现，不白白浪费灵感和才华。以上原因共同带来了一个结果：创新的数量随着人口数量激增以极大的加倍速度迅猛增长。这一点同样可以解释，为什么在人口总量不断增加的同时，人均可用资源的数量不降反增。也许这个结论看上去完全违背常理，但是它得到了充分的证明。

世界远远好过你我的想象

所以说，创新的成效远远超出很多人的想象。这一点得到了很多人的证明,例如瑞典医生、统计学家、大学教授汉斯·罗斯林。他借助图表生动地展示了关于全球发展的统计结果,并因此蜚声国际。2012 年,在《时代周刊》的一项投票中,罗斯林入选了当年"全球最具影响力的 100 人"。你可以读一读他与别人合著的《事实》一书,也可以在 YouTube 上观看他的视频。这些作品真是精彩绝伦!

罗斯林教授不幸于 2017 年与世长辞。他生前经常就全球发展的实际情况做演讲,坐在台下的听众大多是各个领域的精英,例如顶尖大学的学子、林道诺贝尔奖得主大会嘉宾、科学会议的代表和商界领袖等。罗斯林常以统计学问题为讲座开场。他会为这些问题给出 3 个答案,请听众们做出选择。例如,在未来,全球人口的增长是因为有更多的孩子还是更多的老人?(正确答案是有更多的老人。)全世界就读于小学的儿童比例是多少?(男童中的比例为 92%,女童中的比例为 90%。)

面对同样的三选一局面,一只看不见的猴子选对的概率是 33.3%。但是罗斯林发现,总体而论,即使是最聪明的、受过最好教育的专家,他们选对的概率也很有可能低于看不见的猴子。奇怪的是,人们的无知中隐藏着某种机制的作用。平均来看,人们会在很大程度上系统性地低估全球范围已经实现的进步。例如,有 69% 的北欧医疗科学工作者低估了全球已接种疫苗儿童的比例,然而他们是专门从事医疗行业的专家!天哪!

还有更糟糕的。有一次,一家位列全球十强的银行召开全球金融高管年会,罗斯林受邀来到这家银行总部的会场演讲。他提出的开场问题是:"全世界已接种至少一项已知疾病疫苗的 1 岁幼儿比例是多少?三个选项分别是:A. 20%;B. 50%;C. 80%。"

现场共有 71 位嘉宾,其中 85% 的嘉宾认为正确答案是

20%。这太令人吃惊了。这场讲座的听众是全球金融领域的精英。在他们心里,这个世界竟如此糟糕,认为只有 20% 的幼儿接种了疫苗。这太可悲了。正确答案是 80%。是的,80%!想想看,全世界每 5 个幼儿中就有 4 个完成了疫苗接种,我们做到了。这告诉我们,世界人口的构成不再是 80% 的穷人生活在欠发达地区,只有一小部分富裕人群生活在西方生活方式里了。要知道,疫苗的配送离不开冷藏集装箱、冷库、冷藏车辆和不计其数的冰箱。这些都需要用钱来实现。

因此,可以说,包括精英人群在内,大多数人都过于悲观了。举个例子,全世界生活在极端贫困中的人口比例早已从 1966 年的 50% 左右下降到了今天的不到 10%,但意识到这一点的人并不多。

有时,人们的悲观是如此蒙昧,又如此根深蒂固,这几乎逼疯了罗斯林。例如,他在一场活动上展示了大量的关键统计数据,说明人类的各项事业都在长久地、不间断地提高和改善,医疗、教育、安全、经济等等,莫不如是。结果,罔顾事实的听众走到罗斯林跟前,对他说:"即使事情现在发展得还不错,我仍然确信,它们会从现在开始走下坡路。"

这真令人恼火。但是,怒火熄灭之后,罗斯林开始思考,为什么会这样?他把一部分原因归结于人类在信息收集和心理层面的诸多缺陷。同时,这也和人们信息收集行为不足有关。罗斯林认为,很多人的参照框架仅限于年轻时老师在课堂上传授的知识。而这些知识是远远不够的,它们反映的也许是这个世界在老师的学生时期的样貌,它和现实差得太远了。人们往往会记住较差时代的数字。比如,大部分受过高等教育的人认为,全球平均预期寿命只有 60 岁。这个答案是对的,但那是 1973 年的统计数据。实际上,如今的全球平均预期寿命是 72 岁。

罗斯林指出，造成悲观主义泛滥的另一个原因在于，媒体总是专注于报道灾难新闻。实际上，灾难只是日常生活中的例外，全球绝大多数人过着中产阶级的生活。有些"感觉者"认为，当糟糕的事件还在不断发生时，大谈特谈总体进步会显得冷酷无情。这也在一定程度上影响了这一讨论。无论如何，下面这个趋势都是站得住脚的。

9. 总体而言，世界的状况好于过去，世界的实际发展好于大多数人（包括受过良好教育的人和专家）认为的样子。

如今仍有许多人不断提出这样的想法：世间万物即将走向毁灭。还有更多的人被这些说法吸引。这太自相矛盾了。"地球即将毁灭，人类即将面对万劫不复的恐怖未来。"他们如是说。

越深入地了解这一现象，我们就越容易在各种不同的末日预言中找到相似之处，并因此深深感到震惊。然而，这并不是他们的问题。毕竟，在令人恐惧的下一次冰期与全球媒体不加选择地报道的酸雨、森林衰退、李斯特菌、疯牛病、比利时二噁英、伊朗的大规模杀伤性武器、千年虫（Y2K）、禽流感和猪流感、全球饥荒、DDT杀虫剂、核能、集群灭绝、疫苗接种导致的自闭症、基因修饰、太平洋上的塑料垃圾岛、致癌的手机之间，还存在着一段不可否认的距离。确实，这是两个不同的主题，但是它们引发歇斯底里的过程是非常相似的。如果你对此足够关切，希望了解更多，那么我会向你推荐记者克里斯托弗·布克和科学家理查德·诺思合著的《谁在制造世界恐慌》（*Scared to Death*）这本书，书中罗列了大量令人尴尬和震惊的细节。这些案例让我们认识到，在媒体和所谓的专家们声称的迫在眉睫的危机与真实情况之间，常常存在巨大的差异。这个过程常常显得荒唐可笑。但它并没有让媒体把注意力放在恐怖预测与随之而来的事实之间的差别上，因为每当一次恐慌冷却消散时，总会有下一次恐慌被制造出来，而这才是吸引人们注意力的事情。

布克和诺思 10 年前描述的这种机制现在仍然广泛存在。在过去的 40 年间，人类始终生活在恐惧当中，这是因为经过详细描述的、让人觉得大祸临头般的恐慌，每 3 年就会被更新一次。这样的情况也许还会持续下去。举例来说，在撰写本书时，一种昆虫大灭绝的恐慌正在蔓延。这个故事仍遵循那个套路：大规模挑战即将来临，数百万人的生命面临威胁；每次都会因此产生大量的证明和记录，包括报告、专家和政客们对末日前景的言论、电视纪录片和铺天盖地的头条新闻报道；接下来，危机并没有如期而至，而人们的注意力会迅速地从这件事转移到下一次即将到来的所谓灾难上去。

不幸的是，只有极少数人注意到这种套路。我之所以较早意识到这一点，也许是因为我在很小的时候读过《大癫狂：非同寻常的大众幻想与群众性癫狂》。这本书精彩绝伦，它的作者是博学多才的查尔斯·麦基。这部著作写于 1841 年，距今将近 200 年。它指出，人类显然需要炮制万事万物即将陷入危机（或者干脆说末日审判即将到来）这样一种叙事。人类的本性决定了这种需求会不断地、定期地出现。

人们常犯的一个错误是过高地估计实体世界的发展，过低地估计数字层面的发展。需要指出的是，这里提到的数字世界是由独特的代码组成的，可以通过数学语言表述。除此之外，一切事物都应被归入"实体"（也称为"模拟"，即 analogue）世界。人们过去常常会忽视这样一种事实：机械世界常常以线性发展，而数字世界的发展通常呈现指数级变化。

让我们换一个更脚踏实地的视角看待这个问题。一位在工业领域最高管理岗位上拥有毕生经验的资深高管曾为我指出下面这个传统工业的发展趋势。这里提到的传统工业，其主要工作是"冶铁"。

10. 对于工业生产而言，市场规模每翻一番，平均生产率就会增长 5%～10%。

以飞机和汽车行业为例，同 1970 年相比，这两个行业如今的生产效率得到了极大的提升。更不用说与 1903 年相比了。然而，这一趋势依然有效，也就是说，即便市场有时会呈现指数级增长趋势，机械技术本身的效率也只会以线性形式发展呈现。

数字技术主要涉及与计算机技术（如微芯片等）和基因操作有关的几乎一切事物。可以这样想象，生物学意义上的生命实质上是模拟技术（肌肉、骨骼、脂肪、水等）包裹下的数字技术[DNA、RNA（核糖核酸）、酶等]。总体来说，这一组合是通过自然进化发展的，它的发展速度极其缓慢：一部分原因在于，种种改善的发生是随机的；另一部分原因在于，本可以较快发展的数字层面不得不放慢脚步，等待模拟层面的缓慢发展（如繁殖、出生和死亡等）。因此，这一组合的发展是需要时间的。

但是，假如我们可以跳过模拟层面的缓慢发展，直接干预和改写数字层面（不是随机改写，而是目的明确地改写），就能把阻碍降到最低。这样一来，生物学意义的生命就会立刻变得与计算机技术非常相似，它会变成活力十足的、可编程的平台。与此同时，传统工业领域的数字化也在日益发展，因此，摩尔定律的变体也在慢慢进入这些领域。

顺便提一句，摩尔定律有很多种变体，它们主要可以分为三大类型。第一种与效率相关，第二种与价格有关，第三种主要与用户友好性有关。举个例子，计算机技术或者基因操作正在以指数级的速度发展，它们同时也在迅速地变得更廉价、更简单易用，价格效应的发生和延续常常快于性能效应。比如，沃尔玛、亚马逊、宜家家居、微软和阿里巴巴的商业模式很大程度上是如何把自身服务变得更廉价，同时保证盈利。

在这三种变体的进程中，数字化同样发挥着重要的作用。网景浏览器的发明者马克·安德森如今是一名优秀的风险投资家。他曾经这样总结："软件正在吞噬全世界。"受到安德森这句话的启发，我总结出了下面这个趋势：

11. 越来越多的行业正在完成演进过程，它们把工作重心从（1）手工劳作转向（2）机械生产，最终再进化到（3）数字化。这意味着生产效率从（1）静态变为（2）线性增长，再发展到（3）指数级增长。

这些就是第 1 章提到的 11 个趋势。前文提到过，本书共有 50 个趋势。我们会通过这本书深入探究未来的可能样貌。让我们先从人口与繁荣讲起。

第 2 章

人口与繁荣

很多读者应该都见过描述全球人口爆炸式增长的图表，比如图 2-1：

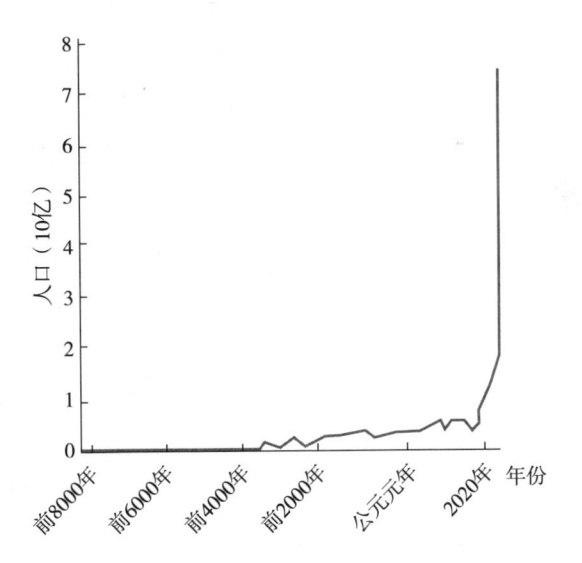

图 2-1 世界人口的长期增长情况

通过图2-1，我们可以看到，大约在1500年时，人口的增长趋势转入上行。这是因为西方文明此时开始大规模发挥创造力，并体会到随之而来的爆发式的繁荣。这降低了婴儿的死亡率，为更多的婴幼儿带来了更好的存活机会。根据杰出的经济学家安格斯·麦迪森的估计，仅仅500年之前，西欧地区的实际生活水平与美洲原住民相差无几，低于非洲人和亚洲人的生活水平。

西方世界空前的创新激增逐渐影响了其他文明，因此，公元1000—2000年，全球整体收入增长了约320倍。与上一个千年相比，这是巨大的进步。实际上，在上一个千年，全球人均收入一直保持不变。是的，你没看错：1 000年，整整1 000年没有进步，紧接着，突然间，一切开始飞速发展起来。

为什么西方会突然取得全球领先地位？在回答这个问题之前，我想首先指出，这里提到的"西方"最初仅指欧洲西部，后来逐渐囊括西欧诸国民众逐渐定居和控制的地区，主要包括北美洲、拉丁美洲的大部分地区、澳大利亚和新西兰等。现在我们来回答段首的问题，原因就包含在下面一系列历史进程中。

- 文艺复兴（1200—1600年）。它让艺术活动、人文主义、个人主义、实证试验和人的创造力获得了长足的进步。
- 地理大发现（1500—1800年）。它主要指欧洲人对全球大部分地区的发现和对众多地区的殖民。
- 宗教改革运动（1520—1650年）。它打破了罗马天主教会一统天下的独霸地位，并用更加自由、更富有个人主义色彩的宗教取代天主教的一部分。
- 科学革命（1540年至今）。它重新发现并完善了古希腊时代的经典科学概念，引发了对整个世界的系统性的实证研究。
- 启蒙运动（1715—1800年）。它孕育了自由、民主、科学等，它们共同构成了西方的核心价值观。
- 工业革命（1750—1850年）。它实现了大规模生产的机械化，带来了经济的极大繁荣、大规模的城市化和文化剧变。
- 妇女解放运动（1840—1920年尤为兴盛）。这一运动给女性带来了教育、权利和政治影响力。

需要注意的是，启蒙运动、地理大发现、宗教改革运动和科学革命都发生在人口快速增长的历史阶段。到工业革命肇始，也就是1750年前后，人口的增长率进一步提高。从那时起，人类历史上出现了前所未有的创新高峰和国际贸易剧增。因此，1000—1800年，西方的人均GDP大约增长了300%，而世界其他国家和地区只增长了大约30%。为了支持西方的大发展，1470—1820年，西欧诸国商船队的规模足足增长了17倍。

西方与他方

但我们仍需继续挖掘。为什么这一切会发生在欧洲西部，而不是其他任何地区？我曾在拙著《创新力社会》中比较彻底地解答这一问题。根据我当时提出的标准模型，长久的创新和发展通常离不开以下要素：

- 由众多小型单位组成的、去中心化的网络。例如很多企业以及规模较小的社区。
- 国内及国际贸易。例如借助河运和海运的贸易。

- 竞争。企业和国家不断在多个层面开展竞争。这种竞争不断传播最好的创意，淘汰劣质的想法；同时，协同合作也会让优质创意不断结合，产生新的、更好的组合。
- 借助通用的语言创造和交流信息。知识、价值和所有权得到尊重，并通过众人可以理解和接受的方式，例如知识产权、专利法规、通用计量单位、货币和信用制度等等，进行传播和交换。
- 促进变革。例如，通过旅行、移民、媒体、国际贸易等形式促进变革。

第一个要素是其中最重要的一点，也是把西方同世界其他地区区分开的最突出的一点，这就是去中心化。在去中心化的分散体系中，数量众多的小型单位会通过"突变"产生新的思想，随后，它们会通过灵活多变的形式开展竞争与合作。这种模式在创造力极为旺盛的古希腊表现得尤为明显，它体现在由700～1 000个城邦组成的创新群落中。

让我们回到15世纪中期—16世纪那段时间，看看究竟是什么推动了西方创造力的发展。罗马帝国覆灭，在随后长达500年左右的历史里，欧洲涌现了数千个小型城邦国家，它们集中在一个带状地区。它从包括意大利北部在内的地区延展开来，覆盖了今天的瑞士、德国和欧洲北部的一部分地区。创造力正是从这片分布式的带状地区爆发出来的，这和亚历山大大帝之前希腊城邦的创新盛况如出一辙。

实际上，人口增速正在快速下降

由此可见，从公元1500年起，创新带来了人口的爆炸式增长。尽管如此,很多人仍然对人口的规模忧心忡忡。就像前文提到的那样,他们担心过多的人口带来大规模的饥荒。但我们看到的实际情况恰好相反:人们的营养状况不断提升。从20世纪60年代起,人口的增长开始放缓。按照实际百分比计算,全球人口增速在1963年达到了峰值;按照绝对人口增长数字计算,全球人口在1989年达到了峰值。从那时起,世界人口的增长速度(基于上述两种衡量标准)稳步下降。联合国数据显示,人类已经到达"儿童人数的最高峰",处于全世界儿童人数达到最高峰值的时点。也就是说,地球上的儿童人数会在21世纪之内基本保持不变(见图2-2)。

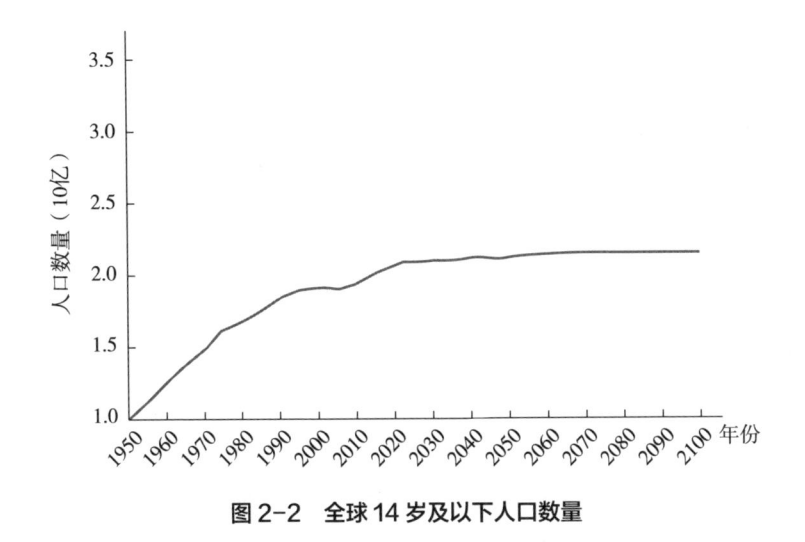

图 2-2　全球 14 岁及以下人口数量

这意味着,人类进入人口软放缓的过程已有半个多世纪。图2-3清晰地显示了这一情况。

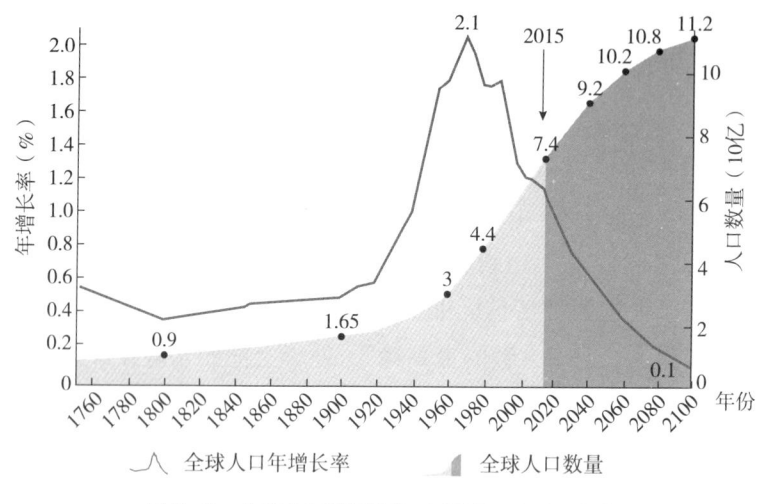

图 2-3　全球人口增长情况（1750—2100 年）

注：数据来自联合国报告 2015 年修订版本。

为什么儿童的数量不再增长了？日裔学者加来道雄在他的著作《物理学的未来》中给出了很好的答案：世上最有用的避孕药物就是经济的繁荣。这一效应沿着收入规模一路向上，逐渐增强。在极其富裕的国家里，儿童的数量低于中等富裕国家儿童的数量。这为我们带来了第 12 个趋势：

12. 随着国家变得越来越富裕，国民生育率会越来越低。总体而言，当人均 GDP 超过 5 000 美元时，生育率就会开始负增长；当人均 GDP 超过 1 万美元时，（每位妇女拥有的）儿童数量通常会下降到均衡水平以下，随之而来的是本土人口数量的下降。

事实上，统计数字显示，全球人均 GDP 已经在 2013 年前后超过了 1 万美元。这件事本身是能给人们带来希望的。联合国认为，世界人口会从如今的大约 75 亿增长到 2050 年的略高于 90 亿，2100 年可能达到 110 亿。这是最有可能实现的未来图景。但是，这一估算的前提是富裕国家人口保持不变和非洲国家人口不会到达拐点。这一估算很有可能成真，但是，如果经济繁荣的局面迅猛发展，那么它将不会实现。联合国的工作人员清楚地认识到了这一点。实际上，由于发现非洲国家出生率的下降速度快于之前的预期，联合国在 2019 年做出了最新修订，把 2100 年的人口预计数量从 112 亿（2017 年修订）调整到了 109 亿（见图 2-4）。

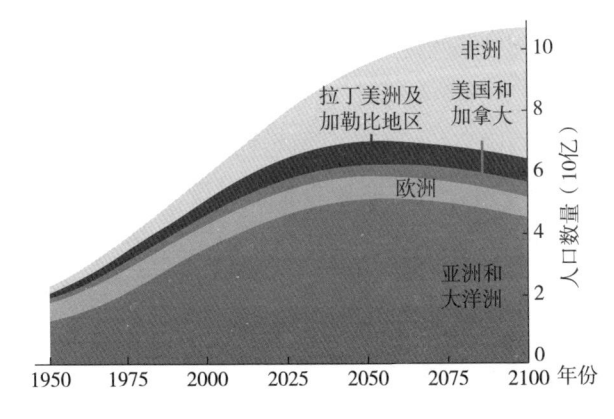

图 2-4 联合国人口预测（按地区划分）

注：数据来自 2019 年修订版本。

最新版本的预估可能太悲观了。2019 年，新闻记者约翰·伊比特森和社会学者达雷尔·布里克在他们合著的《空荡荡的地球》中预言，全球人口会在 2040—2060 年抵达峰值，大约达到 90 亿人。这将是一件大事，是"决定性时刻"。两位作者写道：

> 21 世纪最具决定性的事件，同时也是人类历史上最具决定性的事件之一，将在大约 30 年后发生。届时，全球人口会开始

下降……一旦开始，它就永远不会停止。

之所以这样预测，一个关键原因是女性获得教育机会的效果得到了明显的体现。女性一旦接受教育（这一现象正在全球范围内发生着），就会倾向于仅仅生育两个或者更少的孩子。同时，两位作者还引用了26个国家年轻女性关于预期生育数量的调查结果，她们给出的回应非常相似：两个孩子。

需要注意的是，随着国家变得越来越富有，生育率可能会迅速大幅下降。比如，从第二次世界大战结束到1990年前后，伊朗的生育率始终保持在平均每名妇女生育六七个孩子的水平。然而，仅仅用了一代人的时间，这个数字就下降到了1.88。图2-5显示了不同国家的生育率从每名妇女生育6个孩子到大约生育2个孩子的下降情况。它既包括已被记录的下降，也包括预计的下降。在很多亚洲国家，伴随着财富的爆发式增长，生育率出现了极为快速的下降。非洲地区的下降速度应该会慢得多，但它应该和西方过去几代人经历的情况没有太大区别。

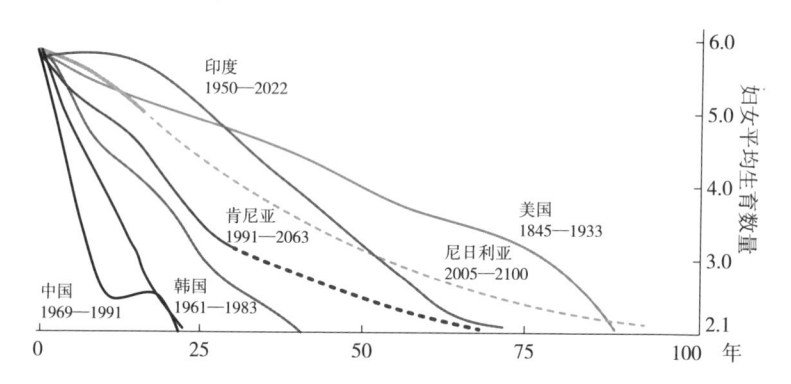

图2-5 妇女平均生育数量：从高生育率（约6个孩子）到更替生育率（约2.1个孩子）的时间变化

下面这个问题有所不同，但同样值得思考。中国实施二孩政策，可能会带来怎样的影响？我们在香港、台湾和澳门找到的一些线索有助于解答这个问题。这些地方都属于中国，并且远比大陆富裕。《世界人口审查》显示，这3个地方在2019年的预期妇女平均生育数量分别是1.3、1.2和1.3，远远低于维持稳定人口所需的2.1。新加坡的情况如何？该国的部分人口为华人，同样极度富裕。新加坡的数字同样也是1.2。如果不考虑移民因素，那么这样的生育率意味着人口的迅速减少。

繁荣的巨大增长仍在继续

尽管创新和繁荣的加速进步引发了人口的剧增，但是它们更是众多国家人口增长放缓的主要原因。正如加来道雄等很多人指出的，经济繁荣会带来城市化、教育改善和更激动人心的生活，这些都会造成生育率下降。正因如此，越来越富裕的世界不仅有利于人们更好地享受生活，还有利于全世界的长久繁荣。

大多数经济学家预计，2050年的全球富裕程度将是2020年的2.5倍，人均富裕程度达到2020年的1.8倍，在短短30年内实现巨大的增长。它的一大影响是，到2050年，很多现在比较贫穷的国家会达到德国现在的水平。但是，关于富裕国家会达到怎样的增长率，现在仍然众说纷纭，莫衷一是。例如，意大利早已陷入完全停滞的状态。会不会有更多的西方国家步其后尘？有些经济学家认为这是可能的。但是埃森哲咨询公司的一份报告挑战了这种悲观看法。它的主要依据是人工智能（AI）的发展。埃森哲咨询公司的报告指出，人工智能可能会让富裕国家的经济增长水平在2035年之前翻一番。这份报告称，大部分人习惯性地把人工智能看作传统意义的经济增长促进因素，把它同劳动力和资本相提并论。这家公司持不同看法，它的论证立足于这样一个事实：人工智能是一种全新的事物，它在本质上不同于其他技术，它是一种前所未有的、资本与劳动力的未知混合体。比如，人工智能的发展意味着，与人类所能达到的程度相比，人工智能能够更快地完成更多的任务，它能达到更高的一致性，它不知疲倦，它能在极端困难的环境中工作。人工智能还能比人更快地获取知识，例如，阿尔法元只用了4个小时就教会自己如何与国际象棋世界冠军对弈。不仅如此，它还可以表现为物质资本。例如，它可以与机器人或者其他智能机器整合。最后一点，人工智能还能让很多服务变得比现在便宜得多。智能投资顾问（Robo Adviser）就是个例子。它能提供金融咨询服务，包年的费用非常低廉，小额投资者也支付得起。综上所述，人类正在为智能自动化铺平道路，它会帮助现有的劳动力和资本发现更好的用途。

同样重要的是，人工智能还可以帮助人类调整创新的分配。以无人驾驶汽车为例。每辆汽车从自身经验中获得的学习成果都会被分享给其他汽车。不仅如此，事故数量的大幅下降（长期来看，它会让完全无人驾驶汽车和部分无人驾驶汽车成为人类健康史上最重要的成就）可以释放大量资源。这些资源可以用来解决其他问题。因为行动不便而无法自主行动的人们会因此获得极大的自由。

如此一来，尽管国家之间存在明显的差别，埃森哲咨询公司依然得出结论：人工智能会凭借自身的力量带来显著的经济增长，其将远远高于过去几十年的水平，并且高于经济学家们借助标准宏观模型做出的计算（见图2-6）。以美国为例，按照标准模型计算，该国的年增长率将在2035年达到2.6%，埃森哲咨询公司调整后的模型的计算结果则是4.6%。

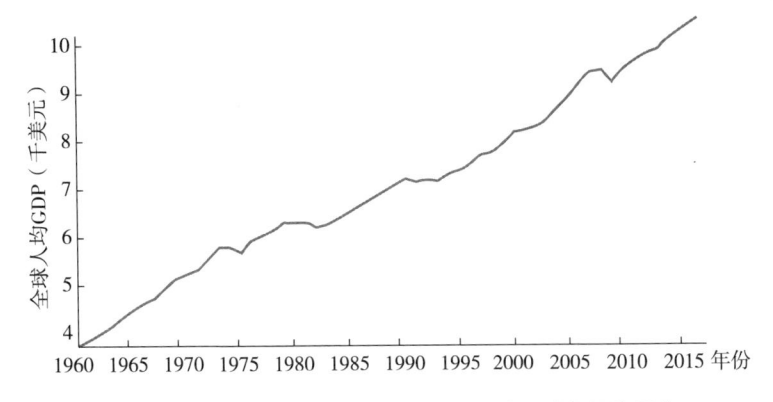

图 2-6　全球人均 GDP（1960—2017 年，以经通胀因素修正的美元为衡量标准）

这些计算是受到极端不确定性制约的，这一点不言而喻。但是，我们看到，人工智能正在不断发展壮大。它会不会至少为前文提到的齐曼定律带来短期的推动作用？这是一个非常值得思考的有趣的问题。齐曼定律指出，全球科学活动的数量会在 100 年的时间里增长 100 倍。我认为这显然是非常有可能的。

无论埃森哲咨询公司的假设是否正确，全球经济和平均富裕程度显然都会在接下来的几十年里大幅度增长。全球生育率很可能因此下降，甚至大幅下降。富裕国家可能会在开放接收移民之前体会到人口数量的指数级下降，如果繁荣的局面不断持续，那么这恐怕会是众多国家不可避免的命运。

大规模老龄潮

前文提到过，人类已经抵达了"儿童人数的最高峰"。但是，当我们把目光转向老龄人口时，情况就完全不同了（见图 2-7）。

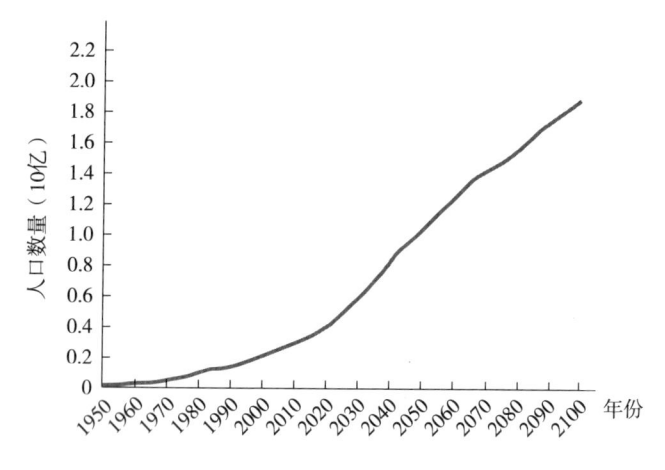

图 2-7　全球 70 岁以上老龄人口情况

如图 2-7 所示，医疗行业及其相关行业的巨大进步意味着人类能够享有更长的寿命。我们见到的并不是无休无止的人口爆发，相反，我们见到的"仅仅是"老龄人口的大规模激增。推动这一情形发生的因素是医疗条件的改善（这又会进一步带来更大规模的老龄产品与服务市场）。然而，这样的发展可能进一步激化业已存在的问题：多国多地的劳动力减少。

农村地区的人口下降

我们还能感受到，并将持续感受到城市化的巨大浪潮。事实上，人们正在大量涌入城市，这推动人类进入了一个特别的历史阶段：在不间断地增长了至少 1 000 年之后，农村人口首次达到了零增长（见图 2-8）。从此以后，至少在我们看得见的时间里，农村人口的走向只有一个：下降。这意味着，占地球陆地面积 97% 的广大区域已经走上了人口减少的道路。如果还有人认为，人类会在未来缺少生活空间，不得不在海上制造浮萍式的城市，那么他们最好再想想。与今天相比，我们最有可能见到的空间不足应该发生在最好的海滩和度假胜地，因为它们未来要招待远远多于今天的游客。只要想想夏天的威尼斯就知道了！

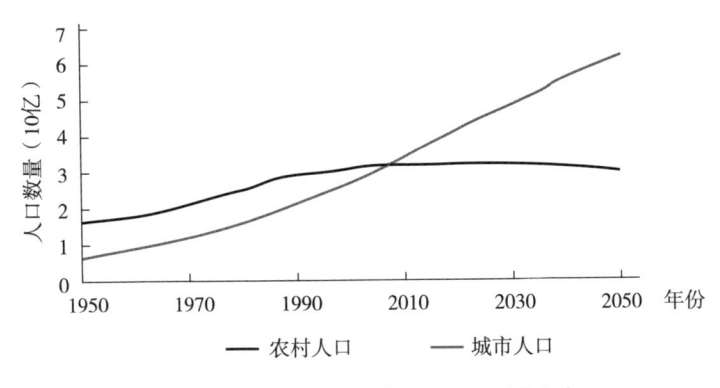

图 2-8　全球城乡人口（1950—2050 年）

全球平等的提高和局部不平等的加剧——这会继续下去吗？

我们有幸看到，原本少数富裕国家和众多贫困国家之间的明显差别被一个拥有大规模中产阶层的、正态分布的世界取代。图 2-9 描述的正是这一进步。

还要注意一点，这些数字显示的是这三个时段经通胀调整之后的收入情况。图 2-9 中的水平标尺是指数级的，它让 1820—2000 年的财富情况变得有些模糊，实际上，最常见的、通胀调整后的购买力水平在这段时期增长了 6 倍。

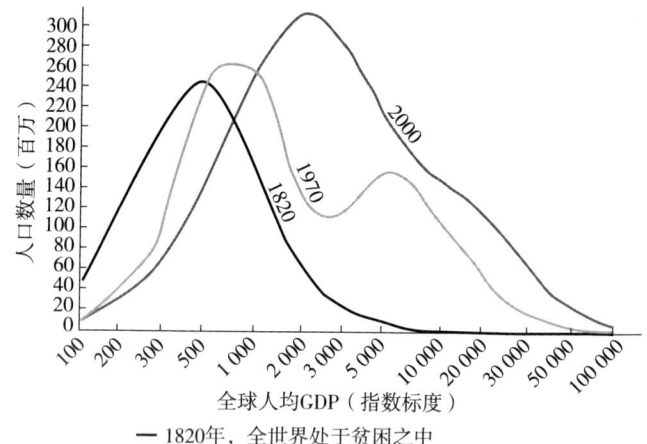

图中纵轴为"人口数量（百万）"，横轴为"全球人均GDP（指数标度）"，显示1820年、1970年、2000年三条曲线。

— 1820年，全世界处于贫困之中
— 1970年，全球明显分化为富裕的发达国家和贫困国家
— 2000年，世界变得更加富裕，也更加平等

图2-9　全球收入分布情况（1820年、1970年及2000年）

除此之外，1970—2000年实现大发展的一个主要原因是众多发展中国家，尤其是中国，转入了市场经济的轨道，并且快速实现了赶超。因此，中国具有极为重要的意义。1980年，中国人的生活水平仅和索马里人不相上下。但是，1980年之后，中国已成功地帮助4亿多人口摆脱了贫困，跨入了中产阶层行列。从图2-10不难看出，中国对现代中产阶层的全球规模发挥着多么重要的作用。

那么，不平等情况又是怎样的呢？基尼系数是最常用的衡量不平等情况的指标。根据这一计算方法，1970年以来，全球范围的不平等情况改善了不少。这一令人欣喜的进步非比寻常，如果考虑到最贫困国家的儿童人数变得更多这一事实，这一进步就会显得更不同寻常（通常情况下，人们的收入和财富会在40～50岁之间达到顶峰，所以，对于人口平均年龄很低的国家而言，较低的平均收入可能会对我们的判断产生误导）。

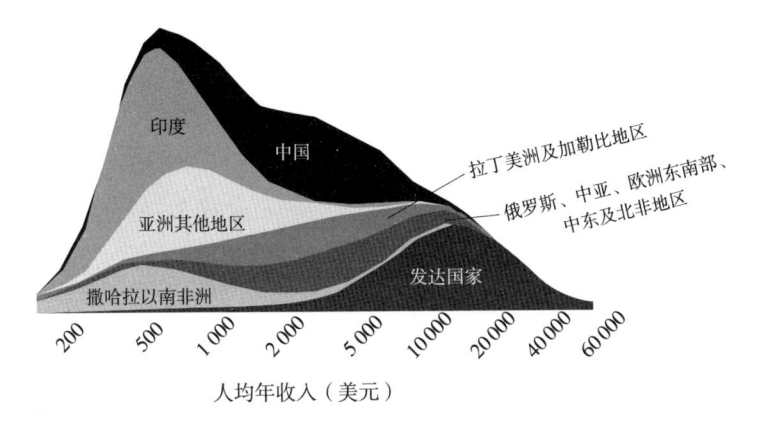

图 2-10　全球收入分布情况（按国家和地区划分）

然而，很多地方的国内不平等情况正在加剧。人们常会错误地认为这会加剧全球的不平等，实际上并非如此。但是二者之间也许存在某种关联。比如，在没那么富裕的国家里，一部分收入的快速增长可能是由来自那里的人们通过全球化与富裕国家中低收入者的竞争获得的。

那么，总体的不平等情况如何？发达国家的不平等情况如何？托马斯·皮凯蒂在《21世纪资本论》中为我们提供了答案。该书从收入和财富角度出发，详细回顾了1810—2010年的不平等情况。这本畅销书常被冠以"全球不平等的加剧"等主题进行推销，然而它实际上根本没有宣称存在这种全球的不平等。皮凯蒂关于不平等情况的调查覆盖4个国家，分别是美国、英国、法国和瑞典。这些调查表明，不平等情况要么保持不变，要么在长达200年的时间里不断下降。皮凯蒂认为，确实存在问题的是，不平等的差距在20世纪的前70年里出现了不同寻常的下降，但随后又拉开了距离。这太不幸了。他接着提出，不平等的最初下降来自战争等暂时性因素，紧随其后的扩大来自长期因素，那就是资本的投资回报超过了经济增长率。我认为这个理论是说不通的。图 2-11 的作者是《金融时报》的一位分析师，它不仅展示了皮凯蒂提到的数字和相关计算的替代版本，还修正了其中的若干错误。

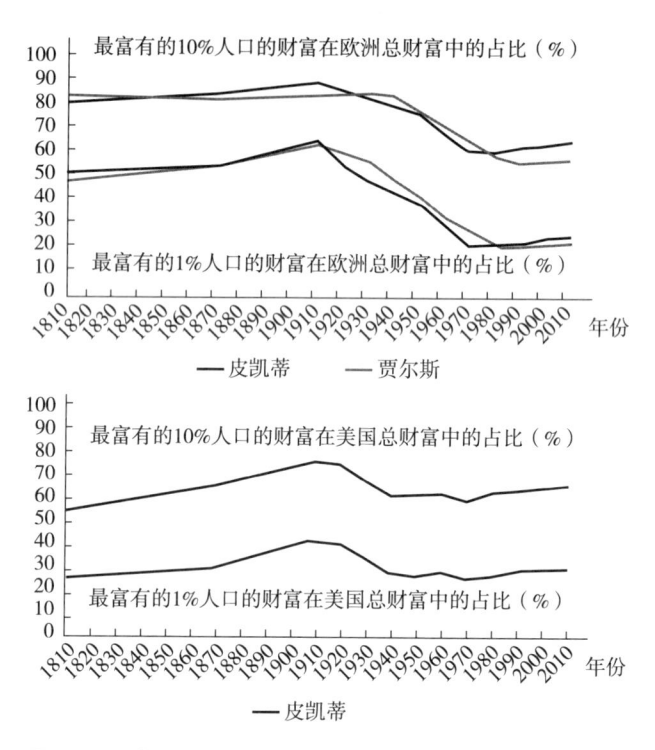

图 2-11　欧洲及美国的经济不平等情况（1810—2010 年）

注：数字来自托马斯·皮凯蒂、克里斯·贾尔斯。

在我看来，技术创新的大量涌现才是其中的重要因素，正因为如此，如今，要想建立价值极高的"微型跨国企业"，常常只需要创新者就够了，IT 领域尤其如此。这里的微型跨国企业指的是快速取得成功的小型初创企业，它们会在极短的时间里成长为跨国企业。与过去相比，完成这一过程的时间要快得多。不仅如此，它需要的资本可能低于更传统的行业，例如工业和农业等。这意味着，如今的创业者可能会在自己创办的企业里拥有更多的股份，因为他们需要的外部资金变少了。不仅如此，企业的创始人通常很年轻，尚未成家，所以会成为其财富的唯一拥有者。过去的人可能需要几代人的时间来建设一家高价值的企业。在此过程中，企业的所有权会分散到多个第二代和第三代子孙手里。而且，不要忘了，离婚的情况同样很多。最后一点，如今的教育让越来越多的女性受益，年轻男女会在大学里相遇、相恋，这同样有益于资本的集中。因为最有可能成为富人的人们有更多的机会在此过程中组成家庭，所以，这同时也会造成两极分化的局面。

与此同时，还有其他因素对较低的收入水平造成下行压力。首先是衡量家庭收入时经常发生的统计错误。家庭人口下降这一事实本身会减少家庭总体收入，但它不会降低个人收入的中位数。事实上，个人收入的中位数是不降反增的。在校学习长期化的趋势也是原因之一，就其字面意义而言，大量从事专业学术研究的学生是"贫穷"的。最后一项因素是福利国家会让许多人变得很被动，他们只是简单地生活，这些人的转移性收入极低。

更加和平的世界

这个世界正在变得越来越充满暴力，这是很多人的普遍想法。实际并非如此。这个世界正在不断变得越来越没那么暴力。举个例子，20世纪发生了两场世界大战、苏联的大饥荒和数不胜数的血腥事件。尽管如此，如果就死于战争的人口比例而言，20世纪仍然比19世纪更和平。在太平天国运动中死亡的世界人口的比例与第二次世界大战持平；在拿破仑战争中死亡的世界人口的比例与第一次世界大战不相上下。除此之外，还有美国内战和数不清的殖民地战争。所有这一切都说明 19 世纪远比 20 世纪更血腥。

这样的趋势仍在继续。沿着时间长河回溯得越久远，世界就越暴力。实际上，根据科学估测，石器时代有 1/3 的人死于凶杀或者战争。总体而论，暴力和残杀的情况与之类似。因此，最关键的真相在于，随着社会变得越来越富裕，战争的规模和犯罪的严重程度都在下降。诺贝特·埃利亚斯在他的经典著作《文明的进程》中第一个描述了这一现象。随后，许多学者从大量详尽的统计学资料出发，对这一点做出了详细的论述。斯蒂芬·平克和他的著作《人性中的善良天使》就是其中的杰出代表。经济学家、发展研究者保罗·科利尔也发现，收入水平的倍增会让爆发内战的统计学风险降低一半。

关于这一点，重要的不只是繁荣程度，还有经济增长率。平均而论，在任何以 5 年为期的时段里，贫困国家始终存在 14% 的爆发内战的风险。但是，如果这些国家的年经济增长率达到 3%，这一风险就会降低到 12%；如果经济增长率达到 10%，内战的风险就会降低到 3%。反过来说，如果经济增长率变成 -3%，内战风险就会提高到 17%，这又会进一步造成经济负增长的风险。

当青年男性，尤其是失业的青年男性，比例下降时，战争或内战也会随之减少。这一点被美国中央情报局（CIA）等机构当作警示指标。这些机构为此提出了一则定律：如果失业青年男性达到一国人口的 30%，爆发战争或者内战的风险就会蹿升到 90%。

另一项重要因素在于，在需要面对的不确定性降低或压力减轻时，人们就会变得没那么笃信宗教或迷信。人类学家布罗尼斯瓦夫·马利诺夫斯基首先科学地阐述了这一现象，随后，其他的研究也证实了这一点。生活环境充满压力和不安全感的人们常常会在迷信或者宗教中寻求慰藉，当然，还有人因此投向了阴谋论的怀抱。因此，信奉绝对善恶和救赎真理的、更接近原教旨主义的宗教通常会在充满不确定性因素的地区和时代站稳脚跟。无论如何，这个世界都在朝着与此相反的方向前进。我们可以由此得到下一个趋势：

13. 高经济增长率和更高水平的经济繁荣会带来更多的理性、和平和包容，它们又会反过来促进更高水平的经济发展。

这种自我强化的过程也会逆向运行，带来负面的螺旋式运动。也就是说，运转不灵的社会可能变得越来越缺少理性，越来越暴力，这反过来又会抑制经济增长的可能性。在中东部分地区，这是个极其严重的问题。

被遗忘的 10 亿人——全球最大问题？

我们在前文中引用过来自牛津大学的保罗·科利尔的观点。这位经济学家、发展研究专家就发展中国家及其问题出版过多本杰出的专著，其中包括《最底层的 10 亿人》。该书试图解答的现象是：全球共有 65 亿人生活在富裕国家或者即将步入富裕的国家；与此同时，还有大约 10 亿人生活在经济停滞长达几十年的国家里。我核对了科利尔在书中列举的这些经济停滞国家，结果发现，在它们当中，有很多国家在此期间实现了相对较高水平的经济发展。尽管如此，阿富汗、海地、朝鲜、吉尔吉斯斯坦和大量非洲国家的经济依然停滞不前。

许多非洲国家的情况令人担忧。也许有些人认为，整片非洲大陆早已彻底陷入注定的败局。其实不然，有些非洲国家实现了极高的经济增长率，这些国家包括埃塞俄比亚、科特迪瓦、吉布提、塞内加尔、几内亚、坦桑尼亚、布基纳法索、卢旺达和塞拉利昂等等。不仅如此，根据世界银行2018年的数据，在全球10个增长最快的经济体中，有6个在非洲。因此，尽管有些非洲国家仍然深陷泥淖，但是另一些已经显露出了更高水平的经济增长的势头。

第 3 章
生物科技革命——
像计算机技术一样的生命科学

2013年，人类基因组项目的完成让人类第一次窥见计算机程序员所谓的"生命的机器代码"，也就是人类生命背后最深层次的软件程序层。这引起了我极大的兴趣。几年前，我在度假时读到了克雷格·文特尔的《解码生命》，它让我对这个话题从兴趣变成深深的迷恋，甚至无法自拔。文特尔是一位非凡的作家。借助革命性技术的力量，他为人类基因组奥秘的加速破解做出了巨大的贡献。顺便提一句，文特尔破解的是他本人的基因组。

文特尔还是一位连续创业家，他的演讲总是引人入胜，让我们了解了如今人类可以运用基因技术做到多么了不起的事。例如，用纯粹的化学物质创造出可再生病毒；通过DNA的替换把活体细菌从一个物种变成另一个物种，并且保证细菌的存活，等等。

DNA中蕴藏着制造蛋白质的密码，而蛋白质是产生所有人体组成部分的基础。有趣的是，不同物种的DNA之间存在着令人惊讶的相似度。比如，人类的DNA与香蕉的DNA大约有

50% 是完全相同的。是的，香蕉！人类 DNA 与黑猩猩 DNA 的相同之处高达 96%。人与人之间的个体遗传差异则完全来自基因结构中那些极细微的差别。

基因组的解码引发了 DNA 测序领域的一场革命，也让它的市场价格一路下跌。今天，只要不到 1 000 美元就可以破解一个单一基因组。一些类似 23andMe（DNA 鉴定公司）的机构可以只对选定的重要部分进行测序，同样可以很好地描绘基因组的样貌，它的价格还不到 200 美元。这是因为人类破解 DNA 序列的平均速度每 10 个月就会提高一倍，这在生物医疗研究领域掀起了一场革命。在过去，DNA 测序也许可以帮人们拿到博士学位，但往往需要几年的时间。如今，它只需要短短几个小时和很少的资金就能完成。

2013 年 7 月 13 日，在意大利卡普里岛，我把载着家人和朋友的游艇停靠在 Villa Marina 酒店的码头，惬意地躺在前甲板上，阅读尼古拉斯·韦德那本引人入胜的《黎明之前》。过了一会儿，一艘 55 米长的大型游艇驶进了港池，缓慢地掉过头来，挨着我的游艇停泊。尽管它比我的游艇足足高出一层，而且阳光刺眼，我还是注意到了它那略显奇怪的名字：基因机器。就在这时，我听到那艘游艇上有人冲着我高声喊："请问，您读的是尼古拉斯·韦德的书吗？""对呀，"我回答，"为什么问起这个？"对方回答："他是我的朋友。"一番攀谈之后，我才知道，这个人就是乔纳森·罗斯伯格。那艘游艇的名字来自他的发明：个人基因组仪器，也被称为"基因机器"。它是乔纳森在创办 454 生命科学公司时发明的。后来我在网上搜索这家公司资料时发现，乔纳森在 2007 年卖掉了这家公司，价格是 1.55 亿美元。"基因机器"能在几个小时里破解一段 DNA 序列中的 1 000 万个碱基对。对患者来说，这有助于快速找到攻击癌细胞的方法，而且价格低廉。2010年，乔纳森卖掉了他的另一家基因代码企业 Ion Torrent Systems，这一次的价格是 3.75 亿美元。然后呢？然后他开着崭新的大型游艇遨游在地中海的浪花里。

没有人会责备他如此悠闲的生活！后来我想，开发出这样的仪器，一定会获得极大的满足感。这样的仪器提高了基因分析和操作的速度，降低了它们的价格，带来了前所未有的全新学科。因此，众多组织正在尽可能多地完成个人基因组测序工作。当我们把这些信息同所有者的生活与财富信息联系起来时，真正的 DNA 革命就开始了。我们会更充分地理解决定我们个人特质（包括疾病）的 DNA 序列。这通常是通过多基因评分做到的。我们发现，人类绝大多数性状是由大量的遗传变异体决定的，不过这些变异体本身没有效力，或者只有微乎其微的效力。也就是说，不存在所谓的身高基因，只有数以千计的基因变异体，它们中的每一个都对你的身高产生微小的影响，它们共同决定了身高其实是一个遗传问题。如果把决定某一个性状的所有变异加在一起，我们就可以算出一个人的多基因评分。

尽管如此，多基因评分和人们的生物特征之间的联系还远远没有得到充分的认识。也就是说，即便身高和许多其他特征很容易被预测，我们依然有许多事情要学习。在绝大多数例子里，对于某些特征而言，包括身高在内，人与人之间的不同取决于遗传差异。

人们还致力于研究可以预报各种疾病风险的多基因评分。在未来，多基因评分能帮助我们在发病之前的许多年开始预防性治疗。我们可以利用类似的评分系统预测不同类型的治疗方式会给每位患者带来什么副作用，确定每种具体药物的最佳用量，等等。它的用途可能是无穷无尽的。我们需要做的是破解足够多的基因组，发现数十亿的微小相关性。

CRISPR——新型基因文字处理

第一次 DNA 解码完成之后，基因技术领域最大的突破来自日本研究者 1987 年的发现。他们在细菌的 DNA 中发现了重复序列，但无法确定这些重复序列的功能。他们这样写道："这些序列的生物学意义仍然是未知的。"过了很长时间，其他科学家在其他细菌的 DNA 中发现了这些序列，并把它们命名为"规律性成簇的间隔短回文重复序列"（Clustered Regularly Interspaced Short Palindromic Repeats，简写为 CRISPR）。但是，很多年后，人们依然不知道它们存在的原因。

直到 2007 年，CRISPR 的功能之谜才被解开。当时，食品技术人员正在研究用于制作酸奶的链球菌，但是这种细菌总是很不幸地遭到噬菌体（一种专门攻击细菌的病毒）的攻击。结果，人们发现，在链球菌的反应中，CRISPR 发挥了免疫系统的作用。链球菌通过一种酶摧毁了噬菌体，这种酶会把噬菌体的基因斩为数段。接下来，这些片段会被封装在 CRISPR 序列里，成为细菌自身 DNA 的一部分。

但是，为什么会这样？即使有个窃贼闯进你家，你也不会把他斩成几块，藏在自家的冰箱里。但是，这些细菌确实把攻击者的 DNA 储存了起来。因为它们需要利用这些 DNA，将其作为模板，生产一种专门用于攻击的酶，它的名字叫作 Cas9。每个 Cas9 都包含前面提到的攻击细菌的病毒基因片段。只要 Cas9 在细菌中发现了与之匹配的 DNA 序列，它就会把这个 DNA 序列当作病毒，将其斩成数段。换句话说，它早已"记住"了识别"敌人"的方式。

很聪明，是不是？科学家们接下来发现，Cas9 系统可以用在人为导入的 DNA 中。研究团队尝试把搭建完毕的 CRISPR/

Cas9转化为一种功能强大的工具，用于在生物体中（而不是在产生它的细菌中）进行基因处理。结果证明这是完全行得通的。实际上，它比迄今为止用来人为改变生物体DNA的所有方法都有效得多。简而言之，它就像是一种文字处理程序，可以修正所有的拼写错误。而且这种修正机制可以同时作用于数万亿的生物活体细胞（成年人的身体有70万亿~100万亿个细胞）。

在发现了CRISPR/Cas9的巨大潜力之后，几位在行业中处于领先地位的科学家立即成立了自己的公司。于是，它的知识产权归属出现了极大的争议，并在美国两大科学家团体及其下属机构之间引发了声势浩大的诉讼案。我们暂且抛开这些法律诉讼和个人争议。CRISPR技术在科学界和制药行业迅速确立了自己的地位，它的面前是数不尽的良机。最显而易见的一项应用是单基因遗传病的治疗。与多基因遗传病不同，单基因遗传病仅由个人遗传密码中的单一碱基变化引起。这类似于计算机代码中单一字符错误引发的程序崩溃。如果CRISPR/Cas9能被运送到单基因遗传病患者的细胞里，把数十亿细胞中的碱基"拼写"方式改为正确的"拼写"方式，患者就会被治愈。通过这种方法可以治愈的单基因遗传病多达数百种，其中有一些是目前无药可医的，例如进行性假肥大肌营养不良。小鼠实验显示，CRISPR能有效根治这一顽疾。同样，CRISPR还可以对转基因农作物的生长带来巨大帮助，截至2017年，转基因农作物种植面积已经达到全球农业用地总面积的19%（见图3-1）。农作物转基因的目的是延长农产品的保存期限（避免食物浪费）、提高作物抗性（减少农药用量和浪费）、提高抵御不良气候的能力（增加单位面积产量）、提高人类健康水平等等。

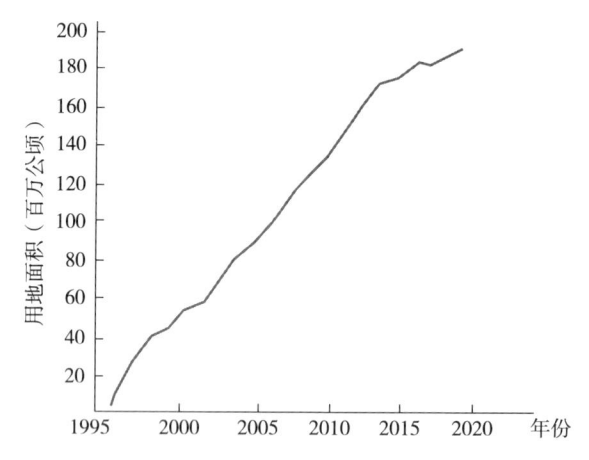

图 3-1　全球转基因作物的农业用地情况（1996—2017 年）

人们尝试在农业中使用 CRISPR/Cas9 技术。2018 年，美国农业部宣布，经 CRISPR/Cas9 处理的农作物不算转基因作物，因为它们并不包含外来 DNA。这极大简化了相关的审批流程，为经 CRISPR/Cas9 处理的农产品在不久的将来登上美国商店货架铺平了道路。然而，欧洲的规定正好相反，这些农作物不得不像转基因作物一样接受复杂的审批授权流程。

尽管如此，依然有些科学家不相信 CRISPR/Cas9 会在未来的重要基因项目中发挥关键作用。由于这一系统也有可能把错误引入被处理的基因中，因此不可能用于需要做出太多改变的项目，因为产生错误的可能会随着变量的增加而增加。相反，一些研究者，包括哈佛大学的乔治·丘奇在内，希望提高从零开始合成 DNA 的技术，一次完成一个碱基对。也就是说，不修复 DNA，而是创造新的 DNA，创造我们想要的 DNA。

DNA 链最初是在计算机上完成设计的，这和设计计算机芯片没什么两样，随后，DNA 链进入实体制作阶段并最终投入使用。这为我们带来了下一个趋势：

14. 人类基因一旦解码，生物学的发展就会以极快的速度追随计算机技术发展的主流趋势。

呈现指数级增长趋势的并非只有人类破解和合成基因能力的发展，还有这一能力带来的、人类即将创造的实际应用的数量。这意味着，人类是地球上几百万种生物中第一个，也是唯一一个，有能力按照自己的意图改变自身及其他物种基因的物种。人类已经开启了这一进程，它会继续按照指数级的速度发展下去。

你会由此想到什么概念？让我们从挪亚方舟讲起。在人类漫长的历史中，我们第一次有能力建造真正的挪亚方舟。很显然，因为地球上存在着大约850万个物种，即使每个物种的最低数量为50（这主要是为了避免近交问题），我们也无法制造出如此庞大的船体，作为生物学意义上的备份。它要盛得下数以百万计的动物和植物，这些动物和植物需要各不相同却相互依赖的生长环境，它们会立即开始相互吞噬。但是，我们可以真正创造的是另一种意义上的挪亚方舟：在计算机中储存所有生物的DNA密码。从某种程度上来说，这可以用于已灭绝物种的再生。我们稍后会详细阐述这个话题。

除此之外，我们还可以用它来操控动物和植物。实际上，在几千年的漫长时间里，人类一直在大规模操纵动植物的基因。就拿现存的大约160种犬来说，它们都是在人类的干预下，由灰狼演变来的。也就是说，如果没有人类，就不可能存在狗这种动物。同样，我们的食物几乎都经过了彻底的、漫长的基因改造。大约1.17万年前，最近一次冰期结束后不久，人类就开始了目标明确的选择和无意识的选择，为大自然带来了数量众多的动物和植物，并由此发展出农业。这种选择的规模极为庞大，我们甚至很难找到这些物种之间最原始的相似之处。以现代玉米为例，它起源于一种名为墨西哥类蜀黍的野草，后者现在依然处于野生状态，但是，已经没有明显的迹象可以证明二者之间的关系了。小麦是三种不同种类的野草杂交的产物，这同样是基因操纵（例如辐射等方式）的结果，目前它无法在离开人类帮助的情况下生长。现代的香蕉是无法繁殖的，它结不出种子。我们现在吃到的香蕉通常更大、更耐储存，其汁液常比野生香蕉更丰富。人类通过这样的方式操纵了绝大多数食物，包括那些被我们称为"有机食品"的食物。

如今的不同之处在于人类有能力直接干预基因。问题是：修改动植物基因的意义何在？可能是让植物需要更少的水分、肥料和杀虫剂；让植物的抗逆性变得更强；让动植物长得更大，生长得更快，口味更佳或者更健康。人类还会通过修改生物体基因来生产特定类型的蛋白质，用于生产某些药物或者大量不同的原材料。

基因工程带来的物种

基因工程还有一种可能的用途，即减少一些种类坚果中的天然毒素（例如，木薯包含某种天然氰化物），使其不再诱发致命的过敏。如果能做到这一点，人类也许就会把它们变成全新的物种，而不是原有物种的变异体，这一点很重要。我们会让它们具有某些明显的特征，如此一来，食用者就不会把它们同其危险的近亲混为一谈了。如果人类没有在未来几十年乃至上百年见证基因工程新物种的爆发式增长，那么我一定会觉得吃惊。一个新物种的自然诞生需要平均400年的时间，这是科学上的共识，但我们也许很快就会进入每年都能见证全新物种诞生的阶段。

灭绝物种再造——真实的侏罗纪公园

更大胆的想法是使早已灭绝的物种再现。这个想法得到了很多人的支持，当然，它同样遭到了很多人的质疑和反对。反对者的主要想法是人类不应该试图干预大自然。斯图尔特·布兰德是著名的环保活动家、今日永存基金会（Long Now Foundation）的创始人，也是多部优秀著作（如《地球的法则》）的作者。布兰德曾在深入研究"反灭绝"的可能性方面投入大量时间。他对怀疑者的回答是：实际上，我们要做的相当于对过去的破坏的一种修复。这同样也是我的看法。

布兰德用旅鸽的例子说明了自己的观点。1914年，世界上最后一只旅鸽马莎去世。就在此前短短的几十年里，旅鸽还是世界上数量最多的鸟类。它们广泛分布在整个北美大陆，遮天蔽日的旅鸽群可以足足覆盖1.5千米宽、650千米长的大片天空。旅鸽还是当时美洲大陆最廉价的蛋白质来源，它们是在美洲居民的餐桌上走向灭绝的。如果说旅鸽的灭绝厄运尚有积极的一面，那就是它唤醒了人们对于物种灭绝问题的意识，这也许挽救了北美野牛的命运，让它们免于同样的灭绝之灾。

人类如今考虑复活的物种大多是上个冰期结束、距今大约1.17万年时灭绝的。当时的人类移居到荒无人烟的地区，可能因此猎杀了这些动物，直到它们彻底灭绝为止。例如，大约1.15万年前，第一批印第安人抵达北美洲，造成了该地区3/4大型哺乳动物的灭亡。大约7 000年之后，当他们以同样的方式定居南美洲后，这片大陆共有5种大型哺乳动物彻底消失。在北美洲和南美洲灭绝的动物有野马、乳齿象、猛犸象、狮子、剑齿虎、巨型秃鹰，还有多种麝香牛、野牛、熊、狼、野猪、美洲驼和巨型河狸等等。人类登上夏威夷岛之后，当地98种原生鸟类中的 50 种彻底灭绝。当人类在 2 500 年前抵达马达加斯加之后，当地有 29 个物种彻底消失，其中包括各种各样的无翅鸟类，这还是欧洲人抵达那里之前的事。

所以，石器时代的人类对环境的破坏颇为严重，在南北美洲和澳大利亚，人类的迁入造成了当地 74%~86% 的巨型动物（体重超过 44 千克的动物种类）的彻底灭亡。科学家斯托尔斯·奥尔森估计，地球各大海岛上 1/4 的鸟类是由于部落居民的存在而灭绝的，这同样是现代文明抵达这些海岛之前发生的。换句话说，部落居民杀死了数量惊人的物种。掌握火的力量之后，他们还把广袤的森林变成了热带稀树草原和北美草原。

我们还应该注意一点。因为很多物种是在上个冰期刚刚结束时灭绝的，它们当时仍生活在冰期带来的极地气候中，所以，未来的侏罗纪公园也许只能建在格陵兰岛、西伯利亚、加拿大、智利或者阿根廷。只有这些地方的气候是完全适宜的。如此说来，这公园的名字也许不应该叫作"侏罗纪"，"更新世公园"才是更恰如其分的称呼。

也许很难想象，但是欧洲的荒野一度也到处都是动物，这让人不禁联想到非洲。欧洲曾是欧洲狮、披毛犀、鬣狗和猛犸象的家园。还有一些现存的动物，它们令我们想起今天的动物，但这样的联想只能平添我们的痛楚。石器时代，人类大规模地迁徙，有目的地烧毁森林，极具效率地猎杀动物。在此之前，巨型动物广泛地生活在地球的每一块大陆上。如今，它们早已从我们的生态系统中彻底消失，但我们依然能窥见它们留下的蛛丝马迹。一个很好的例子是美洲草原上的叉角羚，它的奔跑速度可以达到每小时 80 千米。与该地区的捕食者（狼）相比，这是一种极为重要的能力。这也许是因为这片草原曾经是猎豹类捕食者的家园，它们的奔跑速度和叉角羚相当。随后的进化竞赛产生了快如闪电的叉角羚，它的速度远远高于那里的所有动物。

另一个例子是来自南美洲的牛油果，它是千禧一代最喜爱的水果。水果的繁殖通常要依靠动物的帮助。动物会吃掉这些水果的果实，再通过粪便排出水果的种子。但牛油果不同，它有一颗硕大无比的核。在牛油果的生长地区中南美洲，我们很难想象有什么动物能吃得下它。但是情况并非一直如此。那里曾经生活着一种特别的动物，它最喜爱的食物正是牛油果，它能轻松地吃下牛油果。实际上，牛油果的硕大的果核恰好与这种巨型动物相匹配。这种动物就是地懒，它后腿直立时的身高可以达到6米。

人类考虑复活的多数动物都是类似的大型物种。人类杀光了它们，在我们的生态系统中留下千疮百孔。如今，我们终于拥有了弥补这一切的技术。此外，纯粹的好奇心也是一大原因，绝大多数"反灭绝"支持者都会痛快地承认这一点。它至少会让人们在逛动物园时产生前所未有的感受。

那么，要怎样做到这一点呢？方法有很多。其中，对技术要求最低、最传统的一种方法是选择育种。人类用几代人的时间培育了现今的物种，通过这种方法，有时能产生我们一直想复活的物种。以南非斑驴为例，它本来是斑马的亚种，灭绝于19世纪80年代。如今，这种动物已经通过斑马的选择育种实现了再生。然而，由于这种新型动物的基因与南非斑驴并非完全相同，人们把这种替代性动物称为"Rau quagga"（劳氏斑驴）。

这种选择育种的方法可能非常有效，足以弥合生态系统中的裂痕。未来，它可能为人类带来新宠物，就像我们的祖先创造了狗一样。关于这一点，俄罗斯有一个令人惊喜的例子。当时的俄罗斯还是苏联的一部分，几位科学家决定通过一项研究来探索驯化过程（例如把野狼变成狗、把野牛驯养成牛、把野猪驯化成猪）的奥秘。也就是说，这几位科学家想要研究是什么样的基因变化把狗变得温顺体贴、喜气洋洋，不再像最初的野狼那样，既充满攻击性，又警觉敏感。为了更深入地探究这个过程，这几位科学家从本地养殖场购买了大量的狐狸。这些狐狸野性十足，在被逼到墙角时，它们会充满攻击性。在一代又一代的狐狸中，科学家们只选择那些对人类最友好的个体。在相对较快的时间里，经过多代的繁殖，新的狐狸幼崽开始发生变化，它们待在人身边时会变得越来越放松，甚至主动寻求人类的陪伴。科学家们最终培育出了完全被驯服的狐狸，它们的行为非常像狗，甚至会在看到人时欢快地摇起尾巴叫起来。这就是宠物！

尽管如此，选择育种也算不上高科技方法，它更适合20世纪。丘奇提出了更加现代化的"反灭绝"方法。丘奇研究团队目前致力于诸多项目，力图通过CRISPR/Cas9方法修改亚洲象的基因组，使其变得更像猛犸象。当然，导入猛犸象与大象所有有差异的DNA是不可能的，也是没有必要的。实际上，丘奇和他的团队专注于利用CRISPR/Cas9引入有限的变化，让大象身体出现一部分猛犸象的特征，例如长长的毛、更小的耳朵、多层皮下脂肪等等。经过改造的大象可以被重新放回生态系统，成为猛犸象的替代生物。曾几何时，猛犸象是这一生态系统的一部分，直到几千年前，也许是饥饿贪婪的人类彻底消灭了它们。

克隆灭绝生物的第三种方法是把它们的DNA插入相似动物的卵细胞中。这些卵细胞中原有的DNA则被提前移除。这正是电影《侏罗纪公园》中使用的方法。在这部电影里，人们在一颗几百万年前的琥珀中发现了一只蚊子，这只蚊子的腹部有恐龙的血液。无须多言，血液中的DNA一定是完好无损的。实际上，即便如此，经历了几百万年，它的损毁也是不可避免的。如果把它放在类似于西伯利亚的严寒地带，那么将其保存几千年应该是没有问题的。

但是，人类确实掌握着许多灭绝物种的完整基因组，了解它们完整的 DNA 序列。因此，我们可以把这种方法稍加改变，研究该物种的大量 DNA 片段，重建基因编码，合成新的 DNA 链，以此填补每一条 DNA 链上的缺口。但是，这两种方法都需要活体动物作为代孕母体，或者等待匹配这一物种的人造子宫技术取得足够的进展。

我猜你一定在想，即使再造灭绝物种的主意听起来很让人激动，你也不想在晨跑时遭到一头狮子的攻击，不想在皮卡迪利广场上看到一大群猛犸象一边觅食一边大肆搞破坏。那么，假如这些动物复活了，我们该怎么办呢？

动物园当然是首要选择。那里也许是未来的人们观赏史前动物的好地方。但是，如果我们复活大量史前动物只是为了把它们锁在监狱一样的动物园里，那么这听起来未免令人神伤。幸运的是，有人想出了另外一种可能性。他就是俄罗斯科学家谢尔盖·齐莫夫。他和别人合伙买下了西伯利亚的一大片土地，把它命名为"更新世公园"。齐莫夫计划利用这个公园重现 1 万年前的生态系统，具体类型是大草原，类似于今天非洲的辽阔草原。当然，它一定会比非洲草原冷得多。这个项目已经进行了几年，如今，这个公园是许多动物的新家，例如刚刚进入这一地区的野牛和牦牛等。如果猛犸象等灭绝已久的物种重见天日，齐莫夫团队就会准备引入一部分，让它们在这里重新适应环境，回归其祖先生活过的生态系统。

当然，实施"反灭绝"行动的能力固然很重要，但这并不代表保护现在的物种不重要。恰恰相反，经验表明，如果人们听到的只有世界末日论和坏消息，那么，即使复活灭绝物种方面的胜利能够带来热情和希望，人们也会变成失败主义者。

虽然我们无法预知未来可能有怎样的阻碍，但是，保护现存生物显然比复活它们容易得多、安全得多。举个例子，我们都见证了山地大猩猩的保护工作。20世纪80年代初，全球只剩下254只山地大猩猩，如今已经增加到1 000多只。加利福尼亚秃鹰也是一例，该物种在1987年时只剩下了22只，如今已经增加到400只，其中有一半是野生的。希望我们能在未来听到更多濒危物种的类似故事。

蓄意为之的"物种灭绝"

前文提到了利用基因工程技术创造新物种、再造灭绝物种，同样值得一提的还有人类可以通过这一技术有目的地造成某些物种的灭绝。在深入阐述之前，请先看看下面这段文字，它是我在世界卫生组织的网站上看到的：

蚊子是世界上最致命的物种之一。蚊子会携带病原体并向人类传播疾病，每年造成几百万人死亡。2015年，仅疟疾就造成了43.8万人死亡。在过去的30年间，登革热在全球范围内的暴发增长了30倍，越来越多的国家报告了这一疾病的首次暴发。寨卡病毒病、登革热、奇昆古尼亚热和黄热病等疾病都是由埃及伊蚊传播给人类的。全球半数以上的人口生活在蚊子肆虐的地区。

全球共有大约3 500种蚊子，其中有30种会传播疟疾，还有几种会引发登革热、寨卡病毒病、奇昆古尼亚热和黄热病。仅从这3 500种蚊子中消灭一种冈比亚按蚊，就能为人类带来极大的益处，因为它是造成绝大多数疟疾感染的元凶。科学家们相信，他们能通过一种名叫基因驱动的技术做到这一点。基因驱动是一种人造基因技术，它能让自己进入99%的生物后代体内，而不是通常意义上的50%。这个项目被称为"目标疟疾"，科学家们为此开发的人造基因能让雌性冈比亚按蚊无法生育。实验和计算表明，这种基因的传播能在11代之内使整个按蚊种群灭绝。截至本书写作时，"目标疟疾"项目已由英国帝国理工学院主导发起，参与项目的还有意大利、马里、布基纳法索和乌干达的科学家。按照目前的计划，"目标疟疾"将在2029年之前放飞携带这种人造基因的蚊子。在此之后，疟疾可能会成为历史。

未来的基因改造人类

人类也能再造。只要掌握基因序列的完整信息，即使是已经过世的人也可以被克隆。这让我不禁想到，从理论上来说，我们是不是也可以克隆博物馆和教堂里经过防腐处理的法老和教皇？（这并不是提议，只是一闪而过的臆想罢了！）

实际上，人类这一物种本身正在经历快速变革。"国际人类基因组单体型图计划"发现，现在人类的基因演化速度是1万年前的100倍。我们尚未完全理解更多的新近变异，但是，我们确切知道它们中的一部分与消化和新陈代谢的变化、DNA损伤的修复、生殖、中枢神经系统以及疾病防御有关。虽然它们在很大程度上是对我们日新月异的生活方式的一种适应，但是它们依然是自然发生的。人类真的想要主动改造自我吗？

是的。我相信，这种愿望会变得日益广泛，因为人类总是迫切地想要改变自己的身体。文身就是一个好例子，已知最早的文身有1.4万年的历史。从那时起，人们就开始有意地为年轻女人裹脚,并且虐待青少年,让他们的脖子变得更长,前额变得更平,在耳朵、鼻子和身体的其他部位穿孔,诸如此类,数不胜数。现代的例子有起搏器,肉毒杆菌素,脂肪吸除手术,人造角膜,人工髋关节、膝关节和牙齿,肾脏、肝脏、心脏和脊髓移植,补牙,植发,助听装置,隐形眼镜和整形手术,等等。无论对这些做法怎么看,我们都要承认,如今人类通过物理干预的形式改变人体的本领正在变得极为普遍和流行。

实际上,人类早已超越了这一阶段。比如,人类已经孕育出了大量的试管婴儿。首例试管婴儿诞生于1978年。当时的批评者认为,这些婴儿长大后会变成残忍的恶魔。事实并非如此,试管婴儿如今早已成为常事。1978年至今,通过试管方式诞生的婴儿数量已经达到近500万。人类还会通过产前诊断检查胎儿罹患染色体异常或者其他已知遗传性疾病的情况。假如检查结果显示胎儿患上了这类疾病,父母就可以选择堕胎,这样一来,久而久之,人类的基因库就会得到改良。我们还可以在严重基因疾病患者身上看到基因移植的情况。历史上首个成功的基因移植案例是在1989年完成的。

除此之外,我们还希望看到什么?1993年,日本优巴斯伦理研究所的达里尔·梅瑟在澳大利亚、日本、印度、泰国、俄罗斯和美国开展了一次调查,了解了人们对下面这些问题的态度:

假如为了以下目的改变人类的基因,那么您的看法如何?
- 降低后半生发生致命疾病的风险;
- 防治儿童遗传糖尿病等非致命性疾病;
- 提高儿童的遗传智力水平。

对于第一个问题（降低致命疾病发生风险），这些国家有75%～82%的受调查居民给出了肯定的答案。谈到非致命性疾病的预防，有62%～91%的人给出了肯定的答案，其中，日本的认可度是最低的，而泰国是最高的。有趣的是，所有接受调查的国家中的大多数人都对这两个问题给出了肯定的答案。但是，对于第三个问题（通过基因操纵的方式提高儿童的智力水平），有70%的印度调查对象和72%的泰国调查对象反应积极，但是，在澳大利亚、日本、俄罗斯和美国，分别只有27%、26%、35%和44%的人给出肯定的答案。总体而言，我们可以得出这样的结论：实际上，在不同条件下，很多人是支持人类基因操纵的。那么，它会以怎样的方式来进行呢？以下是我的猜想：

- 在实施移植之前，首先进行卵细胞的基因缺陷筛选，有时甚至在受精之前筛选女性的卵细胞。这样的做法已经存在并且得到了广泛应用。
- 帮助人们克隆宠物。这一做法同样已经开始，但是实际应用极少。
- 对宠物进行基因操纵，例如，让狗具备极高的智商和极长的寿命等。这样的做法与选择育种并不存在本质区别。人类早已通过后者利用灰狼成功培育出了大约160种不同类型的宠物狗。
- 通过卵细胞筛选设计婴儿，不仅要筛除严重疾病，还要选出某些希望得到的特征，例如较高的智力水平和健康水平等等。
- 通过胚胎处理设计婴儿，对胚胎实施基因编辑，使某些特征的表现得以加强。
- 面向成年人的生物黑客技术，例如发色、眼球颜色和肤色的体外修改或毛发的基因式去除或增加。该领域的先驱之一是生物黑客乔赛亚·蔡纳。我们稍后还会谈到他。
- 把其他生物体的基因嵌入人类的 DNA，这样可以起到延缓衰老等作用。

人类一直是大自然的黑客，如今，我们正在成为自己身体的黑客。在我看来，这将是世界历史最重大的里程碑之一。不仅如此，2015 年，人们发现人类 DNA 包含着至少 145 种其他物种的基因碎片，这些物种包括苍蝇、蠕虫、细菌和一些植物。它们是通过水平基因转移（HGT）的方式进入人体的。在现实生活中，水平基因转移通常是由病毒性感染引起的。因此可以说，大自然早已在我们身上实施生物黑客技术了，并且频率很高。二者之间最大的区别在于，大自然本是一台自发式的、随机应变的计算机，如今，它有了新的程序员：人类。这样就产生了下一个趋势：

15. 未来的人类会利用基因组学的力量刻意消除现存物种（物种灭绝）、改变现有物种并创造新物种。人类还会用它来重构自身。

更健康、更安全的世界

人类健康也许是如今变化最剧烈的领域。人类的平均预期寿命已经得到了极大的提高：这主要是因为人类成功地降低了儿童死亡率，还因为我们改善了营养状况，能够更有力地战胜传染病。有些非洲国家的人均预期寿命在 10 年里增长了 10 岁。

人类还更长久地保持健康和活力。曾几何时，即使最常见的小病也可能造成极端的痛苦和不适，这当然也是从前人类寿命不长的原因之一。如今的人类为此完成了大量的工作，取得了长足的进步。但是，问题在于，我们应该在这条路上走多远？有些科学家认为，人类可以活到1 000岁。但这会带来诸多伦理问题，例如应不应该生儿育女。即使不考虑那么远，我们也要对未来可能的、超级老龄化的社会进行深思。无论如何，我们都会比前几代人活得更久。

我们还能更好地维护健康和保持容貌。当然，其效果还要经过很长时间才能大规模显现，但是现在的一些技术已经可以让我们变得更好看了。也许在不久的将来，你就会拥有一面可以对话的镜子。它会通过人工智能技术分析你的皮肤状况，提示你如何变得更好看，即使你在前一天晚上熬夜也没关系。

美容和保健领域也会涌现越来越多个性化、私人订制的解决方案。也许有一天，你会拥有专属的洗发水和护肤品，可能拥有专属的牛奶营养早餐，它的配方和成分是专门针对你的身体状况搭配的，可以达到最佳效果。

抗击癌症的新革命

美国宇航员登月的巨大成功使人类对自己解决重大问题的能力充满了信心。抗击癌症自然被提上了日程，因为癌症是那个时代的最大杀手之一。1971年，时任美国总统尼克松签署了《国家癌症法案》，正式向癌症宣战。尼克松指出："我们通过举国之力成功分裂了原子，把人送上了月球。我们应当付出同样的努力去征服这一可怕的疾病。"不幸的是，我们都知道，这绝非易事。总体而言，尽管科学家和开发人员付出了艰苦卓绝的努力，但是，与许多其他技术相比，癌症治疗的进步速度仍然远比人们此前预想的缓慢得多。实际上，癌症极为复杂，涉及诸多方面。虽然有些癌症仍然和1971年时一样致命，但是人类取得的诸多微小进步意味着，多数类型癌症患者的存活概率已经得到了显著的提升。

但是，和未来人类将要取得的进步相比，这些微小的进步显得微不足道。正在开发的新疗法远远多于1971年以来的任何一个阶段。血液/体液活组织检查是前景最光明的疗法之一，它能通过化学手段探测癌症的蛛丝马迹。即使患者处于极早期阶段，肿瘤的大小只有磁共振成像检测得到的最小尺寸的百分之一，血液/体液活组织检查也能发现它。

2019年，科学家们宣布，有一种全新的癌症疗法对小鼠有效。它对非病原性大肠杆菌进行基因修改，使其只能在肿瘤微环境中溶解，并释放出一种经过编码的纳米抗体拮抗剂，它的名字叫CD47。简单来说，它会对无害细菌进行基因改造，让它们专门附着在肿瘤细胞上，释放一种叫作CD47的蛋白质。这个阶段完成之后，人体的T细胞（人体自身免疫系统的一部分）就能进一步附着在肿瘤细胞上，并刺激这些细胞加速退化，防止转移，为患者延续生命。

不仅如此，目前癌症防治前沿领域最引人注目的要数免疫疗法。它利用人体自身免疫系统，通过多种方式攻击癌细胞。这种方法针对癌细胞躲避人体免疫系统的能力，反其道而行之，激发免疫系统，提高免疫系统对癌细胞的攻击力度，或者帮助免疫系统找到正确的攻击目标。

因此，免疫疗法比化疗等手段的目标更明确，做到了有的放矢。化学疗法实质上是攻击所有大量分裂的细胞，甚至包括自然分裂的细胞，例如构成毛发的细胞等。免疫疗法的另一个重要益处是它可以用来对付已经扩散的癌症。大家都知道，原发性恶性肿瘤实际上是不致命的。在只有单一肿瘤的情况下，可以通过手术去除肿瘤，随后通过放射疗法对手术区域实施治疗。但如果癌细胞离开了原发肿瘤，进入身体的其他部分，构建新的肿瘤，问题就变得非常严重了。这种情况被称为转移，一旦转移情况严重，治愈的希望就会变得极为渺茫。

至少过去是这样的。如今，我们听到了越来越多令人激动的好消息，多种尚未完全验证的免疫疗法神奇地治愈了那些被宣布只剩下几个星期或者几个月寿命的患者。在这些患者中，有些人的癌症已经扩散到极为严重的程度，传统疗法完全无力与之对抗。其中，最广为人知的例子是美国前总统吉米·卡特的故事。卡特患有黑色素瘤，这种癌症已经扩散到了他的大脑里。这看上去又是一个传统化疗束手无策的例子。然而，他接受了免疫治疗，一种名叫"帕博利珠单抗"（Pembrolizumab，又叫Keytruda）的药物可以断开通往大脑的刹车踏板的路径，让癌细胞无法利用它躲过免疫细胞的追杀。结果它产生了奇效。后来，卡特总统体内的癌细胞完全消失了。

CAR T（嵌合抗原受体T细胞免疫疗法）是所有正在研发的免疫疗法中前景最广阔的一种。有些被医生宣判治愈无望的癌症患者通过CAR T治愈了癌症。我们都听说过不少这样的例子。这种疗法会从癌症患者身上移除大约10个T细胞，这种细胞在人体免疫系统确定攻击目标时发挥着主要作用。这些被移除的T细胞会在体外接受CRISPR/Cas9等手段的再加工，并由此产生一种能够准确识别患者癌细胞的受体。随后，这些细胞在有利的环境下生长、分裂，最终被放回患者体内。接下来，这些T细胞一旦发现癌细胞，就会立即发起进攻。一个T细胞能够杀死几千个癌细胞。对患者来说，这种攻击会引发疼痛和高烧，和我们想象到的最严重的感冒一样令人难受。这正是硬币的另一面。这种疗法对身体的毒害性较强，有些患者没有熬过去。但是，只要熬过这一关，绝大多数癌症患者都能被完全治愈，即使是病入膏肓的患者也不例外。

癌症研究中还有一个有趣的领域与一种叫作 p53 的蛋白质有关，这种蛋白质是由一种名叫 TP53 的基因产生的。由于 p53 具有防治癌症的能力，因此它也常被称为"基因组卫士"。人体的绝大多数基因是同时继承父亲和母亲的基因的。在极少数的情况下，其中一方的基因会存在缺陷（这被称为利-弗劳梅尼综合征），这几乎一定会诱发癌症。因为癌症通常是从一个具备关键性变异组合的单一细胞开始的，随后逐步扩散，所以，在其他条件相同的情况下，我们会假定一种动物的平均预期寿命越长，体内的细胞就越多，罹患癌症的风险就越高。然而实际情况并非如此。这一谜题被人们称为"佩托悖论"。以北极露脊鲸为例，北极露脊鲸的寿命最长可达 200 年，其体重可以达到 100 吨，这意味着北极露脊鲸患癌症的风险要比人类高出几千倍。然而，截至目前，人类从未在这种动物身上发现癌症。实际上，鲸类和象类远远没有人类那样容易患癌。原因似乎是它们体内的 p53 变异体比人类多很多。以大象的基因组为例，它一共包含 40 种 p53 变异体（同样是一半基因来自父亲，另一半基因来自母亲）。那么，人类未来能不能把大象的 TP53 基因添加到人类的基因当中，创造出几乎可以对癌症完全免疫的人类呢？时间会告诉我们答案，无论如何，这个领域都非常令人感兴趣。

无论是癌症，还是各种各样的其他疾病，更新、更好的疗法，加上人们对健康生活的更多认识，使得人类的平均预期寿命不可阻挡地不断提高。我们目前很难预言它会延长到多少岁，保守地估计，在看得见的未来，人类可以活到 120 岁。还有些科学家乐观得多，老年病学专家奥布里·德·格雷认为，历史上第一位能够活到1 000岁的人就生活在我们中间。格雷的主要观点是，人类不需要立刻研究出让人活到1 000岁的技术，只要尽快做到延长人类寿命，帮助他们活到新型长寿技术被开发出来就够了。也就是说，通过技术的发展为人类增添寿命的速度必须快于（或者至少等于）自然衰老的速度。

旧身体、新细胞

上文提到的生物化学和基因医疗的例子其实都是一种总体现象的具体表现。这种现象是，人类在医疗健康领域频繁地使用化学方法和生物化学方法，以替代原来的物理方法。这就是进步。

人活得越久，患病的风险就越高，这是不可避免的，至少一开始时是这样的。在比较久远的未来，人类会把许许多多的疾病扼杀在摇篮里，防患于未然，这是毫无疑问的。同样毫无疑问的还有，在较近的未来，会有更多人患上危及生命的疾病，并且从中存活下来，也会有更多人因为寿命延长而承受更多的身体损耗。那么，人类能不能像旧汽车那样拥有自己的备用零件？这样做有没有意义？能不能行得通？

答案是肯定的，这正是干细胞研究的一个主要方向。自2000年前后开始，干细胞研究真正获得了前进的动力。人类可能在5～10年内亲眼见证首个干细胞疗法。在详述这一新型疗法之前，我们先要了解什么是干细胞。这一点非常重要。

胚胎干细胞就是一种干细胞。卵细胞和精子结合之后，卵细胞受精，形成受精卵。随后，受精卵开始分裂，形成胚泡。胚泡是由200～300个细胞组成的。科学家就是从胚泡中取得胚胎干细胞的。这些干细胞能够分化成各种类型的细胞，构成成年人的身体。在胚胎形成的过程中，细胞会随着时间慢慢分化，越来越多的细胞分化成具有特定功能的细胞类型。这有点儿像爬树。我们先是沿着树干往上爬，接下来需要选择从哪一条路线爬到树顶。但是，我们遇到的树枝越多，实际上的选择就越少。绝大多数情况下，这样的情形同样适用于细胞发育。这就要谈到干细胞的绝妙之处了。我们都很熟悉细胞在分化成不同类型时的多种发育过程。这意味着我们也可以在体外进行这种过程。也就是说，科学家能够利用干细胞在体外培育出发育完全的具有特定功能的组织，然后把这些组织放在需要它们的地方。这样一来，我们就拥有了人体的备用零件！

胚胎干细胞的相关工作不仅涉及技术问题，还涉及伦理问题。幸运的是，它们早已不再是人类的唯一选择。2006年，日本科学家山中伸弥发现，我们可以对成熟细胞（按照我们之前的比喻，这是已经爬到树顶的细胞）进行重新编程，把它再次变成类似于胚胎干细胞的细胞。除此之外，这也比较简单易行。山中伸弥因此获得了2012年的诺贝尔奖。

这样一来，可以重新编程的细胞——诱导型多能干细胞（iPSCs），以及胚胎干细胞都能培养出组织，用来替代患者失去的或者损坏的组织，例如糖尿病患者的组织等等。以1型糖尿病为例，人体自身免疫系统会错误地对胰腺中分泌胰岛素的细胞（胰岛B细胞）发起攻击。这些B细胞一旦死亡，糖尿病患者就会丧失控制血糖的能力。因此，这种疾病一度是致命的。

如今，糖尿病患者可以通过仪器检测自身的血糖，并在需要时注射胰岛素。但这是一种极其原始的治疗方式，还会影响患者的生活质量。将来，这种治疗方式会成为历史。多组科学家，例如哈佛大学团队和哥本哈根大学团队，已经有能力利用胚胎干细胞制造可以分泌胰岛素的胰岛 B 细胞。这种疗法已经成功地治愈了小鼠的糖尿病。只要临床试验证明它是安全可靠的，糖尿病患者就可以移植装在保护胶囊中的胰岛 B 细胞，和正常人一样工作、生活。这种疗法一劳永逸，不需要任何后续治疗。

人造组织可以如此优雅地、永久性地解决问题，而且它的用途不局限于对患者的直接治疗。即使是现在，人造组织也已经在生物医疗研究领域形成了一场革命，它可以用来测试药物的效果，因为它能通过细胞培养更快地识别药物的副作用、发现某些药物根本不具备科学家们预想的效力，所以它能节省大量的时间和资金。该领域的一大领军企业是美国的 Organovo 公司。这家公司制造出了 3D 打印的肝脏组织，已经开始向制药企业供货了。有趣的是，Organovo 公司还与欧莱雅公司合作，通过 3D 打印皮肤来优化欧莱雅公司的美容产品、测试安全性、发现新成分。

无独有偶，最新的 IT 技术同样有助于降低制药行业的开发成本。企业可以借助技术手段在计算机上模拟一个完整细胞的生命过程。在这些药物真正投入使用之前，人们通过这样的模拟来测试不同药物的可能功效。

总而言之，这些数字化技术预示了很多尖端疗法的美好前景，这些疗法能治愈人类目前最严重的疾病。当然，这并不会改变最好的办法是治未病，即让人们不需要治疗这个事实。许多专业的医疗卫生中心正在这条路上努力探索。Health Nucleus 公司就是其中的一个例子。它的创始人就是前文提到的克雷格·文特尔。这家公司为人们提供全面体检项目，包括 DNA 的全面解码（例如，分析人们罹患遗传性疾病的风险）、磁共振扫描（建立全身的 3D 影像）、认知测试（检查痴呆症等疾病的风险）、新陈代谢分析（检查新陈代谢系统的健康状况）、微生物组分析（检查身体的自然菌及病毒种群情况）等等。我在 Health Nucleus 公司做过体检，它的起始价格是 2.5 万美元，实在不便宜。但是，通过定期的检查及时发现早期疾病，其中的益处自然是不言而喻的。

顺便提一句，几年之前，几乎没有哪位医生会想到把微生物组分析同平常的体检联系起来。但是，它们显然是紧密联系的。比如，孤独症在很大程度上是由内脏中缺乏一种菌株引起的，这至少会增加孤独症的症状。关于这一点，最新的研究发现了强有力的证据。

无论如何，这些检查都为每一位患者提供了独一无二的、完整的健康概况，有助于预防疾病，并在疾病出现的早期及时介入和治疗。它还让治疗过程变得更加简单，尤其是癌症的治疗，因为治疗早期的癌症相对容易得多。随着这项新概念的传播，它的价格会逐渐下降。从长期来看，这种全面体检可能会在未来变得极为普遍。

可穿戴设备、自动诊断、生物黑客和生活方式医学

在其他情况下，疾病的预防和诊断同样得到了极大的改善，数字技术同样发挥着重要作用。自动诊断得益于可穿戴设备的极大发展，这些设备包括手环、首饰等我们日常穿戴的物品。这种趋势被统称为"量化自我"。

Bellabeat 珠宝公司就是一个例子。这家公司是我们的风险基金 Nordic Eye（意为"北欧之眼"）在 2018 年投资建立的。这家企业很了不起，它只用了 5 年时间，就从一家只有创意、没有产品的初创企业发展为销售额接近 1 亿美元的成功企业。Bellabeat 公司的可穿戴设备会把反映穿戴者健康状态的信息源

源不断地发送到计算机端。如果这些数据存在问题，计算机就会做出反应。有些可穿戴设备还可以用来配发药物，提醒人们吃药，而且从来不会搞错剂量。这是数字经济属于精准经济的又一个例子。带有心电图检查功能的智能手表 Apple Watch 还能检测心脏病。

除了纯粹的医学目的，自动诊断在生物黑客领域中的作用同样非常重要。生物黑客的目的是实现人体健康的最优化，它会对人体实施"黑客"技术，收集相关数据。一家名叫 The Odin 的公司销售一种自助式生物黑客系统，售价为 159 美元。这家公司的创始人是前文提到的乔赛亚·蔡纳。为了展示该产品的功用，蔡纳大胆地把这种基于 CRISPR 技术的复合物注射到自己体内。这种复合物能消除基因中的肌生成抑制蛋白，后者会抑制肌肉的生长。这一幕发生在 2017 年旧金山的一次会议上（它还带来了一些法律上的争论，因为这一行为被视为无照行医）。

随着数据的收集越来越容易、数据的质量越来越高，人们（既包括生物黑客领域里的业余人士，又包括该领域的专业人士）会体验到各种各样的自主试验。生物黑客所处的环境得到了软件领域中与之类似的运动的极大启发，结合这一环境来看，生物黑客的发展可能是革命性的。我自身的创业经验告诉我，这些黑客中会有很多人遭遇失败。尽管如此，总体而言，如果生物黑客的试验进行得更快、成本更低、操作更容易，他们就会贡献大量重要的新成果。其中一部分原因是他们并没有把大多数警示放在眼里，因为这些警示是用于商品医药产品开发的。人们用自己的身体做什么试验，国家并没有那么容易管控。

在我看来，由于上述种种原因，医疗领域的未来一片光明，人类可能已经站在医疗领域黄金时代的边缘，我们会根治大量的、如今正在肆虐人间的疾病。正如前文提到的，这不仅意味着我们的预期寿命会大大延长，还意味着我们有机会在比过去长得多的岁月里保持健康和活力。感谢创新！

在此过程中，我们还会看到生活方式类药物日益广泛的应用。一个正在发生的例子是在加利福尼亚精英圈中风靡一时的"年轻血液"注射剂。虽然这听起来与吸血鬼有关，但它实际上是一种不含细胞的血浆。动物试验和人体试验都已证明，"年轻血液"具有明显的恢复活力的功效。但是，每一次注射都会伴随极微小的疾病传播风险。既然它看上去颇为有效，那么我相信它一定会引起人们的研究兴趣，一定会有人开发出更安全的衍生产品。此外还有一种被称为"血液回输"的类似做法。运动员会在重要赛事之前注射自身的红细胞[①]。根据我的猜想，利用合成型年轻血液的"血液回输"可能在未来变得颇为普遍。

益智药（nootropic）也是一种生活方式类药物。它可以提高人的专注力和记忆力，所以也被称为认知表现增强药物。益智药早已在大学生和高度竞争的商业环境里变得极为流行。我们都听说过合成代谢类固醇，它的服用者大多是健身人士或者顶尖运动员，其实，职业象棋选手也可以通过类似的方法刺激自己的大脑。此外，还存在很多其他的物质，它们具有提高人体免疫系统能力、提高临界压力等各种各样的功能。会不会有一天，人类能够培育出转基因植物，并让它们结出生活方式类药物，而我们每天早上都可以把这些药物撒在自己的早餐酸奶里？如果这一天到来，它就可以真的被归类为功能性食品。换句话说，我们食用这种食品是为了给自身健康带来某种目的明确的功效。

---

① 1985年，国际奥委会认定这种做法违规并明令禁止。——译者注

未来的智能医疗

在结束这一章之前,我想强调一点:未来的医疗必将和现在极为不同,也许它会变得更加整体化、更加高效。医疗中心和可穿戴设备会帮助我们获取关于自身的、极为丰富的信息,帮助我们发现早期疾病的蛛丝马迹。医生们会定期依靠无所不能的人工智能(我们会在第4章详细阐述人工智能),大量应用新型传感器、大数据和机器人技术(我们也会在第4章谈到这一点),并因此大大提高工作效率。与此同时,医生和医疗专家们会通过远程控制的机器人为无法亲临医院的患者提供紧急医疗服务、实施手术。

此外还有很多发展前景。无人机能为我们送来应急药物和设备;DNA互联网会极大地增强医疗研究的力量;制药企业会在计算机模拟的细胞以及干细胞合成的人体器官上完成药物试验;智能预防、基因和(广义上的)微生物疗法会得到越来越广泛的应用。

总的来说,如今人类已经有能力治疗各种生活方式类疾病,解决生理学意义上的各种问题,而不是像过去那样仅仅针对表面症状施治。当人们患病时,我们有能力以超乎想象的精确度,通过极为体面的方式治愈它们。这必将是人类文明的一大革命。

第 4 章
计算机、软件和电子网络

1982年，我完成了人生中的第一部著作，它当时被称作《概略》(*Compendium*)，是我在丹麦皇家兽医和农业大学担任外部讲师时使用的授课提纲。这份提纲的诞生过程是先由我手写，再由一位秘书在打字机上输入完成的。我觉得她很不喜欢那份工作。

1984年，我用打字机完成了第二本书。

接下来的一年，也就是1985年，我用一个半月的税后工资买了一台个人计算机，我的第三本书就是用它写出来的。我觉得这实在太酷了。我花了无数时间，走遍了各个图书馆，才找到撰写那本书需要的大部分资料。后来，我开始用互联网搜集写作需要的资料，谷歌和维基百科的出现让这个过程变得容易多了。在未来，写书的过程会变成什么样？下面是一种可能的情况。

假设我们在20年之后拥有这样一种软件程序，我们姑且叫它SpeedWriter吧。它就像一只设定好程序的狐狸，不断地检索互联网和科研数据库之类的信息来源。因为SpeedWriter的基础是人工智能，所以它能理解所有信息的意义。不仅如此，它还能分辨愚蠢和聪慧，这足以令人惊叹，因为很多人都做不到这一点。它还懂得科学研究远远好于阴谋论的道理，就像它明白一项科学元研究的价值远远高于单一研究的道理一样。

想象一下，20年之后的某一天，我需要撰写一本关于经济增长理论的教科书。早上起床，我让SpeedWriter列出一张清单，囊括这一领域作品被引用次数最多的所有思想家。几秒钟之后，计算机上显示出一张名单，列出该领域最顶尖的25位作者，它的评判标准是其作品被其他优秀的科学工作者引用的次数。

接下来，我请SpeedWriter用视图形式把这些作者的居住地和发表最重要著述的时间展示出来。它很快做好了一张图表。我又请它根据思想流派为这些作者分类。结果它只用了7秒钟的时间就做完了。稍做研究之后，我的想法又转到了书的结构上面。我对SpeedWriter下达了这样的指令："撰写一本关于经济增长理论的书，篇幅为150页。主要结构：按照时间顺序编排。次要结构：依据理论学派划分。风格：学术。技术插图：20～40幅。作者照片：5～10幅。弗莱施－金凯德可读性指数[①]：20～30。"

几分钟之后，计算机给出了一份草稿。我坐在沙发上，用平板电脑浏览这份草稿。它看上去很学术，但稍显枯燥。于是，我请SpeedWriter找出至少两位文中引用的作者的所有逸事，按照时间顺序把它们插入文中的恰当位置。我还要求它把这本书的行文风格改为大众科普读物，把可读性指数调整到50。结果很快就出来了，它看起来好多了。我对它说："再加上10～15个综述性段落，放在单独的摘要框里。"SpeedWriter立刻就完

---

① 一种用来衡量文本可读性的指标，0～30为很难，90～100为很容易。开发者为鲁道夫·弗莱施和彼得·金凯德。——译者注

成了。

我一边想着"差不多完成了",一边想到了一个新主意。我又对它说:"制作 10 段短视频,每段 30～120 秒,主要用来说明这些思想者最重要的贡献。其中一段视频的内容要包含我引用的两位作者,他们活跃在同一个时代,曾经针对某一话题有过辩论。"程序调用了两位最重要的思想者的图像资料,创建了我需要的动画片,展现了我想要的辩论。这一切"足足"花了一分钟,最后呈现出来的是栩栩如生的画面。

"好的。现在基本完成了。还需要补充与读者之间的交互测试。"我对它说,"加上关于这一话题的多选测试。再配上一段教程。"它马上就做到了。我把最终的结果上传到我的电子阅读器上,走到花园里研究起来。我用一个小时试读了这本书,看看它是不是大功告成了。确实没问题。我看了看时间,嗯,还来得及在午饭前打一场网球赛。

欢迎来到未来写作时代。我相信,我在这里想象的一部分有一天会变成现实。

从优异到奇异

我们早已见证了写作者身上发生的巨变,并将不断见证更多变化,这些当然都是计算机不断发展、进步的结果。计算机的运算能力有时可以通过"每秒百万条指令"(MIPS)来衡量。1972 年,当我上小学的时候,IBM 发布了一款计算机,它的运算能力达到了 1 MIPS。这在当时不啻为革命性的。举个例子,拥有这一运算能力的机器人能够沿着一条白线或者磁力线行走。几年之后,在瑞典利乐公司(Tetra Pak)的一家工厂里,我亲眼见证了这样的演示。我当时觉得这奇妙极了。随之而来的是更多、更快的进步，运算能力为 10 000 MIPS 的机器人拥有立体视觉，能够探测和抓取物体。

2005 年，人类抵达了这个阶段。2017 年，AMD（美国超威半导体公司）发布了运算能力达到 30.5 万 MIPS 的芯片。很快，其他衡量指标取代了 MIPS。仍然值得一提的是，如果一台计算机的运算能力达到 1 亿 MIPS，那么它大约相当于达到了人脑的水平。换句话说，按照 AMD 公司 2017 年的芯片运算能力来衡量，大约 3 000 枚芯片就可以达到人脑的水平。

另外一种常见的衡量指标是"每秒浮点运算次数"（FLOPS）。科学界普遍认为，人脑的运算能力约为 10^{17} FLOPS。2016 年推出的"神威·太湖之光"价值 3 亿美元，这款计算机达到了这一水平。但它和人脑比起来仍然差得太远。1998 年，机器人技术专家汉斯·莫拉维克估计，因为人脑中的很大一部分经常处于休息状态，所以，只有达到 10^{13} FLOPS，计算机才有可能和人脑一较高下。1998 年，10^{13} FLOPS 还是个了不起的数字。但是，到了 2015 年，只要 1 000 美元，人们就可以买到拥有这种运算能力的计算机。即使之前提到的数值有较大出入，人类也正在接近这样一个历史阶段。在这个阶段，计算机的运算能力接近人脑的能力，一些令人惊喜的、类人的事物会在这个阶段出现。事实上，令人称奇的类人事物正在涌现。

无与伦比的大加速

2001 年，雷·库兹韦尔发表了《加速回报定律》。它是关于指数级发展的经典论述。在这篇文章中，这位连续创业家、作家、谷歌公司研究者指出，摩尔定律实际上可以回溯到 19 世纪 80 年代。考虑到这一点，即使人们已经认定摩尔定律早已走上末路，认为这一发展将会延续下去的假设也不至于显得过分乐观。顺便提一句，摩尔定律并不是有效描述信息技术指数级发展的唯一方式。下面的几条定律就是很好的例子，其中，第一条定律是以斯坦福大学教授乔纳森·库梅的名字命名的。

16. 每隔 18 个月，相同计算量消耗的能量就会减少一半。（库梅定律）

17. 每隔 12 个月，通信系统的总带宽就会变成原来的 3 倍。（吉尔德定律）

18. 高端个人用户的网速会以每年 50% 的增长率不断提高，相当于每 21 个月翻一番。（尼尔森定律）

19. 硬盘驱动器的性能价格比每年提高 40%。（克拉底定律）

类似这样的定律还有很多，这也是互联网流量不断显著提升的原因之一。1992 年，每天的互联网流量为 100 GB。10 年之后，也就是 2002 年，流量还是 100 GB，只不过单位时间变成了每秒。2016 年，互联网流量从每秒 100 GB 增长到每秒 2.66 万 GB。思科公司预计，互联网流量会在 2021 年超过每秒 10 万 GB。奇怪的是，这一切是在人类经历电话高峰的时候发生的。在发达国家，人们越来越喜欢在线上预订出行和用餐服务，而不是给提供服务的企业打电话的方式。人们还会选择在工作和生活的对话中用文字来替代语音。和这些现象同时发生的还有无线频段数量的爆发式增长，它背后的原因来自下面这条定律：

20. 每隔 30 个月，无线网络并行通话数量就会翻一番。（库珀定律）

实际上，这条定律最让人感兴趣的是，从马可尼 1895 年的

第一次通话开始，它就一直在发挥作用。不仅如此，我们如今真的在 5G 移动通信中亲眼见证了可用带宽的革命性发展。

从 3G 到 4G 的转变并没有让人们感到太大的变化，但是从 4G 向 5G 的飞跃会带来巨大的变革，它就像从铜缆到光纤的转变一样巨大。5G 比 4G 快大约 100 倍，它的速度是如今大多数现代家庭宽带速度的 10 倍。想象一下，只需要 2 秒钟，你就可以下载一部电影。从今往后，当在线观赏自己喜爱的电视剧时，我们再也不用担心视频软件的加载速度不够快了。

5G 还会成为物联网（IoT）发展的核心，就单一发送站点而言，5G 支持的连接数量大约是 4G 的 1 000 倍。除此之外，它还可以支持自动驾驶汽车之间大量的双向通信，帮助人们在全球范围内操控无人机。这些无人机之间会相互通信，所以永远不会相撞。

5G 的弱点之一是穿透障碍的能力有限。同时，它也能完全提高建筑物内部的通信效率。因此，5G 可以用来打造建筑物内部的立体 GPS（全球定位系统）。比如，它可以引导旅客直接抵达航班的登机口。或者，如果你忘记自己把车停在多层停车楼的哪个位置，它就会为你指点迷津。5G 还能帮助人们获取高度位置，这一点极为重要。这是因为，在智能城镇的开发中，人们很快就会与互联网上几十亿个传感器连接。也就是说，5G 相当于踩着风火轮的吉尔德定律、尼尔森定律、克拉底定律加上库珀定律。

还有一个类似的趋势，它适用于电池产品。它显得稍慢一些：

21. 每隔 9~14 年，电池的性能就会翻一番。

更准确地说，单位重量的性能增速为每年 5%~8%。这意味着，依靠电池驱动的设备会变得越来越有用，它同时意味着我们可以大体预测出电动汽车会在什么时候实现商业意义上的突破。它的影响为埃隆·马斯克这样的商人带来了立竿见影的收益。我们接着看下一条定律：

22. 计算机存储的价格会以每年 20%～30% 的速度下降。

适用于新级别计算机的贝尔定律

综上所述，信息技术的发展远远不止关于性能提高和价格下降的指数曲线。对比前文提到的库梅定律、吉尔德定律、尼尔森定律、库珀定律和克拉底定律，我们会发现，信息技术的发展还涉及既有范式的变革。例如关于计算机级别的贝尔定律："平均每隔 10 年，就会出现一种全新的、用于计算的基本概念。"每种新的基本概念带来的不仅是新的应用，还有多种技术在共同演进的过程中横向组合的新机会。它们会激发一连串的新产品和新服务。我把过去的主要范式归类如下：

- 集成电路：取代了真空（电子）管，后者较慢、较贵，也不够可靠（20 世纪 60 年代后期）。
- 主从计算：中央主机，只能由高度专业化的专家来操作（同样发生在 20 世纪 60 年代）。
- 客户端-服务器计算：大型中央服务器与分布式的、较容易操作的小型计算机之间的协同合作（20 世纪 70 年代）。
- 结合局域网络的个人计算（20 世纪 80 年代）。

- 网络计算：数百万（后来变成数十亿）台计算机通过互联网相互协作（20世纪90年代）。

在这种情况下，可能有人会说贝尔定律的范式转变的确每隔10年就被证明是对的。然而，接下来，计算机发展速度明显快了起来：

- 普适计算和边缘计算：计算机无处不在，存在于人类环境的每一处，通常表现为嵌入式的、隐形的，或者移动便携式的，例如智能手机和平板电脑（它们出现在2000年之后，尤其是在2007年苹果手机iPhone发布之后）。
- 云计算：计算机把数据储存在云端，并在云端完成数据处理。这催生了借助计算机集群网络的虚拟计算。换言之，计算所需的各个部分是由云端的多台计算机协同完成的。这些计算机并不在用户的身边，而是处在远离用户的地方。它同样催生了"计算即服务"的发展，它最初主要是由亚马逊网络服务（AWS）（2006年）和微软公司的Azure云服务（2012年）推动的。
- 人工智能：计算机能够通过完成各种任务来实现自动运行，例如知识拓展、推理、解决问题、感知与学习等。计算机因此变得越来越像人脑。
- 物联网：21世纪第一个10年，物联网实现了指数级发展。它还包括了边缘计算，这让几十亿件原本不起眼地镶嵌在环境中的单一物体拥有了计算机例行程序，并通过物联网实现与互联网的连接。
- 大数据：它同样在21世纪的第一个10年实现了巨大演进，

它还实现了物联网数据与人工智能数据处理之间的融合。
- 智能机器人：这种机器人不仅能重复固定指令，还会从经验中不断学习，并与其他智能机器人交流学习所得。
- 智能远程控制：智能手机和智能手表正在变成某种类似于魔法棒的事物。它们能控制我们身边的一切物体，只要这些物体拥有内置智能即可。

也就是说，20年之内出现了七八种新范式，这足以令贝尔定律黯然失色。在我看来，未来极有可能更快地发生进一步的范式变革，实际上，我们已经见到了未来重大突破的端倪，它们包括：

- 量子计算机：新型计算机，就某些类型的计算任务而言，量子计算机的速度比传统超级计算机快几十亿倍。
- 虚拟现实（VR）：对虚拟世界的呈现，它带给人们的感受极其真实可信。
- 增强现实（AR）：在现实之上叠加一个由计算机添加的增强层。
- 环境用户体验：数字式体验，不会受到网络之间或者计算机之间传输的干扰。数据处理、在线网络和显示器正在无缝、优雅地与我们的环境融为一体。

下面是对最新范式的简要描述，从云计算讲起。

云计算与"即服务"运动

如果人们只需要在一个地方停留很短时间，如果人们对空间的需求会在一个人、较多人和很多人之间不断变化，那么，谁还会买房子？没有人。这也是酒店存在的原因。云计算就是由"计算机酒店"组成的，用户既不用买下整个数据中心，也不用买下17台计算机，他们只需要按照使用时长为一定数量的计算能力、存储空间和软件使用次数付费即可。这一数量可大可小，使用时间既可以短到一秒钟，也可以长达数年。总体而言，它会带来巨大的益处：从更高的安全性、能力、容量和灵活性到更低的成本和更快的部署。云计算的一大成效是用户会越来越少地购买硬件和软件，他们更愿意购买云端软件的使用权。这种模式不仅更灵活，还能帮助我们购买使用软件的权利——一次购买一个模块的使用权。

因此，随着市场的日益成熟，这种商业模式常常会从销售产品转向租用服务。结果是无数新服务形式和条款的出现，不仅包括与信息技术相关的内容，例如"软件即服务"（SaaS），还会延伸到其他行业，例如"能源存储即服务"（ESaaS）、"出行即服务"（MaaS）等等。这带来了无穷无尽的可能性。例如，有些商家正在提供袜子的订阅服务，也就是说，"袜子即服务"。

随之而来的是更高的粒度。在软件编码领域中，这种现象被称为面向对象编程（OOP）：复杂软件被分割为多个界面清晰的独立模块。类似的分割发生在产品销售从"要么全买，要么全不买"的阶段进入"可以一次只购买一部分"的阶段。以音乐产品为例，过去我们只能购买整张CD（激光唱盘），现在可以通过下载或者在线收听的方式单独购买一张专辑里的任意一支单曲。这也带来了下面这个趋势：

23. 随着技术、产品和服务的日益成熟，资源常常会被分割为更细小的组成部分，它们可以被更灵活地推广，分配给不同服务的供应商。

人工智能——蹿红的职业终结者

"图灵测试"是英国数学家艾伦·图灵在 1950 年建立的。这种测试方法主要用来确定一台机器能否展现出与人类同等级别的智能水平。"图灵测试"指出，我们如果能让计算机做出的事被看作人做出的，就能制造出人工智能。

人工智能的概念最早出现于 20 世纪 50 年代中期，在随后几十年的时间里，民众对人工智能的态度发生了极大的转变，从极端的怀疑主义变为积极的乐观主义。

多年以来，悲观主义总体上是对的。掌握技术的人们坚定地认为人工智能的重大突破已经到来，或者即将到来，这让很多充满希望的职业纷纷崩溃。事实是，"人工智能的寒冬"一次又一次降临：开发工作陷入停顿、资金耗尽、政治利益衰退，究其原因，都在于人工智能没有如期发挥作用。

如今，由于人工智能确实发挥了作用，所以，我们正处在一个前所未有的"人工智能之春"当中。实际上，应该说我们正处于人工智能的全盛时代。原因在于大量涌现的技术突破，包括深度学习等软件系统的引入。这意味着机器可以实现分层式学习。第一层仅仅是非常粗浅的表达，但是，随后的每一层都会通过前一层的信息实现表达的优化。这是一个与人脑非常相似的过程。有两本著作精彩地阐述了它的作用，一本是杰夫·霍金斯的《人工智能的未来》，另一本是斯蒂芬·平克的《心智探奇》。

除此之外，人们还发现，这一进程的速度可以提高到原来的 20 到 50 倍，方法是把传统的 CPU（中央处理器）芯片换成 GPU（图形处理器）。GPU 原本的设计初衷是支持计算机游戏的 3D 体验。谷歌等公司还开发出了 TPU（张量处理器）。这种处理器是专为这一功能设计开发的。目前还有多种神经形态的人工智能芯片处于开发过程中。

在人工智能的帮助下,计算机通常可以通过输入海量的数据、反复演练现实世界信息的方式完成学习。比如说,2011年,在益智综艺节目《危险边缘》(*Jeopardy*)中,IBM的超级计算机沃森一举击败了两位世界冠军,惊动了全世界。在此之前,人们为它输入了整个维基百科网站的信息、2亿页书的内容和与《危险边缘》竞赛相关的18万条提示信息。即使是全美国最聪明、最博学的人也无法望其项背。但是,如果人们因为输给了沃森而耿耿于怀,那么他们很快就会感到释然,甚至感到高兴。因为沃森紧接着败给了它的后来者,一款体型比它还小的超级计算机。

在此之前的1997年,IBM的"深蓝"计算机击败了国际象棋冠军卡斯帕罗夫。有人认为,"深蓝"之所以能获胜,是因为它拥有一种原始力量,能够记住无数个棋局、模仿无数种走法。从这样的假设出发,批评者们提出,如果换成围棋比赛,那么计算机根本不可能取胜。为什么?因为围棋的棋盘规格是19×19,足有$208\ 168\ 199\ 382 \times 10^{170}$种可能的结果。这个庞大的数字超过宇宙中原子总数的$10^{90}$倍(宇宙中的原子总数为$10^{80}$)。

因此,人们认为,一台计算机完全不可能解决这一纯粹计算能力的挑战。然而,2015年,谷歌公司推出了阿尔法围棋,它一共拥有1 202个CPU和176个GPU。阿尔法围棋最终以5∶0的战绩击败了欧洲围棋冠军樊麾。接下来,阿尔法围棋挑战世界排名第四的韩国职业围棋高手李世石,结果它赢下了5场比赛中的4场。[网飞上有一部绝佳的纪录片,名叫《阿尔法围棋》(*AlphaGo*),它很好地记录了这个过程。]

因此,我想再次强调,如今的人工智能是行之有效的,尽管它在很多时候没有被我们看到，尽管它不属于让我们再三思考的事物，但是，人工智能已经拥有了不可思议的强大力量和极为广泛的传播。以最常见的智能手机为例，它的大部分功能是依靠人工智能实现的。比如，当我们输入文字时，系统会对接下来可能输入的字词提出建议；比如，它会帮助我们翻译，或者找到从甲地到乙地的最快路线，等等。

人们每次使用谷歌搜索时，谷歌公司都会通过人工智能找到最佳答案。实际上，我们可以把谷歌看作一个庞大的人工智能机器，包括我们在内的每一位用户的每一次使用，其实都是在训练它、提高它。当我们在超市购物时，确保热销产品始终有货的依然是人工智能。超市连锁机构会通过人工智能分析海量的顾客偏好数据。是的，在这方面，计算机正在迅速地成长，它还会把各种各样的因素纳入销售预期的考虑，从学生开学到天气预报，再到体育赛事等等。明天天气炎热？多储备一些冰激凌。星期六有橄榄球比赛？多储备一些啤酒！除此之外，亚马逊公司最近还用人工智能取代了很多采购经理。事实证明，在计算最优采购量和商品价格方面，人工智能比人类采购员更胜一筹。人工智能还在很多其他方面成为人们日常生活的一部分。当我们打开网飞界面时，这家流媒体服务商全部通过人工智能为我们推荐节目，亚马逊也用这种方式推荐商品。

人工智能大行其道，下面列出的几点也许对我们的思考有所帮助：（1）19世纪80年代，电力供应开始普及和商用，它几乎改写了所有行业，还创造了大量的崭新行业，这是人类历史上的一件大事；（2）20世纪90年代，互联网取得突破并带来了类似的影响，它同样改变了一切；（3）人工智能在2000年之后突飞猛进，它即将改变所有事物的面貌。

至少我是这样看的。我们也许有机会见证人类与人工智能的不断融合。在这个过程中，人工智能水平会越来越接近人类的智力水平。我们可以通过下面的比喻理解这个过程。一位农夫把一棵大树运进谷仓，请问，树冠何时通过谷仓大门的门槛？这个问题很难回答。最先进入谷仓大门的是一部分细小的分枝，然后是较粗的树枝和树干。也就是说，在这个过程中，树冠的一部分是在门外的，一部分是在门槛上方的，还有一部分是完全进入谷仓的。同样，人工智能也是一个领域接着一个领域、逐步超越人类的。

到了人工智能全面超越人类的时候，也就是树冠完全进入谷仓之后，我们才能谈论"通用人工智能"（AGI）的问题。它还涉及拥有情绪的人工智能，也有人称之为"情感计算"。到那时，计算机似乎会表露自己的情绪。

如今的人工智能为何如此令人感兴趣？

要想认清人工智能的普及程度，只要看看人们笃定地认为人类会在未来胜过机器的领域就够了。如今，我们已经很难准确地找到一种极富创造力，就连计算机都无法胜任的活动或者任务了。有些观察家强调，与他人之间的互动是计算机做不到的。然而，机器已经越来越轻松、越来越快地在越来越多的领域（例如个人护理和数字娱乐等）驾轻就熟，机器如今达到的熟稔程度让我们不由得惊叹，它们似乎比人类更像人类。除此之外，我们似乎找不到其他语言来形容它们。人工智能的情绪开发工作正在高歌猛进，这意味着人类和机器可以更轻松地建立情感联系。我们看到了计算机创作的新闻稿件、画作和室内音乐，就连专家都很难把它们同人类的创作分辨清楚。机器已经在很多特定领域通过了图灵测试。长期来看，人类非常有可能与人工智能计算机之间建立某种情感联系，就像我们会被动画电影打动一样。这很奇怪，也很真实。在这方面，新近应用的一项技术是深度结构学习（DSL）。这项技术的宗旨是以类似于人脑的方式创造学习。

牛津大学的瑞典裔教授尼克拉斯·博斯特伦始终对超级智能计算机的发展抱有深深的担忧。几年之前，博斯特伦教授面向全球被引用次数最多的专家学者开展了一次关于计算机智能何时超越人类的元调查。调查得到的平均结论是 2050 年。然而，就像我之前指出的，我认为这种单一维度的问题意义并不大。因为，即使是现在，人工智能也已经在多个领域超过了人类。与此同时，人工智能还在其他诸多领域远远落在人类后面。但是，无论如何，如果 2050 年的计算机真的能像人类一样行动，它的智商是 100，那么，也许到 2052 年时，它们的智商就能达到 200，并在 2054 年达到 400。毕竟，汽车的性能并没有一直停留在 1 马力的水平上静止不动，今天最快的汽车的性能已经超过了 1 000 马力。我们同样可以在计算机领域看到类似的例子，如今的计算机在计算方面比人类快多少倍？即便不是几百万倍，也有几千倍。它们还战胜了世界最顶尖的国际象棋和围棋选手。也就是说，套用前一个比喻，我们的农夫明显已经把树冠的很大一部分拉进了谷仓里。

人工智能应用实例

如果有人想制作一张清单，罗列人工智能正在获得认可和发展的行业，那么我认为这很难，因为它一定会是一张极长的清单。这就像罗列在电力的应用或者互联网的普及中受益的行业一样难。

但是，尽管不同企业和行业呈现出了不同的发展速度，但它的总体趋势是清晰明确、不可阻挡的。这样的情况在历史上屡见不鲜。举一个例子就够了。我敢保证,每个人都会喜欢一位真正有天赋的管家。他完全了解我们,就像我们肚子里的蛔虫一样,他会在不需要言明的情况下预知我们的想法和需要。如果真有这样的管家,那么我一定会聘请一位!我梦想中的计算机极其友好、极有礼貌。它会帮我预订和下单,处理好差旅、购物和生活中的大量杂务,这些杂务有的是我不愿意做的,有的是我确实做不好的(人格测试结果显示,我是个书呆子)。与此同时,这位数字管家非常积极主动,它会提出各种各样的建议,提醒我哪些咨询和问题还未被答复,它还会为我推荐一些非常有趣的选择。怎么样,是不是很棒?

是的,而且我们很快就能拥有这样的数字管家了,一些类似的先驱产品已经问世了。

人工智能还有一种令人着迷的用途,它就是"自动生成假设"。人工智能可以极快地阅读数以千计的科学研究报告,从中找到有用信息。它的速度已经达到了令人难以置信的现象级水平。计算机有时能在片刻之间完成一群科学家几十年才能完成的工作。与此同时,其他例子还说明了,我们那位农夫要运的大树,还有一部分树冠仍然没有进入谷仓门槛。2014年,沃森计算机接到的任务是阅读18.6万篇2003年之前科研论文的摘要,并对如何激活$p53$蛋白质提出建议。我们曾在前文中提到这种蛋白质,它能抑制癌症的扩散。沃森提出了9种不同的方案,结果证明,其中有7种是行之有效的。我们在这个例子中看到了极端快速阅读和一种了不起的直觉的结合。

再举一例。事实证明,人工智能计算机比人类更擅长考试。在很多情况下,它们比医生更擅长诊断疾病,这是因为,诊断的基础在很大程度上立足于做出诊断结论的主体见过多少类似的情况或者与之有关的情况。在咨询领域里,计算机有时也会超越人类，比如在辅导学生功课（它也被称为EdTech，即教育科技）和法律程序自动化（它也被称为RegTech，即监管科技）等方面。人工智能还擅长很多金融流程，例如股票交易操作等。它属于金融科技的一部分，金融科技也被称为FinTech。人工智能在监管科技，尤其是金融科技领域中的应用已经达到了相当广泛的程度。

因此，人工智能将继续不断在各行各业攻城略地。如果你认为自己不会受到太大影响，那么你也许应该再好好想想。至少我是这样做的。当我们创办Nordic Eye公司时，我认为风险投资领域的工作和人工智能根本风马牛不相及。那些该死的计算机怎么可能做好我们的工作！这绝对不可能。但是我错了，至少在有些方面是错的。实际上，人工智能能够胜任一部分风险投资工作。事实证明，在遴选初创公司、找出足以实现绝大部分增长、成为最有价值的初创企业方面，人工智能表现出了令人难以置信的高效率。因此，截至本书写作时，我们正在Nordic Eye公司部署人工智能，把它作为我们工作的补充。

智能放大

在Nordic Eye公司，我们会与人工智能计算机协同工作，你可以因此称我们为"半人马"。骑术高手非常熟悉人马合一的感受，就像音乐演奏家与乐队浑然一体、赛车手与汽车融为一体那样。当同样的融会贯通发生在人工智能计算机身上时，我们就达到了智能放大（IA）阶段。正因为人类智能与人工智能截然不同，所以，只有将它们合二为一，才会产生一种总体智能。它既高于人类智能，又强于人工智能本身。人类智能与人工智能的这一结合拥有极其强大的力量。

在未来，我们中的很多人可能在遭遇困难时，例如医生误诊时、律师忽略重要的判例时、科学工作者没有发现某些研究时、股票交易员做出愚笨决定时、某个笨蛋司机在快车道上开车打盹儿时等等，得到智能机器各种各样的帮助。

物联网——机械世界的神经纤维

位于宾夕法尼亚州的卡内基梅隆大学成立于1900年，是一所声誉卓著的研究型大学。1982年，戴维·尼科尔斯坐在这所大学计算机科学系的办公室里，他口干舌燥，很想喝一杯冰可乐。但是可乐贩卖机离他很远，而且经常空空如也，即使它装着可乐，这些可乐也常是温的。尼科尔斯认为，事情本来可以不必如此。于是，他召集了几位伙伴，一起编写了一个程序。这个程序可以通过监控贩卖机上的指示灯，发现机器里有没有可乐，同时，通过某种精妙的设计，他们还可以知道贩卖机里的可乐被放入了多长时间，够不够凉爽。接下来，他们把这个名叫ARPANET的网络分享给了所有人。这样一来，每个人都能了解贩卖机里可乐的实时信息。ARPANET就是互联网的前身，当时，接入这一网络的计算机只有300台。就这样，尼科尔斯和他的朋友无意间打造了物联网上的第一个"物"，即那台可乐贩卖机。

2017年，共有85亿件物品被接入物联网。截至本书写作时，这个数量达到了大约300亿。从那台可乐贩卖机到现在，很长一段时间过去了。在这段时间里，人们越来越多地讨论建立万物互联网络、在不需要人类介入的情况下相互通信的可能性。但是，当时的技术还不够成熟，当时的人们也许无法充分预见物联网的真正潜力。在相当长的时间里，物联网基本停留在口头讨论阶段，其中一部分原因在于，物联网必需的传感器太大、太昂贵，也不够可靠。除此之外，当时的互联网第4代协议（Ipv4）只能支持大约43亿个互联网地址。即便按照全球人均一台联网设备（例如计算机或者手机）来计算，这也是远远不够的。

然而，随着智能手机和可以运行小程序的计算机的爆发式增长，传感器性能很快得到了极大的提高，价格也大幅下降。用来支持边缘计算的小型专用芯片也是一样：也就是说，相当于数字神经纤维末梢的小型计算算法变得又好又便宜。这让物联网系统变得更快、更可靠。如果自动驾驶汽车的远程控制功能或者唤醒打盹儿司机的功能是由远在天边的计算机控制的，那么这无疑既缓慢又危险。

与此同时，2017年夏天，互联网第6代协议（Ipv6）问世。这意味着，只要我们想实现某些物品之间的联网，很快就会有大把可用的专用地址分配给它们。实际上，这一协议的地址多得足以支持 6×10^{23} 件物品接入互联网。这些地址足够分配给地球表面的每一平方毫米。而且这并不是Ipv6的上限。

这个数目大得惊人。它意味着地球上每个人可以拥有几十亿个物件，并为它们分配独一无二的地址、连通互联网。在现实生活中，人类即将走进1万亿个传感器的时代。根据市场情报企业国际数据公司（IDC）的估计，2017—2022年，为了把这些传感器连接起来，全球物联网技术投入将达到13.6%的复合年增长率。鉴于联网设备价格的迅速下降，多数预测认为，物联网联网设备的年增长率会达到15%～20%（见图4-1）。

24. 联网（物联网）设备数量的年增长率为15%～20%。

换个角度来理解，人类正在为机械世界安装数十亿根崭新的神经纤维。

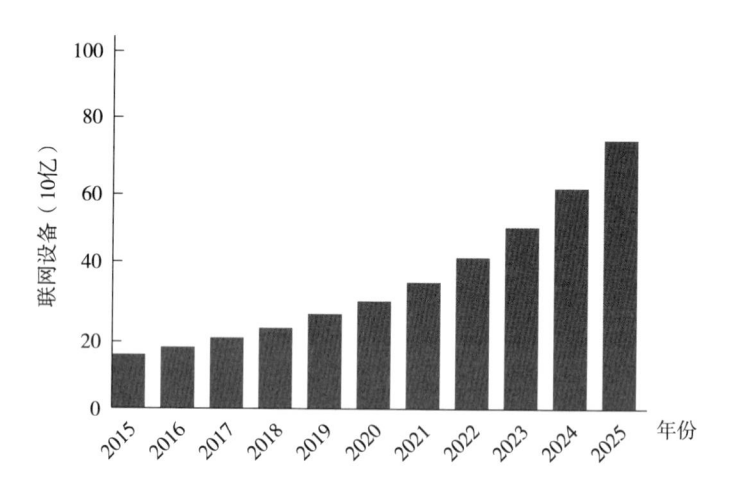

图 4-1　全球物联网联网设备数量预估（2015—2025 年）

网联何"物"？

物联网正在全球范围内广泛发展。人类为家畜贴上了带有芯片的标签。每辆新出厂的汽车都会配备大约 200 个传感器，稍旧一些的汽车也有 60~100 个传感器。目前使用中的汽车总数超过 10 亿，也就是说，汽车传感器的总数为 1 000 多亿。一旦汽车和汽车的数据流与互联网实现了连接，物联网宇宙就会迎来大爆炸式的增长。比如，为了训练自动巡航系统，传感器之间会交换驾驶者的行驶信息。传感器还会把汽车的技术信息发送给车间和厂商。发生车祸时，传感器会通知应急调度中心，并提供车祸严重程度的信息。如果车主同意保险公司追踪驾驶信息，那么车主还可以以更低的保费投保（车主可能还需要同意一点：一旦超速驾驶，保险公司就可以不予理赔）。

物联网还在"生活追踪"方面发挥重要作用。它指的是人们利用传感器跟踪记录自己的生活方式和健康情况。除此之外，物联网还被用于预知性维护。它能让机器在恰好需要保养时及时得到保养，既不会太早，也不会太迟。很多专家预言，单凭这一点，物联网就能为人类工业效率的提高做出令人瞩目的贡献。

零售业是物联网更大的应用市场。货架上的商品会被贴上 RFID 芯片或者类似的传感器。这样做的一个目的是检测货物实时流动的总体情况，另一个目的是支持无人商店的运营。RFID 是一种不需要使用电池的芯片，只要收到电子指示信号，它就能自动回传带有编码的信号。2018 年，Nordic Eye 公司投资了一家 RFID 企业。它帮助顾客安装一种移动应用程序，只要顾客使用手机为想要购买的商品付款，它就会让商品中的芯片停止工作。这样一来，顾客只要完成支付，就可以大摇大摆地走出商店，不用担心触发防盗警报。未来的零售行业可能会大量使用贩卖机，类似于我们见过的冷饮贩卖机，唯一的不同在于前者更加智能。贩卖机能节约空间和劳动力成本，还能降低盗窃风险。未来可能会使用机器人来补充货架上的商品，所以，未来商店的设计风格可能发生极大的改变，它们会变成巨型贩卖机的模样：庞大的实体贩卖机器人。

物联网还会与智能家居相结合。照明、取暖、空气调节、安防和娱乐等各项功能会实现互动，它们的共同目的是提高用户友好性和方便性，同时做到更高水平的环保。一个很好的例子就是谷歌公司的 Latitude 门铃，当不同的人走近大门时，这款门铃会发出不同的铃声。我也不知道为什么，Latitude 门铃会让我想起《出去的路只有一条》（*One Way Out*）这首歌。它是奥尔曼兄弟乐队的作品，这个乐团是我最喜欢的乐队之一。这首歌是这样唱的："宝贝，出去的路只有一条。天哪，我无法走出那道门。因为门外站着一个人，我也不知道他是谁，也许他就是你的男人。"看来 Latitude 门铃很懂得怎样和情绪紧张的人开玩笑。

物联网还在医疗领域拥有极大的潜力：例如准确显示患者的身体情况，显示某位患者药物的精确位置等等。很快就会出现监测人类生活方式和健康指标的首饰和牙刷，它们会把相关信息展示在手机上，方便人们与过往统计数据对比，参考互联网上的提示信息，例如 Bellabeat 发送的信息等等。这类商品会形成一个极速增长的市场。

物联网在农业领域的发展同样日新月异。它被用来检测干旱、农作物生长、作物间病虫害的传播情况、土壤营养状况等等。这一技术还被用于更精准的施肥作业，以实现更少的浪费、更高的作物产量等。物联网在精准农业领域发挥着必不可少的作用。它会借助精准优化极大提高单位农田面积产量。

因为很多物品都带有传感器，所以它们非常方便出借，也会更容易地用于共享经济。这也是物联网极其令人着迷的一面。我们会在后文详细讨论共享经济话题。

大数据 = 大买卖

数据有时被称为"当今时代的新土壤"。对于未来几十年的全球发展而言，数据的作用至少和内燃机被发明后的石油一样不可或缺。拥有石油的人们通常富可敌国。在未来，这样的财富会逐渐转移到拥有数据的人身上，让他们变得更富有。20 世纪 40 年代以来，我们见证了"石油七姐妹"（全球最大的 7 家石油公司）的兴盛，它们共同控制了全世界绝大多数的石油贸易。如今，我们迎来了另外 7 家控制着海量电子数据的企业。

它们是 Meta、苹果、亚马逊、谷歌、百度、阿里巴巴和腾讯。就股票市值而论,"数据七姐妹"显然早已超越了原来的"石油七姐妹"。

但这个词的真正含义是什么？简言之，大数据与传统数据的概念截然不同，这主要体现在以下几个方面：

- 它通常是建立在所谓"数据废气"的基础之上的。"数据废气"指的是那些原本并非为了分析目的而生成的、最终被用于分析的数据。
- 它的分析是连续不断的，而不是周期性的。
- 它会跟踪全部相关数据，而不是选定的、具有代表性的样本数据。
- 它不仅包括文本数据，还包括讲话、声音、图像、运动、温度、方向、方位、速度等等，它们通常是通过物联网收集而来的。
- 大数据拥有模式识别能力，因此能推断数据缺失的位置、模拟非常复杂的过程，这通常是通过人工智能实现的。

此处需要注意一点，这里对大数据的描述既涉及人工智能，又涉及物联网。我们可以看到，实际上这三种技术形成了一种三位一体的关系。因此，我们可以把物联网、大数据和人工智能的这种关系称为"铁三角"（见图4-2）。之所以如此称呼，是因为物联网与大数据的结合是人工智能的发展必不可少的，尤其因为机器的智能主要是通过检视尽可能多的数据实现的。的确，算法有能力完成自主学习，但这样做的前提是它们能从数据集中提取对象，发现某些模式，进一步完善自身的学习。即使它们发现了人类从未发现的模式，情况仍然如此。

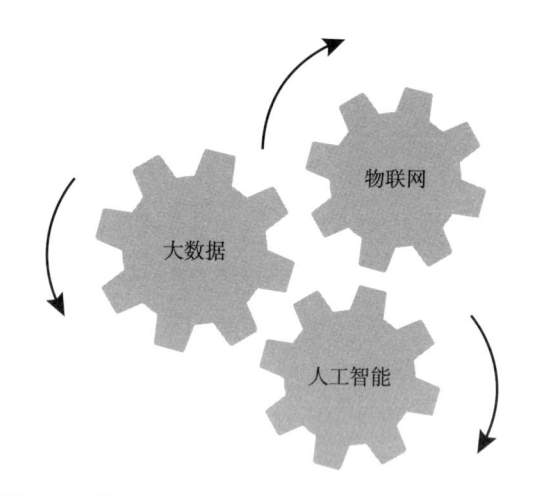

图 4-2 物联网、大数据和人工智能组成的"铁三角"

线上数据的体量正在以指数级别增长。到本书写作时，根据我见过的所有统计数字，我得到的印象是，数字数据的年趋势增长率大约是 40%、存储数据为 10%、分析数据大约是 20%。据此，我们至少可以得出如下结论：

25. 全球数字数据量每两年翻一番。

与此同时，绝大多数专门企业和研究机构都在开发相关工具，更快、更简便地从极大的数据集中提取有用信息。这意味着，对于同样的数据而言，其价值的增长速度将会远远高于其体量的增长速度。为什么"数据七姐妹"的价值能够达到万亿美元规模？为什么这个领域中很多公司在租来的办公室里办公、员工出行主要依赖出租车，却能达到令人瞠目结舌的天价估值？这是至关重要的原因之一。

能够说明大数据价值的例子数不胜数。试举一例，假如你拥有一家自己的企业，希望人们知道它的营业时间。那么，人们需要能在谷歌上查到它。因此，你会在"用谷歌搜索我的企业"在线表格里填写相关信息。即使不这样做，而是在自己的网站上发布这些信息，谷歌也能轻松找到这些信息，并把它纳入搜索结果。但是，真正令人叫绝的是，谷歌还会显示这家企业一天里不同时段的繁忙程度。谷歌会查询 GPS 系统，找到人们的智能手机在某一时刻的位置，发现各个地点在各个时段的繁忙程度。

谷歌、Meta 等拥有众多用户和海量数据的企业拥有一种显而易见的网络效应：网络中的用户越多，每个用户的价值就越高。Meta 自不必说，谷歌同样如此。谷歌会从人们的搜索行为和其他行为中学习。因此，人们使用得越多，它就变得越好。比如，在我们浏览网页时，谷歌会推荐翻译服务。这一看似简单的服务离不开极大数量的数据。在我们使用谷歌搜索时，它为什么总是能在第一页顶端的第一行显示最佳结果？因为这个结果正是其他用户进行同样的搜索时点击进入、详细阅读的那个结果。同样，通过查阅我们输入的所有文本，谷歌能有效破解我们的心理画像。谷歌每个月要完成超过 1 000 亿次搜索，这为它带来了令人震惊的庞大信息量。

大数据在其他方面的应用同样不胜枚举。一个极端的例子是它能知道全球此时此刻的经济状态！比如，今天中国的经济有没有增长？只要把各种各样的实时统计数据组合在一起，就可以得到准确的总体情况，例如用电量、电商交易订单量、信贷流量等等。另一个例子是零售商对顾客趋势的实时跟踪，并结合本地的影响因素，例如天气预报、体育赛事等因素做出预测。这也是数据价值不断攀升的另一个原因。对于麦肯锡之类的企业来说，它们的员工并不缺乏技能，但它们为什么会在近年里投入大量资金购买数据流使用权？如此说来，这就不足为奇了。

在现实生活中，人类对物联网、大数据和人工智能"铁三角"的重构主要体现在生物生命生态系统当中。我们通过人工智能创造了人造大脑、借助物联网获得了感觉器官、通过互联网创造了神经系统，它们是通过大数据实现模式识别的先决条件。我们有机会在有生之年见证这一切的发生，并成为其中的一分子，这难道不令人激动吗？难道我们不够幸运吗？至少我觉得很激动、很幸运。同样令人激动的还有，人造大脑、感觉器官和神经系统的发展是伴随着一种全新生态系统而发生的，这个生态系统由全新的人造物种组成，它就是机器人。

智能机器人——新的生态系统

想象一下，你要在周末开一个派对。于是，你在亚马逊网站上订购了自己需要的基础型机器人，还购买了必需的额外功能。接下来，你在亚马逊应用商店里为你的新机器员工下载了调酒师应用程序和服务员应用程序。你接下来只需要享受派对就够了。但是，稍等一下！如果给机器人加上一条手臂，让它拿一把开瓶器，那么会不会更好玩儿？很好玩儿！但是，今晚就能做到吗？没问题！你下载了3D技术规范书，街角的3D打印店很快就完成了打印。你新买的机器人是个多面手，能为宾客提供各种各样的服务：它就像乐高积木一样容易拼装，你还可以为它安装各种应用程序，就像使用智能手机一样。

当然，这种机器人还没有面世。但是，它用不了多久就会出现在我们面前。机器人已经具备了大量功能，正在完成各种各样的工作任务，这些功能和任务令人目不暇接。比如，如今，汽车制造行业中的机器人已经接管了80%的人工作业，这也是慕尼黑附近会出现庞大的机器人产业集群的原因。布里斯托尔、代尔夫特、汉堡、马萨诸塞州和欧登塞，以及日本、韩国和印度的很多地方同样出现了类似的机器人产业集群。

在这些地方，数以千计的技术人员正在创造庞大的、机械的生态系统，我不禁想到一个由机器昆虫组成的生态世界。它与生物生命生态系统之间存在两个巨大的差异：首先，人造昆虫比自然界的昆虫大得多；其次，人造昆虫最终会变得比人还聪明。顺便提一句，Nordic Eye 公司于 2018 年投资了丹麦第三大机器人企业：Blue Ocean Robotics（蓝海机器人公司）。

是什么在控制机器人？

机器人必须听从指令，或者拥有自我训练的能力。这是无须多言的。其中，第一种方式（给机器人下达指令）涉及一种代码语言，这种语言的规则十分清晰，是一种在数字设备上应用非常广泛的通用控制系统。它通常用于汽车制造工厂的机器人，也就是那种被固定在地面上的机械臂。

LiDAR 传感器是工业领域里一项极为重要的技术应用。它不仅用于机器人，还用于自动驾驶汽车。LiDAR 的含义是"激光雷达"。它会向各个方向发射激光束，为每一个特定雷达系统创建虚拟的 3D 环境地图，确保导航的安全高效。

在过去的几十年间，越来越多的仓库和工厂使用自动导引车（AGVs）搬运物品。自动导引车还有一个更精妙、更先进的孪生兄弟，名叫"自主移动机器人"（AMRs）。二者最大的不同是自动导引车只会沿着固定路线移动，这些路线通常是用电线或者嵌在地面中的磁铁标示的。我们可以把自动导引车想象成只会沿着铁轨走路的火车。与自动导引车不同，自主移动机器人就像自动驾驶汽车，可以在复杂多变的环境中智能导航。它是通过传感器和智能用户界面和机器人操作系统软件做到这一切的。

人工智能是控制机器人的另一种方式。人们通过人工智能教会机器人如何在面对问题的过程中自我学习，也可以为它们事先写好整套规则，将其作为未来学习的基础。真正了不起的是这种数字式学习，它会存储在机器人的"大脑"里。通过代码传输，一台机器人在单次交互中的学习所得可以在几分钟之内成为数千台机器人的知识。这些传输代码是机器人在学习过程中自动生成的。想象一下，你的瑞典朋友学会了一边说法语一边抛接8个球，这项技能可以在瞬间被传输给你和另外1 000位朋友吗？我们人类做不到这一点，但是机器人能做到。

最后，人类还可以通过视觉或者身体动作直接告诉机器人如何完成一项任务，在此之后，它们将学会重复这一过程。实际上，我们已经可以通过一些应用，例如Workflow和IFTTT.com等等，实现机器人流程自动化（RPA）。

协作机器人与多样性

慕尼黑的机器人集群主要集中在完全自动化机器人的制造方面，而大多数欧登塞的机器人企业主要制造可以灵活与人协作的机器人，它们主要是通过机器人的个性化服务或者强化学习做到这一点的。

协作机器人指的是能与人互动的机器人，比如工厂中协助完成特定任务的机器人、帮助我们做好家务（包括清洁、摆桌子）的机器人等等。这里可能会用到监督式学习。举例来说，一位匠人握着一条机械臂，手把手教它如何完成一项工艺，这条机械臂通过这样的方式掌握手艺人的隐性知识——一种只可意会、不可言传的技能。

远程呈现与远程操作

远程呈现意味着人可以坐在全球任何地方，控制远在天边的一台机器人，并通过机器人身上的麦克风、摄像头和扬声器与他人交流。或者也可以说，它是一台能看、能听、能开视频会议的移动机器。

由人控制的远程操作指的是由人远程控制机器人的情况。我们最熟悉的例子是，虽然患者距离医院非常遥远，但是医生可以通过远程控制机器人为患者看病甚至做手术，也可以在没有远程呈现的情况下实现远程操作。一个例子就是医生会站在患者身边利用机器人完成手术中的手部动作，这样能把手部抖动的影响降到最低。Blue Ocean Robotics 开发的腹腔镜手术机器人 Vecloc 就是专门用于解决这一问题的。在治疗近视和远视的激光手术中，机器人的表现远远好于人类。如果非要做眼部手术不可，那么我会选择让机器人来完成。

当然，还有无人机。也许我们大多数人会把无人机看作遥控的或者程控的无人驾驶飞行器或直升机。虽然目前它们大多以无人飞行器的面貌出现，但是它们还可以做成无人船或者潜水艇的形式。直到最近，无人机销售额的大约 90% 是用于军事用途的。但是，随着无人机越来越贴近普通用户，价格越来越亲民，这一比例也在发生着变化。最新上市的四轴飞行器就不算贵，它们能在中等强度的风中自我稳定，还能自己找到回家的路、绕过障碍物，而且易于控制。商业领域对无人机的需求也在增长，尤其是建筑行业、农业、保险行业和基础设施检测等行业。如今还出现了消防无人机，它们能吊起消防水龙带，飞到摩天大楼顶层灭火。

无人机在个人市场上取得了重大突破，第一个原因是传感器价格的迅速下降和质量的大幅提升。这与物联网大发展的原因是一样的。传感器质量的提高主要得益于智能手机的庞大销量。智能手机中包含这些传感器，正是这些智能手机提高了传感器的质量，降低了它们的价格。第二个原因是2005年的一项发现：对于带有4个垂直转子的无人机而言，只要调整不同转子的速度，就能极为有效地改变导航线路，完全不需要移动襟翼之类的操作。第三个原因是微处理器的有效供应，这使得制造烟盒大小的计算机成为可能。

自主和集群是无人机技术的两大开发领域。有了自主性，我们可以放飞无人机，让它去完成任务，它会在无人管控的情况下解决问题、完成任务。例如，瑞士正在使用快递无人机为医院运送药物和组织标本。

集群指的是一组多台无人机像一支团队那样协作。无人机集群可以用于娱乐行业，比如无人机表演，就像人们在太阳马戏团看到的那样。它还可以用于军事行动，在未来，技术水平较低的敌对势力可能会发现自己几乎不可能在智力上胜过无人机集群。武装军用无人机可以配备相当可观的火力，其价值不足常规战斗机的1/100，而且不需要飞行员冒着生命危险投入战斗。现代的、由机器人控制的枪炮拥有反应速度极快的"感知—思考—行动"配置，它们能在遭到意外攻击的一瞬间开火还击。

另一个例子是私人无人机，它可以自动跟随自己的主人和主人的朋友们，拍摄人们欢聚的全过程。这种无人机已经相当常见。我本人就有一台DJI Mavic（大疆创新推出的无人机）。它拍摄的影像质量非常令人满意。私人无人机也可以用于农业生产，它们每天早上自动起飞，拍摄农田里的作物情况。当然，无人机还在工业、建筑业和边防事业中有着数不尽的用途。

长久以来，机器人的发展一直受困于"莫拉维克悖论"。这一悖论来自机器人研究者汉斯·莫拉维克，它指的是这样一种事实：开发出擅长国际象棋和其他认知挑战活动的机器人相对容易，但是，想让这些机器人拥有运动技能，即使是极平常的运动技能，也非常难。它们无法走下楼梯，也不会在起伏不平的路面上行走。总而言之，它们就像蹒跚学步的幼儿。但是，情况早已不同以往了。如今，新的机器人能迅速而流畅地走路，具备极高的敏捷性。波士顿动力公司最新研发的机器人 Atlas 配备了 LiDAR 传感器，它能捕捉环境中的物体、识别前进路上的障碍。它能在任何类型的路面上自由行走，就算下着雪、路面湿滑也可以。强化学习会帮助 Atlas 机器人调整自身的平衡感，使之变得越来越精确、完善。

这意味着，在未来几年之内，人类会看到各种各样的机器人，包括通用型机器人，它们拥有各种不同的专业技能，可以通过简单的程序完成大量的、各种各样的工作任务。

智能远程控制——现实世界里的魔法棒

谁不喜欢《哈利·波特》故事里的魔法棒？未来不可能真的成为魔法世界，但是有些方面距离魔法并不算远。为什么？因为存在巨大的需求，它既包括我们已经认识到的需求，又包括潜在需求。人们希望只要按动一个按钮，例如智能手机之类的设备上的虚拟按钮，就能很容易地遥控事物。

有的酒店已经推出了这样的服务。消费者可以把房间的电子钥匙下载到自己的智能手机或者智能手表里，这样就可以不用办理入住手续了。智能手机同样可以用于支付和遥控，它能遥控家里的电视、灯光、音响和暖气，还有车库大门等等。它还能做到许多其他工作，例如，在自助式商店里，当消费者为一件商品完成在线付款后，它能自动解除商品上的安全扣。在我看来，生活中所有智能手机之外的遥控器都是多余的（汽车钥匙可能除外）。也就是说，人们应该用智能手机来完成所有的遥控。这正是目前的发展方向。我们的智能手机正在变成现实生活里的魔法棒，它能让我们省去大量的遥控器、钥匙和信用卡等物品。

量子计算机——快几十亿倍

20世纪80年代以来，科学家们一直致力于打造量子计算机。顾名思义，量子计算机（或者量子计算能力）运用量子物理的现象完成计算。如今，量子计算机已经变成了现实。尽管它的质量仍未达到商业应用的要求，它也没有实现大规模的应用，但是，当这一天终于到来时，它就会彻底革新众多行业。

这一天距离我们并不遥远。IBM公司的工程师提议使用量子体积来衡量量子计算机的工作效率。它实际测量的是这些新型计算机产生的、以不稳定著称的量子比特数。2017年，IBM公司量子计算机的量子体积达到了4，2018年达到了8。2019年，新型Q System One量子计算机的量子体积水平达到了16。IBM公司据此认为，一个适用于量子计算机的摩尔定律即将出现，它目前被称为罗斯定律，其内容是量子体积每年翻一番。但是这个看法遭到了同样正在开发量子计算机的谷歌公司的挑战。2018年12月，谷歌公司的科学家们在一台普通笔记本计算机上模拟完成了量子计算。一个月后，他们在一台增强型笔记本计算机上完成了新的量子计算。如今，他们需要一台功能更强大的台式计算机来完成这一模拟任务。又过了一个月，由于第三次量子计算的计算量过于庞大，整栋楼里的普通计算机都无法完成模拟，因此他们不得不请求谷歌巨型服务器网络花时间调动几百万台处理器。这为我们带来了"内文定律"：量子计算的发展速度是"双指数级"的。这就为我们初步预测出下一个超级趋势：

26. 罗斯定律告诉我们，在可扩展的量子计算机架构中，量子比特的可能数量可能每年翻一番；内文定律告诉我们，它也有可能呈现双指数级的增长趋势。

在本书写作时，讨论罗斯定律和内文定律谁更接近事实的真相未免有些早。但是，2019 年 9 月，谷歌公司的一台量子计算机在 200 秒里完成了一项计算。如果换成当时最先进的传统计算机，那么这大约需要 1 万年才能完成。量子计算机之所以强大，是因为比特与量子比特在技术上存在不同。传统计算机（如个人计算机、Linux 操作系统或者苹果计算机 MacBook）主要使用比特。它有 0 和 1 两种状态，而状态的数量会随着比特数位的增长而呈现指数级增长趋势：1 位有 2 个值、4 位有 16 个值、8 位有 256 个值，以此类推。那么，一台 32 位的计算机最多可以拥有 2 147 483 647 个值。

20 世纪 80 年代，人们都在听芯片音乐，它只有 8 位，所以只有 256 种不同的声音（2^8）。如今，我们听到的通常是 16 位的音乐，得益于状态的爆发式增长，16 位的音乐拥有 65 536 种不同的声音（2^{16}），所以，它在质量和可选性方面都表现出了巨大的差异性。当然了，随着比特数位的增加，状态数量的爆发式增长会变得极端。

对于计算机上常见的应用，例如 iTunes（苹果公司推出的数字媒体播放应用程序）、Excel（微软公司推出的电子表格办公软件）和 Spotify 等等，其状态数量通常不会少于 9 233 372 036 854 775 807。这太令人震惊了。但是，同量子计算机比起来，这相当于土丘遇到了高山。量子计算机使用的是量子比特。量子比特不是二进制的，它可以作为 0 或 1 存在，也可以同时处于 0 和 1 的状态。因此，量子计算机能够存储更多的信息，在某些类型的计算任务中，量子计算机比传统计算机的计算速度快得多。

举个例子。我们需要找到两个乘积为 15 的数字。传统计算机可以在几纳秒内解决这个问题。但是，如果我们想要找到两个乘积为拥有 617 位的巨大数字的数字呢？即使是全世界最大的传统计算机，也需要 10 亿年来解答这个问题。而量子计算机能在 100 秒之内给出答案。也就是说，量子计算机比传统计算机快 3 150 亿倍。

这为我们带来了巨大的启示。例如，量子计算机可能会让现代加密技术变得形同虚设，它可以迅速破解所有的计算机科学代码，而如今的互联网银行业务正是使用这样的代码来确保安全的。这一点同样适用于现有形态的区块链。一台大型量子计算机可以极为轻松地"开采"加密货币。这是因为区块链和在线安全系统的基础都是为了破解代码而进行天文数字级别的计算。传统计算机囿于有限的计算能力，不得不一个一个地尝试每一种组合，这可能要耗费极长的时间。如果我们拥有一台计算机，能在几秒钟之内完成天文量级的计算，这个绕不开的问题就会迎刃而解。

量子计算机拥有极其强大的能力，但它只能在某些领域发挥出这种强大的能力、打败传统计算机。如果你只想在网上闲逛或者在网飞上看一部电影，那么量子计算机不一定比传统计算机好到哪儿去。但是，如果你想算出高度复杂的蛋白质分子是如何在 3D 空间里折叠的（这也是如今最迫切的计算难题之一），那么，量子计算机可能会为生物化学、医疗保健和许许多多的其他科学领域带来极大的裨益。

科技巨头和军事单位之类的组织可能是大型量子计算机的首批用户：它会被应用于电子战、人工智能和医疗科研等领域。

IBM、谷歌、微软、英特尔和一些小型企业可能处于量子计算机的最前沿，尽管它的技术难度依然巨大，但是近年来的进展表明，商用量子计算机早已不再是遥不可及的梦想。现在，我们已经可以通过互联网接触到 IBM 公司 20 量子比特的量子计算机了。截至本书写作时，谷歌最新的量子计算机的水平达到了 72 量子比特，IBM 最新的量子计算机的水平也达到了 50 量子比特。微软量子计算机的量子体积并没有达到与前两种类似的水平，但是，反过来看，这家公司似乎表现得更扎实稳健。在未来的几年里，200 量子比特也许并不是难以企及的目标。如果达到了 200 量子比特，我们能够测量的状态数量将会超过宇宙中所有原子的数量。

乐观的预测认为，到 2040 年，量子计算机将得到大规模应用。美国国家标准技术研究所（NSIT）预测，可用的量子计算机大约会出现在 2030 年，但它的价格会非常高，每台大约需要 10 亿美元。与此相反，也有人认为人类可能永远无法大规模开发和维护大型量子计算机。在我看来，量子计算机会像许多人类"永远不可能"开发出来的事物一样，在可以预见的未来变成普遍存在的现实。

虚拟现实——真实的梦境

计算机技术是有魔力的，最具说服力的例子之一就是虚拟现实技术（VR）。人们对虚拟现实最熟悉的例子莫过于计算机游戏，它同时也是最普遍的例子。其实，更多的好戏还在后面。虚拟现实不仅能带我们探访火星、参加奥运会，或者从狂欢的看台上观赏世界杯决赛，还能让我们离目标更近。比如，在娱乐领域，虚拟现实可以带来极为丰富的选择，无论是游戏、音乐会、电影、博物馆还是旅游，无所不包。它还可以用于对社会产生重大影响的领域。例如，虚拟现实可以帮助机械师和工程师发现复杂机械的内部问题。军用虚拟现实设备可以模拟极端昂贵、危险或者复杂的情况，帮助完成相关训练。虚拟现实技术早就被应用在飞行员的训练中了。

虚拟现实技术可以缩短机器的故障时间，提高作战人员行动成功与生还概率，因此，它还有挽救生命、节约大量资金的作用。在建筑项目中，它还被用来验证有关建筑安全的各种假设、防止出现建筑缺陷、降低承包商成本。房地产行业也可以使用虚拟现实技术展示产品。

增强现实——兴奋刺激的口袋妖怪

增强现实（AR）与虚拟现实紧密相连。二者之间最明显的差别在于，增强现实是在延展现实，而虚拟现实是在创造现实或模拟现实。下面的例子可以说明这一点。虚拟现实意味着，我们可以在家里访问一家家具商店，看到整个店内的情景，就好像真的置身其中一样。而增强现实让我们看到的是店内的各种家具摆在家里时会是什么模样。

也就是说，增强现实是真实存在的现实与计算机生成的数据的结合。因为这一技术把现实世界与虚拟图像和声音结合在一起，所以，增强现实有时也被称为强化现实或者扩展现实。

再举一例。借助增强现实的力量，我们可以让一位体育明星仿佛真的出现在电视台的采访中，实际上，他（她）正坐在地球另一端的一间更衣室里。在 2018 年俄罗斯世界杯期间，一家比利时电视台做到了这一点。提到增强现实，目前最广为人知的例子也许是《宝可梦 GO》这款游戏。它在 2016 年的夏天席卷了整个世界。可以想象，未来的增强现实游戏会变得更加光怪陆离。

增强现实还会彻底革新很多行业。以零售业为例，增强现实可以带来更好的展示效果，例如私人订制的摩托车或者汽车产品等，它们能栩栩如生地、等比例地出现在顾客的眼前，随心所欲地更换各种颜色、车轮组件、内饰等等。只做线上生意的零售商可以建立 3D 线上店铺，顾客可以在店里走走逛逛，甚至能试穿新衣服。这会提高销售额、减少退货量。人们还可以在自己的智能手机上研究产品，深度获取产品丰富的标签信息和品牌故事。也就是说，好的产品真的会说话了，而且直接讲给顾客，这是一种全新的品牌表现形式。

增强现实还可以应用于旅游行业。想象一下，在探索一座城市时，我们可以看到它 500 年前的样貌。或者，我们可以戴上一副眼镜走在异域街头，当有人用外语和我们交谈时，镜片就会用气泡形式显示实时翻译。增强现实还可以帮我们感受周围环境。例如，系统可以在战斗机飞行员的手臂上施加一定的物理压力，帮助他（她）了解机翼的过载情况。在未来，战斗机飞行员可能会被无人机取代，但是增强现实产品只会日益增多。

哪一种会成为更重要的技术？是虚拟现实还是增强现实，现在还很难说。虚拟现实目前似乎得到了更多的关注，但是增强现实的发展速度更快。增强现实还带来了绝佳的技能提升机会，增强现实式训练可以提高安全性、降低失误率。这样的训练会极大地增强人们的职业技能。

环境用户体验——畅快淋漓的全面体验

随着带宽的增容提速和计算机性能的强大，IT产品会带来越来越好的用户体验。然而，尽管苹果、微软等企业已经取得了长足的进步，但我们还无法做到在各种设备之间实现完全流畅且令人毫无察觉的转换。当我们离开办公室桌面上的计算机，在回家的路上或者在会议期间使用手机继续工作时，仍然会感到这有点儿像从头开始。

环境用户体验不会出现这样的情况。你甚至很难感到自己正在从一台设备换到另一台设备，因为它的设计理念就是让你感到两台设备一模一样，并且持续不断地优化。无论是在计算机上工作，还是在平板电脑、手机、智能手表，或者任何其他可穿戴设备（如可以检测脉搏的首饰或者带有内嵌摄像头的眼镜等等）上工作，都不重要。苹果等公司显然已经在这条路上走了很远，但是仍然存在极大的提升空间。领先的研究与咨询机构加特纳集团预测，环境用户体验将是未来几年强有力的技术趋势之一。很显然，它是广大用户普遍需要的。

环境用户体验需要所有可能的相关设备相互关联，组成一张强大的终端网络。除了前面提到的部分，它还适用于家用电子设备：例如白色家电、家用电器、汽车和各种各样的其他设备。它还意味着各种无线连接必须达到极高的效率，5G恰好可以在这里发挥它的威力。

另一方面，我们可以选择把显示屏和扬声器融入日常生活中，带来"活的"墙纸、房屋立面和其他功能。如此一来，带给我们数字体验的事物将不再局限于专门的技术装置，还有日常生活的环境。

最后我还要补充一点，我不仅看到了强大的物联网、大数据、人工智能"铁三角"，还预见到了由虚拟现实、增强现实和环境用户体验组成的另一组"铁三角"（见图4-3）。

图 4-3 感知"铁三角"

网络攻击——"犯罪即服务"及其他

技术的巨大进步不仅带来了诸多裨益，还带来了大量新问题，包括屏幕依赖症，它把许多人，尤其是年轻人，变成了彻头彻尾的"屏幕僵尸"，还让许多人患上了智能手机分离焦虑症。

技术进步带来的另一个问题是各种新型的、严重的网络犯罪。这与无处不在的可用信息有关，因为如今的数字行为早已成了我们生活中极为重要的一部分。萝冰塞奇的故事就是个绝佳的例子。她是个充满吸引力的年轻女人，在美国海军担任网络犯罪分析专家。

刚登上工作岗位，萝冰塞奇就在领英、脸书和推特上向相同领域和相关领域里的用户发出了好友邀请。她很快就结识了许多新朋友，例如美国陆军高级首脑（参谋长联席会议主席）、时任美国国家安全局信息部主任，还有很多军火供应商的负责人等等。很快，她开始收到工作和讲座的邀请。甚至有人给她发来了机密资料，请她过目并提出意见。总而言之，萝冰塞奇的前途一片光明。

唯一的问题是，萝冰塞奇根本不存在。她是一位名叫托马斯·瑞恩的安全顾问虚构出来的人物。瑞恩的目的是调查通过社交媒体获取机密信息到底有多容易。瑞恩指出，这并不算难，而且他并没有费多大力气。萝冰塞奇的照片来自不太知名的演员，她的通信地址属于黑水公司。甚至连萝冰塞奇这个名字都直接取自美国北卡罗来纳州一年一度的大型军事演习。然而人们并没有怀疑什么，反而高高兴兴地和她分享工作中的重要信息，甚至分享需要保密的信息。而且，这样做的都是每天在安全领域里工作的人。马克·古德曼把萝冰塞奇的故事写进了他的著作《未来的犯罪》中。古德曼研究通过数字形式获得资助的犯罪行为。从认知角度来说，我们在理解数字威胁严重程度方面远远落后，古德曼对此深表担忧，并在《未来的犯罪》中令人信服地说明了这一点。

跟踪狂经济

我们自身的开放和幼稚是一个问题。另一个问题是各种数字平台会收集与我们有关的数据，它的数量达到了令人难以置信的水平（大胆推测一下，如今每10分钟产生的信息相当于前1万代人创造的信息总量）。结果呢？我们最终落入了一种"跟踪狂经济"的圈套里。可以这样看：我们和App（应用程序）提供商达成了这样一种协议：我们选择生活在精准投放的广告里，以此获得免费App。也就是说，用广告换App。

从某种意义上来说，信息分享是一件好事，它呈现出一种巨大的双赢局面。目前的广告依然是必不可少的，它为我们使用的免费服务提供了资金保障。考虑到这一点，我们也可以说，广告与用户息息相关。我个人绝对认同这一点，但是，作为免费应用的回报，我们要提供各种各样的信息，包括我们所在的方位、搜索历史、联系人信息、日程安排和大量其他个人信息，这会带来很大的问题：这些信息会落入不法之徒的手里。

平台自身当然会从海量信息中受益，不仅如此，它们还会把这些信息出售给另有所图的企业，它们不会一直精心管理这些信息。谷歌、Meta，以及数不清的企业，都被黑客攻击过（Meta公司在2011年透露，脸书平台每天因信息泄露导致的账户登录多达60万次）。也就是说，我们已经同意很多企业使用并销售我们的数据，而这些数据有时会落入犯罪分子手里。一些观察家因此强调，网络安全的核心问题在于隐私权问题。就目前而言，这一权利正在持续不断地、日益严重地遭受技术的破坏。这种破坏有时是经过我们同意的，但是我们对此毫不知情。

问题还出在纯粹的复杂性上。每个人都会在没有通读数字协议的情况下点击"同意"按钮。这样做是有原因的。几年前，有人研究过那些我们没有通读就同意的数字协议，结果发现，美国人平均每年需要花费76个工作日才能认真读完这些协议（在几年之后的今天，这个问题变得更严重了）。也就是说，我们为什么没有读完它们？因为我们根本就做不到。

这引出了"监控型社会"的概念。它指的是，人们的一举一动都受到严密的监视，国家知道每个人的电子货币存在哪里、如何使用等等。美国即使算不上监控型社会，至少也算是监控型资本主义，而且它是受到齐曼定律支配的。

抢劫数字化

正如马克·古德曼在《未来的犯罪》里指出的：只要掌握了程序的力量，银行就再也不值得抢劫了。对于拥有这项能力的人来说，坐在家里对你或许多其他人实施黑客行为远比抢银行有效得多。

身份盗用、金融犯罪、非法跟踪、骚扰以及相关犯罪的数量也在快速增长。儿童比成年人更容易沦为身份盗用的受害者。这些犯罪的严重程度可能相差较大，但是，最严重的受害者不仅会损失大量金钱，还要承受灾难性的社会后果，他们中的很多人要在此后多年的生活中忍受痛苦和创伤。

拥有数字犯罪能力的不法分子有大把的犯罪机会，他们不会放过这些机会。按照最乐观的情况估计，在过去的10年间，许多恐怖袭击的资金部分来自黑客攻击和数字信用卡诈骗，例如网络钓鱼等多种方式。我们都见过各种黑客攻击事件，100多万人的个人信息同时被窃。还有数字武器问题，它们和真实的炸弹不同，数字武器以病毒和其他恶意软件的形式出现，它们可以不断地被反复使用，一旦被触发，就永远没有停歇消亡之日。

2018年，安全公司Bromium的一项研究指出，全球非法在线市场每年的交易额达到了8 600亿美元，商业机密盗窃金额为5 000亿美元，数据买卖交易额为1 600亿美元，犯罪软件即服务为16亿美元，勒索软件为1万亿美元。总金额高达3.6万亿美元，约占全球经济的 4.5%。即使除去一部分重复计算的影响，这个数字依然令人震惊。

2017 年，Cybersecurity Ventures 公司的报告把这个金额定为 3 万亿美元，同时，这家公司估计，考虑到更多因素，这个数字会在 2021 年增长到 6 万亿。比如，我们不仅要计算诈骗分子所赚的钱，还要考虑防止诈骗、自我保护的成本以及攻击造成的时间浪费等等。有些人估计，因为网络犯罪而投入的成本已接近全球 GDP 的 8%，这远远高于全球教育投入，后者的比例还不到 5%。这个问题真的很严重。

包括翁德雷·弗尔切克在内的一些专家指出，人类正在见证一场机器与机器之间的战争。在这场战争中，正义的一方和邪恶的一方同样会调动自身最强的人工智能资源，将来有一天还会发挥量子计算机的力量。所有攻击都是机器自主发起的，这些机器会全程独立决策。在计算机与计算机的鏖战中，人类只是过程的监控者。弗尔切克是爱维士公司（Avast）的首席运营官，这家公司是全球最大的 IT 安全企业之一。

这一切造成的结果是，网络犯罪和网络安全成了大生意。2017 年，发现一项数字安全漏洞平均需要 203 天。网络安全公司 WatchPoint 首席执行官格雷格·爱德华兹指出，对于把握机会、发挥人与人工智能合作力量的企业来说，用不了多久，这个时间就会从 203 天变成短短几秒钟。现在，有些新型防御软件就是以人工智能为基础的，它们会从自身实时经验中学习，并把学习所得分享给用户。比如，以色列公司 Deep Instinct（意为"深度本能"，我是这家公司的股东）开发了一种软件。它会使用数百万个文件来培训这款软件，有的文件藏有病毒，有的文件极度危险，有的完全没问题。结果表明，这款软件能在病毒造成破坏之前抓住它们，这被称为"初始攻击侦测"。

第 5 章
通向无尽的能源之路

人类常常因缺少能源而在取暖、烹饪以及各个方面吃了很多苦头。实际上，每当想到这一点，我们都难免感到疑惑，因为地球的底土中蕴藏着极为丰富的放射性物质，主要是铀、钍、钾等。实际上，它们把地球99%的土壤加热到了1 000摄氏度以上，只有0.1%的土壤，也就是我们人类生活的这一层薄薄的地壳，温度是低于100摄氏度的。除此之外，太阳辐射为地球带来的能量大约是如今全球总能耗的7 000多倍。

尽管如此，纵观整个人类历史，为了获取必要的能源、维系生命而进行的争斗俯拾即是，而且这些争斗往往是最惨烈的。主要的原因在于缺乏创新。比如，人类的远祖往往死于寒冷，当他们畏缩在枯枝败叶里瑟瑟发抖时，并没有想到这些树枝和叶子可以变成熊熊燃烧的温暖篝火（如果他们懂得如何点燃它们）。也就是说，人类缺少的并不是资源，而是利用资源的技术。这再一次说明，归根结底，创新才是人类的终极资源。

在石器时代、青铜时代和铁器时代，人类能源的主要来源是用作交通工具的牲畜和用作燃料的木柴、树枝和粪便。大约

3 000年前，中国人开始把煤炭当作炼铁燃料，用竹筒导出自然产生的天然气，用来蒸煮海水、提取海盐。到了距今大约2 000年时，罗马人在达契亚开采石油。当然，大规模的石油商业开采是19世纪中叶在美国真正开始的。其他化石燃料，主要是煤炭和天然气，随之而来。它们在世界范围内的利用率持续不断地稳步提升。

化石燃料——临近峰值

化石燃料对人类文明意义重大。正因为如此，我们发现有些分析人员的想法很有趣。他们认为化石燃料的应用很快就会结束。图5-1来自犹他大学的研究，它对全球能源供应总量的发展做出了（不那么确凿的）预测。

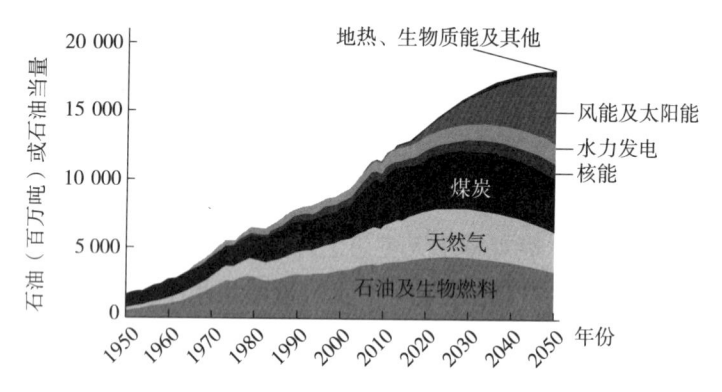

图5-1 全球能源供应发展预测（2017—2050年）

该预测指出，还有短短15年，人类就会到达"化石能源峰值"。"化石能源峰值"包括"石油峰值"和"天然气峰值"，它们会紧随"煤炭峰值"而来，不幸的是，我们距离后者的到来只有短短几年的时间了。这里必须指出，关于这些预测,很多分析者持有不同的看法。即使如此,这一预测的革命性发展仍然可以归结为三大因素:(1)全球人口增长放缓;(2)人类正在开发新型能源;(3)人类使用现有能源的方式正在日益改善。图 5-2 显示了美国 GDP 发展与美国人口能源消耗之间的关系。

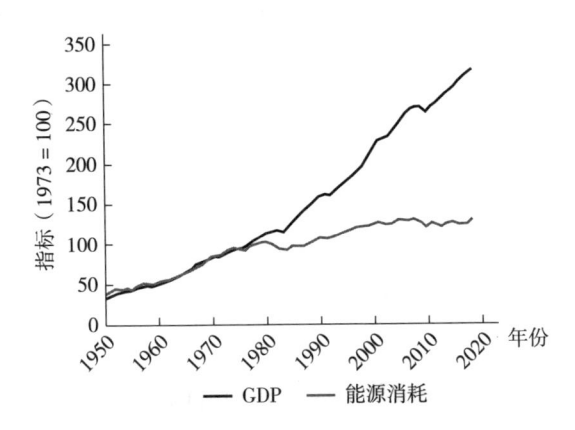

图 5-2　美国每单位 GDP 的能源消耗情况

如图 5-2 所示,人口在增长,财富在增加,而单位 GDP 的能源消耗在下降,预计这样的发展趋势会持续下去。这并不是美梦,这个趋势已经发展得相当明显了。

但是,我们并不能因此期望它在可预知的未来降低全球的能源消耗。其中一部分原因来自下面这个悖论:

27. 技术的进步会带来更高的能源利用效率,造成价格下降,而价格的下降又会导致该类型资源消耗量的增加。(杰文斯悖论)

对如今的能源基础设施而言,几乎每一部分的效率都会持续不断地大幅提升。举个例子，传统灯泡会造成 99% 的初始能源浪费。但是，随着传统灯泡向 LED（发光二极管）照明的转变，能源的利用效率提高了大约 6 倍。不仅如此，随着电网和 LED 效率的不断提高，这样的情况还会一直持续下去。

同样，光伏太阳能面板的效率也在大幅提升。这也符合斯旺森定律。这一定律指出，太阳能电池组体的累计出货量每翻一番，价格就会下降 20%。近年来，在这一定律的作用下，太阳能电池组体的单位成本大约每 10 年下降一半。但是，无论是太阳能电池还是 LED，它们都不属于 IT（互联网技术）产品，在可预知的未来，它们都会受到某些物理极限的限制。

巨大的、不断增长的储量

当化石燃料在全球范围内达到顶峰时，它会表现为供应的短缺还是需求的下降？正如前文所述，多年来，人们一直认为这个旅程的终点是供应的短缺。如今，人类似乎离化石能源的峰值很近了，但真正的原因并不是供应的中断，而是需求的消失。这就像石器时代走到了尽头，并不是因为石头用光了一样。

这确实令人印象深刻，让这个故事更加充满趣味的是，石油时代走到尽头的时候，可能恰好是全球石油储量接近历史最高峰的时候，并且是石油实际价格低至罕见水平的时候。

先来看看储量。图 5-3 展示的是石油和天然气储量自 20 世纪 80 年代以来的发展情况。20 世纪 80 年代正是全球对可能的石油枯竭的恐慌达到顶峰的时候。

可以看到，尽管我们消耗了大量的石油和天然气，但是它们的储量一直在稳步上升。

我的猜测是，如果储量真的像预测那样在几年内达到顶峰，那么，在接下来的储量回落过程中，人类的能源消耗会与储量上升期间保持同样的水平。若果真如此，则意味着我们对煤炭、石油和天然气的消耗将在今后100年左右的时间里逐步减少。在此之后，人类会把极为丰富的化石能源保留在底土中，永远不会再把它们用作燃料。

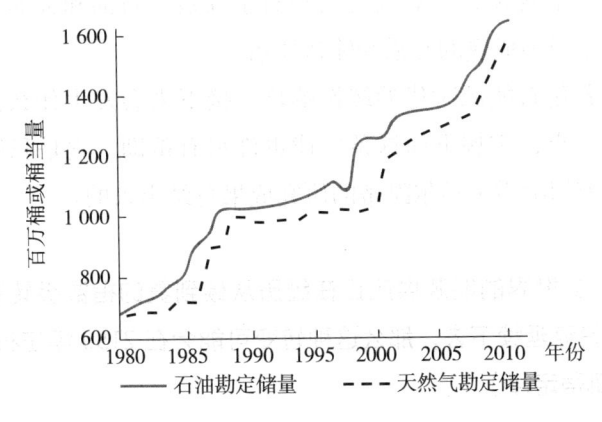

图5-3　石油及天然气勘定储量

这就带来了价格问题，沙特阿拉伯、俄罗斯、美国等产油国的领导人非常清楚接下来会发生什么。他们的心情就像10家餐厅的老板，每一家都烤好了100份牛排，也就是说，他们一共烤好了1 000份牛排，准备招待来吃晚餐的顾客，结果发现只来了500人。在撰写本书时，沙特阿拉伯已经对国家石油公司的上市（和部分出售）表现出了兴趣（顺便提一句，这家公司是2018年全球最赚钱的企业）。美国人正在以不可思议的速度通过水力压裂法开采石油。实际上，美国可能会在2022年前后完全实现石油的自给自足，随后，该国的石油出口量会超过进口量。卖！卖！卖！而且水力压裂法的成本正在不断下降。

当前，煤炭、石油和天然气的储量极为丰富，可能远远大于人类过去消耗的总量。此外还有一种能源，即甲烷水合物，人们相信，这种可燃的碳氢化合物的储存广度可能是天然气的2~10倍，这意味着数百年甚至数千年的使用时间。日本研究人员正在开展甲烷水合物的相关试验。但是，我认为它不会形成太大的商业规模，毕竟人类已经有了煤炭、石油和天然气，并且拥有了极为成熟的开采和输送体系。

随着化石能源时代的缓慢落幕，接下来会发生什么？为了理解这一点，掌握下面这条定律也许很有帮助。它是我借鉴了物理学家切萨雷·马尔凯蒂的研究成果总结出来的。

28. 全世界的能源供应正在经历从碳到氢的指数级转变，如果这个趋势延续下去，那么这种转变可能会在 2150 年左右完成。（马尔凯蒂定律）

这一转变开始于 1860 年，如果马尔凯蒂定律一直有效，那么它会在 2150 年左右完成（见图 5-4）。

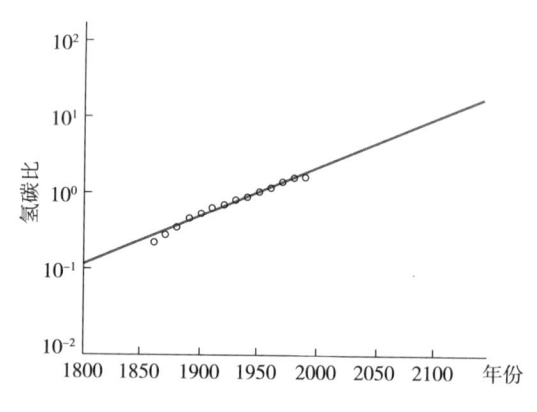

图 5-4 从煤到氢的全球转变

也就是说，人类会在大约200年的时间里完成从碳到氢的指数级转变。但是，不要误以为人类到时候会开上使用燃料电池的氢动力汽车。它真正的含义是，碳原子和氢原子不同，碳原子并不是能量的来源，它更像结出葡萄的藤蔓。在燃烧过程中，碳原子本身并不能产生我们渴望的能量，而是释放出宝贵的氢。接下来，碳会与氧发生反应，形成二氧化碳，与此同时，在氢与氧反应产生水的过程中产生巨大的能量。马尔凯蒂定律的原理在于，木材中每一单位（能量单位）氢中都含有大量的碳，而煤炭中的碳含量低得多，石油中更低，天然气中最低。木材中氢原子和碳原子的比例为0.1∶1，而煤炭中这个比例为0.5∶1、石油中为2∶1，天然气中为4∶1。也就是说，就碳浓度而言，木材是天然气的40倍，煤炭是天然气的8倍。

如图5-5所示，第二次世界大战至今，人类的二氧化碳排放量呈现了接近线性的增长趋势，这主要是由于杰文斯悖论的作用抵消了马尔凯蒂定律的作用。早在1935年，人类从以碳为主的经济向以氢为主的经济的转变过程已经走过了一半。如果这个趋势持续下去，我们就会在2100年左右实现90%的氢能经济。届时，人类的总体能源消耗会远远高于现在的水平，那时的化石燃料消耗也许会低于现在的水平。

国际能源署（IEA）是由30个经合组织（OECD）成员国发起的能源研究机构。该机构指出，在2040年之前，天然气和可再生能源（主要指太阳能和风能）将会成为增长最快（这里指绝对数值）的能源形式，同时，节能科技也会发挥至关重要的作用。但是，在我看来，究竟能够（或者说究竟应该）在多大程度上考虑风能，仍然存在很多限制因素。2009年，连续创业家索尔·格里菲思预测，如果人类在25年里把全球能源产量的80%（等于16太瓦，即16 TW）转向新型能源，那么将给行业带来颠覆性的影响。让我们把它转换成距离现在较近的数字和与我们关系较密切的事物来理解它：

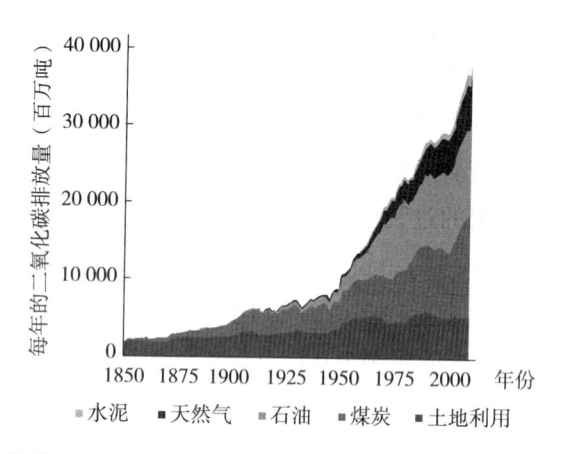

图 5-5　人类的二氧化碳排放情况（1850—2000 年）

- 假如从 11.5 太瓦中拿出 2 太瓦，通过光伏太阳能（用于发电）的形式来实现，则需要在 25 年里安装 8 万平方千米的太阳能板。这相当于丹麦国土面积的 1.8 倍。如果再拿出 2 太瓦，通过太阳能热板（用于加热液体）的形式来生产，需要在 25 年里安装 4 万平方千米太阳能板，这与丹麦的国土面积接近。假如同时使用两种太阳能电池（光伏发电和热能），让太阳能电池的发电量达到 11.5 太瓦中的 4 太瓦，或者达到全球能源总消耗量 16 太瓦中的 25%，则需要在 25 年里安装大约 12 万平方千米太阳能板。这相当于用太阳能板铺满整个丹麦、荷兰、瑞士和朝鲜。
- 假如再从 11.5 太瓦中拿出 2 太瓦，通过风力涡轮机（3 兆瓦涡轮机）来实现，则需要在 25 年的时间里建成 260 万台涡轮机，即使换成类似于 V-164 式的 9.5 兆瓦巨型风力涡轮机，也足足需要 80 万台。考虑到风力涡轮机的服务寿命大约只有25年，我们每年还需要拆除和更换大约10万台普通涡轮机，或者2.5万台巨型涡轮机。
- 如果通过核电站来生产剩下的2太瓦，假如每座电站的发电量为1 000~1 600兆瓦，那么需要为此建成1 250~2 000座核反应堆。每座核电站通常有2~4座反应堆，这意味着需要700~800座核电站。

当然，这些数字都会随着技术的进步发生巨大变化，但是，有趣的是，我们可以看到一座核电站产生的能量大约相当于将近3 000台风力涡轮机、1 000台巨型风力涡轮机，或者160平方千米的光伏太阳能板。而且，这一计算并没有考虑没有风或者没有阳光的情况。而且这里提到的太阳能板的面积不一定要达到160平方千米，甚至占据森林和草地面积。我们会在下文中看到，未来可能出现建筑一体化太阳能板，例如太阳能屋瓦、平面式太阳能屋顶、墙壁甚至太阳能窗子等等。如此一来，一栋建筑实际上就变成了一块巨大的、实实在在的太阳能板，只不过我们无法一眼认出它，它也不需要占用额外的空间。实际上，这样的做法已经显示出了经济可行性，尤其是在赤道周围的广阔地带、远离赤道的地方以及温带的部分地区。

核能——复兴在即？

下面来谈谈核能。截至本书写作时，全球约有450座核反应堆，提供着全球7%的能源，包括大约17%的电力。一直以来，核能始终被笼罩在一种灾难性的氛围中，这让人们很难客观地看待这一技术。它是几次极有成效的宣传（还要加上好莱坞电影极为夸张的推波助澜）造成的结果。当时的核能安全条件远逊于现在，而且当时的人类还没有能力解决核废料问题。核能的利用过程中确实发生过事故，但是，尽管这些事故造成的人员伤亡相对较小，而且从长远来看，通常影响极其微小，但是，核能事业还是因此遭受了极大挫折。这实在很不公平。半个多世纪的经验早已证明，核能（即便是在它最原始的初级阶段）是目前全球最安全的能源方式。大多数现有核电站的底层技术早已被更安全的技术取代，它们是最安全的能源制造方式。

一项由马康德雅和威尔金森主持的全面研究展示了不同形式下1太瓦/时（TW/h）能源造成的死亡人数（包括直接死亡和间接死亡）：

- 褐煤：32.75人
- 煤炭：24.62人
- 石油：18.43人
- 生物质能：4.63人
- 天然气：2.82人
- 核能：0.07人

全球与煤炭相关的单位能源死亡率大约是核能的400倍，这令人十分震惊，然而后者始终没有摆脱所谓"安全危机"的困扰。一些估测显示，反对核能的激进主义至今已造成1 000万人的非必要死亡。

需要补充说明的是，人们对放射性辐射本身的巨大恐惧也是没有必要的。过量的放射性辐射当然会造成人类死亡，这就像安装太阳能板的人可能会从梯子上掉下来丧命，或者像烧煤的发电厂排放的烟尘可能引发肺癌一样。但是，话说回来，研究表明，生活在超高日常辐射量环境中的人罹患癌症的风险低于其他人，这让科学家们惊讶不已。这引发了两项非常有趣的元研究，它们都是关于放射性辐射对于人体健康影响研究的综合性讨论。两份研究报告的结论指出，一定程度的日常辐射量实际上是对人体有益的，它可以预防癌症，最理想的辐射量比我们平均接受的辐射量高 20～100 倍。这听上去让人觉得匪夷所思，但也有成立的可能，其原因就在于放射性辐射会激发 DNA 中的化学性纠错——虽然它也有可能导致错误。

无独有偶，这一发现也是一种被称为"毒物兴奋效应"现象的一部分。它指的是微小剂量的有毒物质可能对健康有益。比如，微小剂量的杀虫剂可能对健康有益，因为它能刺激和训练人体的化学防御机能。同样，适当接触细菌也是有益的，因为细菌能刺激免疫系统，防止过敏等自身免疫病。现在，有一种建议是每个人每年应该吃掉 3.5 千克尘土。在我小的时候，很多小朋友都被要求在吃饭前洗手，可是我的父母从不这样要求我，我也从未这样要求过自己的孩子。因为每个人都需要吃一点儿土！适度的压力会让我们的精神更健康，就像对身体一定程度的折磨会让它变得更强壮一样。当然，过多的辐射、毒物、感染、压力和体力透支会造成伤害，甚至致死，但是，另一方面，我们不应该让它们变得过少。

不幸的是，我们的老朋友，罔顾现实的刺猬先生，在关于核能的辩论中扮演了重要的角色。截至目前，在反对核能的所有论证里，最富有理性的声音主要集中于两点：核废料的处理问题和核电站的建造成本居高不下的问题。毕竟，全球核电站少之又少，根本不足以降低其建造成本。

人类正在开发更小型化、更加安全、成本更低的核反应堆，这很可能带来名副其实的核能复兴，尤其是在亚洲。比如，用于切尔诺贝利和福岛第一核电站的旧式设计已经被新设计取代，新设计包括东芝公司的 4S（指超级安全、小型、简便）核反应堆，还有劳伦斯利弗莫尔实验室的 SSTAR（小型密封便携式自控反应堆）等等，后者又被称为"原子电池"。此外，人类在未来可能会把核废料变成无害物质。

同时，人类在正在使用的燃料的开发方面同样取得了很多进步。只需借助现有技术的力量，人类就可以通过铀获取足够的能量，使用几千年。如果人类能从海洋中提取铀，就能获得可以使用几十万年的能量。

钍：可用 10 万年

但是，几十万年对于人类来说太久远了，在铀被用尽之前，人类可能早已转向钍的应用了。1 千克钍蕴藏的能量大约是 1 千克煤炭的 400 万倍。铀也可以达到这个水平，但是，传统铀反应堆只能利用其能量的大约 0.5%。当然，较新的反应堆设计的能量利用水平已经接近 100% 了，但钍的使用更方便，它可以作为熔盐的一部分。钍还可以大大减轻核废料问题。

想象一下，你毕生消耗的能量全部来自一台机器，而它因此产生的废料还没有一个高尔夫球大。我说的是终生消耗的所有能量，包括取暖、空调、冰箱、冰柜、驾车出行、火车和飞机旅行、建造房屋、工作以及消耗的所有商品等等。还包括用电和热水，甚至包括偶尔的奢侈享受，例如桑拿浴、温泉、滑雪等等。很多很多！

所有这一切，只要高尔夫球大小的一个钍球就够了，它产生的废料不到自身体积的 1/3，大约相当于一颗核桃那么大，而且它会在 300 年内变成无害物质。在我看来，假如人类现在使用的是钍能，那么它会成为有史以来最安全、最清洁的能源形式。

挪威的雷神能源公司（Thor Energy）致力于为传统反应堆打造钍溶液。印度正在开发更高级别的钍反应堆，它比现有的反应堆更智能，但是并没有克服现有反应堆的问题。丹麦的西博格技术公司（Seaborg Technologies）正在制造一种新型反应堆——熔盐反应堆（MSR）。这种反应堆能够燃烧钍、传统的浓缩铀以及旧式核废料。中国也在制造熔盐反应堆，并且声称该反应堆已经开始使用钍了。

钍的储量极其丰富，遍布各地。根据已知储量，每千克钍的开采成本还不到 50 美元，而且这些钍足够使用 200 年。如果能从海水中提取钍（预计成本大约是每千克 200 美元），那么它足够人类使用 10 万年。我们可以把钍和峰值时期的化石燃料进行对比，根据马尔凯蒂定律及其类似定律，我们知道，化石燃料的应用要从 1850 年算起，可能一直持续到 2150 年。也就是说，只有大约 300 年的时间。因此我相信，如今许多支持核能复兴的说法最终都会成真。顺便补充一点，如果人类真的能从海水中提取反应堆燃料，那么这种燃料将是一种新型可再生能源，因为它会源源不断地从海底的岩石间渗出来。

核聚变——终极能源解决方案

终极技术属于核聚变。如今，各国政府和私营企业正在展开激烈的竞争，力图首先掌握这项技术。核聚变的燃料是氢。氢是 1 号元素，雄踞于元素周期表左上角的最顶端。氢原子是宇宙中最普遍的原子，通常有三种同位素。

- 氢原子的 99.98% 是稳定状态的气，其原子中有一个质子和一个电子。

- 氢原子的 0.02% 是同样稳定的氘，氘原子中同样带有一个质子和一个电子，但是多了一个中子。因此，氘也被称为重氢，因为多出的中子增加了它的重量。
- 第三种是含量极微小的氚，氚原子中带有一个质子、一个电子和两个中子，因此也被称为超重氢。

当宇宙辐射带来的中子飞速撞击空气中的氢时，就会生成氚。氚在自然界中极为稀有，因为它极不稳定，而且它的平均半衰期只有大约 12 年。氚最终会变成氦，也就是元素周期表中的 2 号元素。

如今，人们可以利用传统重水反应堆批量制造氚。除此之外，也可以通过用中子撞击锂来产生。需要说明的是，锂有三个质子、三个电子，通常还有四个（有时是三个）中子。锂被广泛用于锂电池中，电动汽车的电池和我正在用来写这本书的笔记本计算机的电池等等都是锂电池。如果有一天人人都驾驶电动汽车，我们就会被淹没在废旧锂电池的汪洋大海里，除非想出更好的办法。

接下来是最有趣的一部分。如果通过一种叫作核聚变的过程把氘和氚结合起来，就会生成氦。氦有两个质子、两个中子和两个电子，这意味着，这个过程中会多出一个中子，这个中子会以不可思议的速度射出。最终产生的氦和被射出的中子的质量之和是参与聚变的氘和氚质量之和的 99.3%，剩余的 0.7% 被转换成了能量（根据爱因斯坦著名的方程式 $E = mc^2$）。实际上，由此产生的能量是巨大的！

也就是说，我们掌握了这样一种过程，它的原材料是宇宙中最普遍的 1 号元素和 2 号元素的原子。而且它们恰好是宇宙中几乎全部能量的创造者，正是它们产生的能量创造了所有的星体。

  核聚变具有真正的终极意义。它过去是，如今依然是所有能量的主矿脉，其能量形式高于其他所有能量形式。而核聚变燃料的体积甚至只有铀的 1/4。单位重量的核聚变燃料的能量含量大约是单位重量的煤炭能量含量的 1 000 万倍。不仅如此，核聚变产生的废物是我们常见的氦，它是无害的。它可以用来吹气球，装点孩子们的生日派对。这也从另一个侧面说明了它实际上是无害的。

  你家的浴缸大约能盛 300 升水。假如把这 300 升水中的氘用于核聚变反应，由此产生的能量足够你消耗一生。要想获得同样数量的氚，我们只要找出两块笔记本计算机的电池即可，其中的锂就足够提供我们所需的氚。由于所需的质量极小，因此科学家估计，仅仅依靠核聚变，就可以永久地为人类提供清洁能源，少则 3 000 万年，多则无数年。请注意科学家们估计的下限——3 000 万年。如果化石能源时代能持续 300 年，那么，核聚变时代的时间跨度至少能达到它的 10 万倍以上。这个故事有可能出现更多的转折。假如人类真的在 21 世纪稍晚时开始使用核聚变方案，那么它会把马尔凯蒂定律推向纯粹的氢经济。

  如何做到这一点？主要的技术挑战在于如何达到"三重积"，它是临界密度、温度与时间的乘积。包括太阳在内的很多星体都达到了这一阈值，这些星体上的压力相当于 1 000 亿个大气压，温度达到了 1 500 万摄氏度，因此能保证这一过程的不断发生。这对人类来说是一件幸事。从 20 世纪 60 年代至今，人类一直致力于提高三重积，实际上，平均每隔 1.8 年，三重积就会提高一倍：

29. 从 20 世纪 60 年代至今，每隔 1.8 年，人类的核聚变试验就会使三重积水平增加一倍。三重积指的是密度、温度与约束时间的乘积。

这意味着，从最初的试验起，截至本书写作时，三重积已经增加了大约 10 万倍。如今，只要三重积再增加 5 倍，我们就可以达到重大工程突破的必要水平，制造出有效的反应堆。也就是说，我们已经胜利在望了，但是仍需努力。这确实是个好消息。坏消息是，要想达到必需的密度，还需要艰苦卓绝的工作。

全球现有大约 20 座已投入使用的聚变反应堆，还有十几座即将运行或者正在建设的聚变反应堆。它们大多可以归为两类：磁聚变和惯性约束聚变。前者使用球形或者扭曲球形聚变室，氘和氚在这里发生反应。它们被一个巨大的磁场约束在聚变室的正中央，同时被加热到聚变发生所需的温度。在这个过程中，触发聚变的主要是温度，而不是压力。

虽然存在争议，但这一类型反应堆的龙头项目当属欧洲联合环状反应堆（JET）。这个项目位于英国，是三重积世界纪录的创造者。然而，即使它还没有被其他国家超过，也可能被法国的国际热核聚变实验堆（ITER）赶超。后者是由欧盟、中国、印度、日本、韩国、俄罗斯和美国共同出资建造的。ITER 有望于 2025 年开始运行，也有报告称它要到 2027 年左右才能正式运行。我认为前后相差几年是很正常的。但是，我和核能专家交谈并了解到，他们对磁聚变技术抱有极端的怀疑态度，认为它最终很可能走进死胡同。

磁聚变的主要替代方案是惯性约束聚变，和我谈话的专家们对这种方案的信心更强。在这种聚变方式中，触发聚变的关键要素变成了压力，而不再是温度。它的一项主要原理是把氘和氚像弹药一样射入燃烧室，用多条极强的激光束撞击并点燃它们。这和自动飞碟射击有些相似。美国的国家点火装置（NIF）是这个领域里的先行者。它已经实现了短期的部分点火。法国正在建造兆焦耳激光装置（LMJ），LMJ能达到和NIF相当的水平。

除了这些公共的试验性反应堆，还有其他类型的反应堆，它们大多数属于私营性质。其中一种替代性概念是通过粒子加速器把燃料成分射入对方内部。加拿大的通用聚变公司（General Fusion）正在研发另一种方法。它把熔化的铅和锂放入球形空间中旋转，产生涡流，再将氘和氚喷入涡流中。接下来，再通过外部有节奏的活塞冲程撞击容器并点燃它。Sparc也是一个很有趣的项目。它是麻省理工学院与联邦聚变公司（Commonwealth Fusion Systems）的合作项目。该项目有望在2030年左右推出可供商用的反应堆。

除了达到稳定核聚变所需的三重积，我们还要根据投入情况提高能量的产出水平。这一领域用"Q"来表示这一比例。当聚变增益因子Q小于1时，它显然是没有商业意义的。现在大多数试验的目标Q值至少在10以上。

人类何时才能实现可持续的核聚变，得到有意义的Q值？我们先来研究6个核聚变项目的公布时间（见表5-1）：

表5-1　6个核聚变项目的公布时间

	2017	2018	2019	2020	2021	2022	2023	2024	2025	2026	2027	2028	2029	2030
JET														
ITER														
DEMO														
NIF														
LMJ														
Sparc														

浅灰色代表项目处于开发过程中，深灰色代表正在尝试把Q值提高到1以上，黑色代表正在尝试把Q值提高到10以上（此时，项目开始具备商业价值）。也就是说，按照各项目已经公布的计划推算，到2030年，ITER、NIF和LMJ应该已经在推进$Q \geq 10$的项目了。除此之外，众多私营项目也有可能带来突破性成果。

这6份时间表最终能否实现，我们不得而知，同样，我们也不知道会不会有其他项目首先达到这一目标。但是，我们清楚地知道，从一座试验反应堆达到稳定的、大于等于10的Q值算起，到核电站建成、平稳运行并且盈利，还需要不少时间。其中的挑战之一是，有些设计需要为聚变室建造极厚的墙壁。它们的厚度足以吸收聚变室中持续不断的中子轰击。由于缺乏电磁电荷，所以无法通过磁场来约束。这造成了强度极大的中子轰击，现有材料建成的墙壁只能维系一到两年。接下来，反应堆就要被迫停机，更换墙壁。在有些设计中，这些墙体极大极重，而且略带辐射性。墙体的辐射性会在大约10年之内逐渐消失。麻省理工学院的一位教授指出，只要把它们浸在水池中，就可以简单方便地解决辐射问题。10年之后，人们甚至可以安全无虞地站在它们旁边。

另一项挑战是怎样建成规模更小、成本更低的核电站。举个例子，ITER的占地面积相当于60个足球场，造价高达200亿欧元。所有私营项目的目标都是造出规模更小、成本更低的反应堆。比如通用聚变公司反应堆的地点被这家公司风趣地称为（大）车库；Sparc项目的占地面积只有ITER面积的1/65。部分原因在于他们在制造磁场时使用了超磁黏合带，这种黏合带极省空间。除此之外，Sparc项目力图把中心墙体造得更薄，以便减少问题、方便大量中子的通过。如此一来，墙体后面包含锂的液态盐就会在中子轰击的作用下循环流动，最终变成氚。这太妙了！前文提到过，通用聚变公司向旋转流动的熔融金属中加入锂，通过这样的方法提取氚。实在是太妙了！

所以，应该如何看待这些进步？我认为，在2015—2030年间至少建成一个Q值大于10的项目，持续不断地完成核聚变，并不是不可能完成的任务。而且这个项目很有可能是通过惯性聚变实现的。Helion能源公司、NIF、通用聚变公司，以及该领域很多重要企业都在攻克不同形式的惯性聚变，这一切并非巧合。可以相当肯定地说，无论哪些项目最终达到了令人激动的高Q值，这些项目背后的人们一定都非常清楚，在他们掌握的众多方法中，哪些是完全过时的。如今，核聚变领域各种活动的价值只有每年40亿美元，仅占全球GDP的0.005%。到那时，它将引发新一轮淘金热潮。

必须指出的是，其他多种能源技术的实际情况并不是媒体经常渲染的那样，我们的世界并没有昂首阔步地走向太阳能和风能，向清洁能源的转变甚至无法在近期实现。认识到这一点至关重要。国际能源署（IEA）在2018年的《世界新政策情景》中指出，到2040年，新能源仅能达到全球能源供应量的4.1%，这同前文提到的犹他大学的预测大相径庭。不仅如此，这还是国际能源署最乐观的估计，它的假定前提是每个国家都能完成预定的可再生能源目标。这份报告还假定，快速增加的化石燃料消耗会满足世界其他地区快速增长的能源需求。在这里，我们还应该牢记一点：太阳能和风能并不属于数字技术，它们不可能在效率方面实现可持续的、指数级的增长。

这也说明了各种预测之间存在着极大差异。但是，从历史上来看，每隔60~70年，人类就会迎来一次主流能源的大转变。这样的情况发生了一次又一次。这种情况的延续，离不开技术

"黑天鹅"，也就是一项或者多项突破性新技术的出现。钍是一种，核聚变也是一种，而且后者优于前者——如果它们真的能发挥作用。当然，也有可能出现新的黑天鹅。

事情的发展也许是这样的：2040年左右，第一座商用核聚变电站也许（只是也许！）可以并网发电。2060—2070年，核聚变成为人类获得能源的主要来源之一。到2100年，核聚变成为最大的能源来源，并在事实上成为支配性能源的来源方式。那时，紧随其后的三种能源来源可能是太阳能、风能和天然气。当然，这一切只是猜想。无法确定的因素太多了。

再补充一点。最终主导核聚变反应的也许并不是氘和氚的聚变，反而是质子与质子的聚变，或者氘与锂的聚变。这两种聚变都不会产生多余的中子。在我看来，这两种聚变形式都非常好。

第 6 章
创新对资源及环境的重要意义

在整个童年时代和青年时代，我都生活在报纸和书刊（我家没有电视）的狂轰滥炸当中，它们不断提出预测，高声提醒着迫在眉睫的资源奇缺、全球饥荒和空气污染。有一本书甚至提出，因为空气污染过于严重，大城市里的人很快就要戴着防毒面具生活了。前文提到的保罗·埃利希就是这些"先知"中的一位。埃利希提出，不出几年的时间，人类就会迎来总体崩溃。不得不承认，这样的预言让我有些恐慌。在我9岁那年，威廉·帕多克和保罗·帕多克出版了畅销书《1975年大饥荒》（*Famine, 1975!*）（1968年）。这让我的恐慌有增无减。根据这本书的预测，1975年，也就是我18岁的时候，全球会发生大饥荒。这太可怕了！这还不够，我父母的书架上还有一本《增长的极限》，这本书的作者是丹尼斯·梅多斯、德内拉·梅多斯和乔根·兰德斯。这本书预测人类很快就会耗尽多种必不可少的原材料。表6-1就出自这本书的预测。

表6-1 人类将在什么时候耗尽以下资源

	悲观情况	乐观情况
铝	2005 年	2029 年
锌	1992 年	2024 年
铜	1995 年	2022 年
金	1983 年	2004 年
银	1987 年	2016 年
天然气	1996 年	2023 年
石油	1994 年	2024 年
汞	1987 年	2015 年

按照该书的悲观情况推算，截至现在（实际上是此前很久），人类应该早已耗尽了铝、锌、铜、金、银、天然气、石油和汞。按照乐观情况推算，我们已经耗尽了金、银和汞，并且将在短短几年内用尽其他几种资源。到2025年，只剩下少量的铝，到2029年，铝也会被耗尽。

这些预测统统没有发生，就连发生的迹象都没有，实际情况正好相反。

原因在于创新。20世纪90年代中期，美国经济学家威廉·诺德豪斯主持了几项关于光源的试验。他首先点燃的是一堆篝火，然后是一盏罗马式油灯，接下来是以动物油脂为燃料的灯和鲸油灯，并不断测量每种光源的流明（光通量的测量单位）数。诺德豪斯想通过这些试验发现一个光度单位的价格下降了多少。试验结果大大出人意料。想象一下，石器时代的人们燃起一堆篝火、产生足够亮的光，并且使之持续燃烧54分钟需要多少工作量。如果换成现在，按照同样的光照质量计算，那么这些工作量能够产生持续52年的光！这意味着，从石器时代至今，光照的时间价格，也就是达到给定结果所需的工作时间，下降到原来的 50 万分之一！

它仍然在快速下降。全球发展趋势正在转向 LED 照明，它的发展遵循这样一条定律：

30. 每隔 10 年，LED 的流明单价就会下降到原来的 1/10，同时，对于给定波长（颜色）的光，单位 LED 产生的光亮度会增加到原来的 20 倍。（海茨定律）

它相当于照明行业里的摩尔定律。同样，取暖领域也有自己的定律。石器时代唯一的人造热源是柴草或者牛粪的可控燃烧。当时，煤炭、石油和天然气都不属于热源，因此，在石器时代人类的眼中，它们算不上资源。在铁器时代之前，金属资源也是一样。当时的人们还不会用沙子制造玻璃，也不会用谷物制作面包。这让我想到了一个重要的未来趋势，它也许是全书最重要的一个趋势，至少是最被低估的趋势：

31. 创新是人类最重要的资源。只有通过创新，我们才能获取新的资源。由于创新是指数级发展的，人类对资源的获得也是指数级的，所以创新型社会永远不会遭遇资源枯竭的问题。

再强调一遍，创新是人类最重要的资源。这也是经济学家朱利安·西蒙在其主要著作《终极资源》（The Ultimate Resource）中表达的核心观点。西蒙部分参照了商品价格的变化情况，他得出的结论是：总体而言，地球资源的稀缺性并不会在未来成为大问题。实际上，西蒙认为这个问题会变得越来越不重要。在过去很长一段时期里，它就已经不再重要了。

西蒙（很不幸，他在 1998 年去世）认为，因为人类有能力创新，并提出新的解决方案，所以，我们永远都不会耗尽维系和进一步发展人类文明所必需的原材料，即使就极长的时期而论，情况依然会是这样。其他学者也表达了类似的观点，其中包括著名的量子物理学家戴维·多伊奇（《无穷的开始》的作者）、《经济学人》杂志原科学主编马特·里德利（《理性乐观派》的作者）等。如果想进一步了解西蒙的预测，可以查阅"西蒙丰度指数"，它囊括并计算了50种最常用原材料的价格和供应情况。在1980—2017年这37年的时间里，"西蒙丰度指数"的表现如下：

- 价格（通胀调整后）下降了36%。
- 时间价格（指人们为了购买原材料而工作的平均时间）下降了65%。
- 全球人口每增长1%，人们为了购买商品而付出的劳动时间就会下降0.93%。

创新，创新！

由于各种原因，很多人发现自己很难理解创新在历史上的重要作用，更难理解创新对未来的重要意义（实际上，创新对未来更重要）。本书第5章列举了人类正在开发的终极能源的例子，并且阐明了取暖和照明实际价格的巨幅下降。这里再举一例。图6-1展示的是工业原料价格的稳步下降，这样的走势令人吃惊。正如前文所述，对石器时代的人类来说，这些原材料还算不上资源。

图 6-1 工业原料的实际价格

图 6-2 是小麦实际价格的长期走势。小麦同样不属于石器时代的资源。

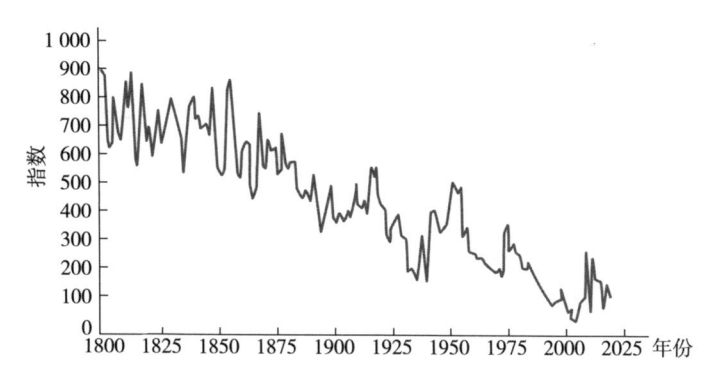

图 6-2 小麦的实际价格

如图 6-2 所示，从 1800 年到现在，大幅的价格下降几乎从未停止。主要原因是人类从那时起发明了新的种植和培育方法，使得小麦的生产速度快于人口的总体增速，实现了更好的营养水平，同时降低了运送过程中的浪费。

也就是说，人类创新的力量成功保证了全球绝大多数人口免于饥饿。事实远不止于此，如今，在地球漫长的历史上，第一次出现了超重人口多于体重不足人口的情况。

绝对贫困正在全球范围内大量消失,这一进步应该被视为人类历史上最重要的成就之一。人类在彻底消除饥荒和绝对贫困的道路上不断前进。

这真令人振奋。然而,太多人根本没有意识到这一积极进步的发生。这是创新带来的成果,但人们对此理解不足。这个问题不仅让前文提到的汉斯·罗斯林沮丧不已,还困扰着朱利安·西蒙。1995年,在卡托研究所的一份报告中,西蒙阐明了自己对未来的看法:

简单来说,这是我对长远未来的预测:在绝大多数时间里,在绝大多数国家中,绝大多数人的物质生活条件会持续改善,而且这样的改善是没有穷尽的。只要一两百年的时间,所有国家和大多数人类都会达到或超过现在西方国家的生活水平。尽管如此,我依然有理由怀疑,许多人仍然会不断地认为并宣称生活条件一直在变糟。

就科学和技术的字面意义而言,如今的世界并不是严格意义上的创新型社会。但是西方国家和亚洲的部分地区是高度创新的,这样的创造力保证了整个地球免于资源匮乏之虞。人类的消耗越来越大,而商品的稀缺性越来越低,商品价格(通胀因素调整后)也越来越低,这样的情况已经持续了几百年。这是因为我们生产效率的提高、循环再利用情况的改善、替代品与人工合成物质的增加,以及近年来共享经济的出现。

可以这样说(有些人确实正在这样说),就静态意义而言,早在全球人口开始大规模增长时,人类文明就已不再是可持续性的了。换句话说,我们早在至少500年前(如果不是1000年,甚至10 000年之前）就告别了静态意义的可持续发展。为什么这么说？因为人类一再把自己的生活方式建立在完全不可持续的方式上。比如，我们都看到了，在石器时代，当农业在这片大陆上迅速传播时，当时的人类大规模消灭了各种大型动物，砍掉了大面积的森林。假如人类一直按照这样的方式继续下去，那么如今的地球早已空空如也，连一棵树也不剩，又何谈可持续发展？

然而，人类终究没有这样下去。2018年，《自然》杂志的一篇科研文章指出，根据卫星观测的结果，在该项研究持续的34年里，全球森林覆盖面积增加了7%。即使在今天，热带地区的森林仍在遭受破坏。这令人深恶痛绝。但是这篇文章并没有忽视这一情况。文章还指出，随着森林资源的日益稀缺，人类文明已经可以在没有森林的情况下继续发展。与此同时，从1990年开始，全球农业种植面积始终没有增加。在将近30年的时间里，在农业种植面积保持不变的情况下，农业产出反而极大地增加了。洛克菲勒大学环境研究专家杰西·奥索贝尔指出，由于人口增速的下降和单产的不断大幅提高，农业种植面积可能在未来几十年内出现萎缩。

谈到可持续发展问题，1894年，一项关于伦敦的悲观预测指出，如果马匹作为交通工具这种情况一直持续下去，那么50年之后，伦敦街头的马粪将会超过3米厚。这是可持续发展吗？当然不是。但是，这种情况有没有持续下去？并没有。因为我们发明了汽车，街上的马粪消失了。

一份报告显示，1881—1885年，因为污染问题，伦敦城市人口享受阳光的时间只有乡村人口的1/6，如果这样的情况持续下去，那么伦敦终将成为一座暗无天日的城市。然而，伦敦今天的空气比当时干净得多，原因就是创新。

1895 年，就在关于伦敦阳光的惊人预言几年之后，著名物理学家迈克尔·法拉第在一封写给《泰晤士报》的信中描述了他有一次在泰晤士河乘船时看到的情景："这条河满是浅褐色的浊水……我们不该让这条流经伦敦的长河变成腐臭的水沟。"如今，泰晤士河的水质远远好于当时，当时消失不见的鱼类也早已回归，因为英国把目光转向了新型技术。

当然，关键在于，创新型社会持续不断地用更好的技术取代不好的、不具有可持续性的技术，而这一过程常常呈指数级增长。这也是富有的、创新的社区始终具有可持续性的原因。我们知道，这些社区可以自由支配一种特别的资源。它既是指数级发展的，又是无穷无尽的，它就是创新。

32. 仅有创造力的社会并不总是可持续的，因为一旦创新消失，可持续性就会随之消失。但是，只要创新持久延续，这个社会就会一直保持可持续性。

创意——终极资源

尽管如此，仍然有很多人谈论现有社会模式的不可持续性，仿佛人类的创新即将消失一样。还有人认为，创新的中断和陈旧工作方式的复兴才是可持续的。其实不然，就环境和资源而言，过时的技术和技术恐惧症才是真正灾难的起因。

除此之外，人们对"可持续的"一词的使用正在不断增加，隐含其中的可靠性却日益减少。这说明了动态可持续性的一项原则。正如一则著名漫画（来自 xkcd.com 网站）讽刺的那样，如果"可持续的"一词的使用呈指数级增长趋势，并且这一增长可持续地不断进行下去,那么,很快,所有的文章和演讲都会充满"可持续的"一词,日常对话也会变成对这个词语毫无持续性的无尽重复。当然,这是不会发生的。(见图6-3)

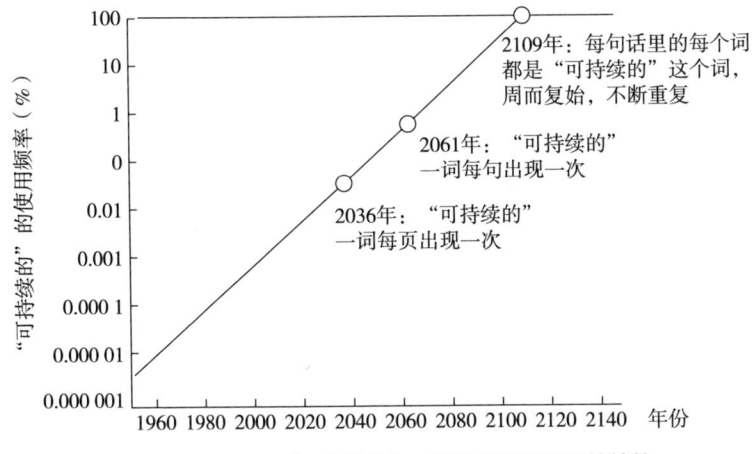

图6-3 为什么"可持续的"一词的使用是不可持续的

如今,一部分关于可持续性的讨论通常是建立在对地球上可用资源数量的理解之上的。前文提到的畅销书《增长的极限》就是个很好的例子。在我看来,这是一本相当奇怪的书,它极大低估了人类创新的影响力,如今许多人同样低估了这一点。与此同时,它还低估了人类拥有的资源数量,这本书的作者也许应该思考一下牛津大学经济学家威尔弗雷德·贝克尔曼关于金属的论述(1996年):

事实上,大量随机抽样表明,关键金属会在地壳里自然集中。因此,地壳表层一英里[①]之内金属的自然储量之和估计是目前已

---

① 1英里≈1.609 3千米。——编者注

探明储量的100万倍。后者足够人类使用100年，那么前者，也就是地球金属总储量足够人类使用1亿年。

1亿年的消耗量太大了，1亿年大约是人类存在时间的300倍。换个角度来说，地壳中的铝足够覆盖整个大陆表面，厚度达到几千米。是的，我说的就是铝，就是《增长的极限》中提到的铝。按照该书的悲观估计，人类早在2005年就用光了地球上的铝，即使按照它的乐观估计，最多也只能用到2029年。

顺便提一件很可笑的事。1920年，美国当局估计，全球石油总储量为600亿桶，按照当时的消耗量计算，可以使用10年。随后，美国人对石油储量的估计逐年上升，到2014年时，这个数字达到了将近1万亿桶。即使如此，美国当局当年再次更新了这一估计值：高于1.6万亿桶。

另外，中国的稀土产量占全球的97%。稀土中含有钕、镧、铈、镥、铕、钪、铽、铒和钇等，它们都是高科技产品制造过程中不可或缺的关键元素。2018年，日本科学家宣布，他们在南鸟岛附近发现了含有稀土元素的滩涂。根据日本专家的估计，滩涂中的钇（按照当前使用量计算）足够全世界使用780年，铕足够全世界使用620年，铽可以使用420年，镝可以使用780年。

合成化

说到这里，人类应该如何避免资源的耗尽？除了发现含有大量稀土的滩涂，我们还可以人工合成资源。我们可以通过以下方式实现转换：（1）从自然环境中提取资源；（2）培育这些资源；（3）综合利用。

糖尿病的治疗就是一个绝佳的例子。一开始，我们会从牛胃中提取胰岛素，然后利用转基因微生物合成人造胰岛素。很快，人类就可以运用基因手段改造糖尿病患者的人体组织,彻底消除这些组织对药物的需求。

氮肥也是一个很好的例子。它最初的来源是堆积的海鸟粪。然后,我们找到了通过化学过程从大气中提取氮的方法。下一步,我们会对植物进行基因改造,这样一来,它们就可以自行获取空气中的氮了。

食物也是个好例子。首先,狩猎采集时代的人类会通过打猎和捕鱼的方式从自然界获取食物。然后,人们学会了通过农业和渔业畜养可食用的动植物。如今,合成食品和转基因食品的发展达到了前所未有的新高度。

大自然赠予我们的资源(例如海鸟粪、牛胃、大量的动物和植物等)有没有穷尽?当然有。但是,无论从哪一种使用的角度来说,基因或者化学合成方法都是没有极限的。这样的转化意味着生产的数字化、程序化和智能化。它们会变得更精确、更节省空间。在人类文明的早期阶段,我们把生物体作为初级的模拟资源,如今,生物体成了发挥计算机能力的平台。我们在介绍本书 50 个超级趋势的第一个时就提到过。

举一个例子。当我们需要药物时,我们会为细菌和酵母编程,让它们生产出药物。或者,当我们需要食物时,我们会为细胞编程,让它们在金属容器中生长和分裂,变成汉堡里的肉。我们会在下文详细讨论这个话题。

集约化

前文提到过,合成常常能带来高度集约化的技术。同时,这样的集约也可以通过很多其他的方式做到。移动电话就是个很好的例子。最早的移动电话重达 25 千克,现在的手机可以轻至 100 克。而且,现在的手机的计算能力已经超过了 20 世纪 70

年代重达数吨的大型计算机。再以交通为例，研究指出，如果通过 V2X 技术实现自动化和电子化，现有路网的车辆通行能力就可以提高 30%~300%。V2X 技术可以帮助车辆之间相互通信，同时支持 GPS 和在线交通信息系统。通行效率的提高得益于车辆间距的减小，V2X 技术不仅可以缩短高速行驶车辆之间的距离，还能自动找到替代路线，绕开拥堵路段。除此之外，新技术还能大大减少撞车事故。自动驾驶卡车可以在夜间行驶，避免给其他交通主体带来不便。自动驾驶汽车通常有 95% 的时间闲置在车库里，当车主不需要时，它们可以用来充当优步车辆。也就是说，无须扩建道路，我们就能极大提高道路容量。

还有这样一种生产集约化的现象。机器人和互联网技术会让工作场所里的人越来越少。通常来说，生产过程中需要的人越少，空间就会变得越小。一座工厂可以因此变得更紧凑，同时保持每小时产能不变；这一点同时得益于机器人可以每天工作 24 小时，包括周末和节假日在内。

农业同样可以实现集约化。20 世纪 80 年代以来，人均耕地数量大约缩小了一半，这导致全球耕地面积达到峰值。耕地面积可能会在未来几十年里经历长期的下降。这通常被称为"耕地峰值"，它主要来自更高效的农业技术，包括精确农业在内。精确农业指的是一整套农业技术，它们会不断涌现并迅速传遍全球各地。假如全世界的农场都能达到美国和北欧地区最先进农场的水准，整个地球上的耕地面积就可以减少 85%。还有一种成功的农业科技——垂直农业。它是一种在垂直堆叠的种植层上生产粮食和药物的农业实践方式。由于 LED 照明成本的快速下降，加上它适用于所有季节，垂直农业已经实现了经济可行性。根据作物种类的不同，这种技术可以使获得一定数量的单产所需的土地面积减少到原来的 1/4~1/30。

当然，人造肉的生产也能让食物生产的集约程度变得更高。芬兰有一家名叫 Solar Foods（太阳食品）的企业开发了一种比较新奇的方法。只需要二氧化碳、水和电力，它就能生产出一种名为"索林"（Solein）的食物。这种食物的外观和口味都很像面粉，它包含 50% 的蛋白质、5%～10% 的脂肪和 20%～25% 的碳水化合物。索林的生产过程不涉及动植物，也不需要活体细胞。这种食物的生产过程非常节省空间。

虚拟化

如今的人会把卫星、移动基站和 Wi-Fi 视为理所当然，其实它们都是相对较新的事物。先前的电子通信主要依赖笨重的、昂贵的、资源密集的铜缆。因此，通信从一开始就是高度非物质化的。

说到智能手机，它同样代表了程度极高的虚拟化。如今的智能手机发挥着超级计算机、日历、记事本、照相机、摄像机、闹钟、相册、立体声音响、影视播放器、唱片集、翻译器、钟表、录音机、通信录等几百种产品的功能。如果把这些产品放在一起，那么它们完全能够堆满一座院子。这些产品的总价格相当于一座城堡。实际上，按照现在的货币计算，这些产品的总价格大约是 300 万美元，其中价格最高的部分来自超级计算机零部件。由于智能手机的出现，这些产品中的大多数早已从几百万人的生活中消失了，但它们的功能依然存在。我们可以认为，它们只是变得更廉价了，也更好了。

3D 打印是集约化的另一种实现方式。它最初只是一种用于快速制作产品原型的智能工具（我女儿的公司 Invisiboble 也在大量使用 3D 打印技术，开发新型护发和护肤产品），当企业需要通过实际的产品的形态、快速评估一项设计能否按照期望运行时，就可以使用3D打印来实现。如今，3D打印在诸多领域发挥着重要作用，从发带到航空发动机。这项智能技术可以大量节约原材料，因为它能直接实现个性化，不需要裁切原材料。

多年以来，3D打印一直被包裹在天花乱坠的宣传当中。关于这项技术可能如何改变世界，很多人提出了很多异想天开的想法，其中大多数没有结果。我的个人看法听起来可能很像过去的、傻乎乎的技术悲观论调，但是我宁愿冒这个风险。我无法确信，会不会有很多人在家里放一台3D打印机，除非它能打印出美味佳肴。

但是，在家庭以外的场景里，3D打印的应用前景极其广泛。比如，通过检查扫描结果，牙医可以用它来打印矫正牙套、种植牙或者牙冠。扫描和打印都可以在牙医诊所里完成。

可用于3D打印的原材料越来越多，包括塑料、尼龙、玻璃填充聚酰胺、环氧树脂、金、银、钛、钢、蜡、陶瓷、光敏聚合物等等，应有尽有。我们还可以通过3D打印制作模板和基质，让细胞按照我们想要的结构生长。

在医疗科学领域里，3D打印与纳米技术的结合激发了许许多多的新希望。

再循环

随着社会变得日益丰富多彩，很多领域实现了100%的再循环。例如，有机废物被用来生产天然气、热能和腐殖质；金属实现了再循环；纸张也实现了再利用。

垃圾处理技术不断提高。等离子体气化就是其中技术水平极高的一种。它帮助人类把垃圾场里的混合垃圾变成熔融物、液态金属和天然气的混合体，非常方便。二手交易日益兴盛，类似的平台包括 Autoscout24（二手车）、Chrono24（钟表市场）和 eBay（易贝，覆盖全球的跳蚤市场）等等。这些平台极大方便了买家和卖家的交流，完成了汽车、钟表和许多其他物品的交易。它被统称为"循环经济"，这种经济正处于极快的增长当中。

共享经济

共享经济是循环经济的一种变体。通过优步、爱彼迎和云端服务器农场之类的手段，众多个人和企业在共享经济中转而使用相同的资产。"潜在商品"是共享经济中非常有趣的一项要素。共享经济在很大程度上依赖潜在商品，也就是没有共享经济模式就不可能被使用的商品。自动驾驶汽车可能是潜在商品的一个未来的例子。自动驾驶汽车会在我们自己不开时自动共享，为我们赚钱。当闲置的办公室、住宅、车船通过这样的方式共享时，这类资源的供应量就得到了提高，这再次说明了创新会创造资源的道理。除此之外，这样的做法对中产阶级尤其有利，因为共享经济会为他们带来服务或收入。除此之外，他们无法得到这些服务或收入。

替代化

前文提到的无线通信不仅是虚拟化的例子，还是替代化的例子。替代化是指用更好的、更廉价的商品取代另一种商品。前者也许是虚拟化的，也许是可以无限合成的。

无线通信的资源密集度也越来越低。无线通信在互联网总流量中占了极大的比例，而且这一比例还在不断地增长。由于距离的原因，智能手机与移动基站之间的通信需要耗费大量的能源。但是移动网络数据只占整个互联网流量的大约5%，其他流量大多是通过 Wi-Fi 完成的。2000 年前后，Wi-Fi 开始在全球广泛流行，它通常与光纤连接。这种创新节约了巨大的能源。

再举几例：互联网购物和视频会议降低了个人出行需求，电子邮件和社交媒体极大减少了手写信件。碳纤维取代金属也是一个很好的例子。碳纤维更轻、更坚固，而且不会生锈。

提到替代化，水产养殖也是一个很好的例子。20 世纪 90 年代中期，全球湖泊及海洋的渔业捕捞量达到最高峰，并保持了较为平稳的状态。另一方面，水产养殖行业（渔场）的产量猛增，并在 2012 年超过了传统捕鱼业。实际上，水产养殖是增长最快的一种食品生产方式，而且它的单产碳足迹比陆地养殖低得多。因为鱼类与恒温动物不同，它们不需要热量来保持体温，鱼类的食物因此更多地转化成了体重。

多年以来，鱼类养殖较多地集中在淡水鱼类领域。这种情况正在发生变化，一些海鱼也在近年实现了养殖化，例如鲑鱼等等。2007 年，挪威水产遗传研究中心发表报告指出，经过 30 年的养殖，挪威鲑鱼的生长速度达到了野生状态下生长速度的 2 倍。挪威研究人员还致力于开发转基因品种，例如能更好抵抗严重疾病的鲑鱼品种。

鱼食是渔业养殖的一个重要方面。人们正在研究植物饲料，这样可以避免给鱼食生产企业带来其他方面的资源压力。

数字化

在以上 6 种资源驱动力的背后存在一个总括一切的主题，它就是从虚拟化向数字化的转变。我们在前文中提到过这一转变。

数字化大潮势不可当，现代经济的所有部门都要顺势而为。基本上，这意味着，通过发现、利用或者创造数字代码，人类可以获取全球越来越多的地区的力量，一举解决多重难题。从某种意义上说，是我们赋予了它们生命、为它们编程、让它们为我们服务。通常情况下，信息技术生产力的进步速度远远快于模拟技术的发展速度，因此，人类生活的一个又一个领域正在从缓慢的、可预测的发展转向革命性的重组。

创新的贡献极大。正在哈佛大学深造的印度裔美国人迪皮卡·库鲁普是一位发明家。她在17岁时发明了一种净水方式，这种方法主要使用阳光、锌和钛，既简单又廉价。还有一种新发明的水瓶，它装有内置水泵，可以把水导入纳米过滤器，瞬间完成净水过程。即使一个地区的水源受到了细菌污染，人们也可以通过它喝到洁净的水。这种方法非常聪明，因为长途运输大量清水的费用通常是非常昂贵的。

海水淡化是真正解决缺水问题的最重要的技术。它的应用已经达到了相当大的规模。例如，以色列有一半的日常用水来自海水淡化工厂。这些工厂发展得非常好，水价因此不断下降。索莱克（Sorek）是以色列四大海水淡化厂中最大的一家，它的淡水产量可以达到每天60万立方米。在过去，海水淡化的最大挑战是价格问题，但是到2018年时，索莱克水厂向以色列当局出售的水的价格已经下降到每1 000升不足0.6美元。多个海湾国家也在大规模使用海水淡化技术，美国加利福尼亚州也在朝着这个方向发展。值得注意的是，加利福尼亚州在建的新工厂的主要业务是河流和地下水的淡化。河流和地下水的含盐量大大低于海水，因此，净化成本相对更低。

33. 创新型社会能更好地满足人类的各种需求，同时避免陷入基本资源的匮乏。这主要来自诸多方面的不断进步，而且经常是指数级的进步。这些方面包括：(1) 合成化；(2) 集约化；(3)

虚拟化;(4)再循环;(5)共享经济;(6)替代化;(7)数字化。
(见图6-4)

图6-4 创新型社会资源效率不断提高的驱动力量

人造肉

如今全球发展最快的一大风潮是富裕国家方兴未艾的"反对肉食"运动。越来越多的餐厅做到了"无肉化",还有很多餐厅纷纷在菜单上力推不带肉食的主菜。消费者对无肉事物的偏爱可能与健康有关,也可能与保护动物或者保护环境有关。但是,与此同时,大多数人实际上还是喜爱肉味的,因此出现了植物肉(以植物为基础的肉类替代品)。

与此同时,其他方面的工作也在加速发展。1931年,温斯顿·丘吉尔曾经预言:50年之内,人类不用屠宰动物就能生产肉食。他的预言现在成真了。研究人员和企业家在密闭容器中培育出了肌肉纤维和动物脂肪。孟菲斯肉联厂位于美国加利福尼亚州。比尔·盖茨和理查德·布兰森都是它的投资人。这家公司通过自主研发和改良的方法，利用干细胞和密封容器生产出了人造鸡肉和牛肉。人们不需要屠鸡宰牛，就能吃上汉堡或者鸡肉沙拉。这也许会成为极其平常的事。

实际上，肉牛的饲养耗费了大量的能源，这些能源并没有全部用来生产牛肉，它们还要用于器官和骨骼的生长。同时，我们还需要能源来运送牛，为它们保暖。因此，孟菲斯肉联厂之类的企业会把精力集中在生产牛肉上面，而不是饲养上面。

人造肉（生产厂商也会乐观地称之为净肉）的生产通常是从牲畜肌肉中提取样本开始的。肌肉中的干细胞被分离出来，并通过人工方式快速分裂，成长，变成肌肉细胞。当然，人们会从肉牛（或者其他牲畜）中选择肉质特别鲜美的品种。此外，有些公司，例如以色列的未来肉品技术公司（Future Meat Technologies）也在培育脂肪细胞，并把它们加入人造肉中，达到肉与脂肪的完美比例，带来最佳口感。我们甚至可以通过基因手段改造脂肪细胞，让它变得更有利于健康，而不是对健康有害。最初投入使用的是结缔组织细胞，这些细胞随后会被改造成脂肪或者肌肉细胞，并在密闭容器中不断生长。这些容器会供应营养物质、刺激它们不断分裂。从理论上来说，这个过程一旦开始，同一批干细胞就会源源不断、永无止境地生产出人造肉。这一原理也可能扩展到人类目前无法通过饲养来获取的所有肉类的生产。这样一来，人类的食谱可能会从常见的寥寥几种肉类扩展出更多难得一见的野味。比如，你想尝尝斑马肉排吗？或者来自鱼类细胞、利用植物转基因技术生产的人造金枪鱼肉？我个人最期待的是更便宜的松露！

同样值得一提的是，很多初创企业正在试验通过植物，甚至是甲烷,来生产肉类替代品。例如,不可能食品公司（Impossible Foods）使用植物成分制作汉堡,它们的味道和肉一模一样。

人造肉领域已经取得了不少里程碑式的进步。2013年,荷兰马斯特里赫特大学的马克·波斯特博士造出了世界上最早的人造肉。这块人造肉在伦敦举行的产品展示活动中被吃掉了,职业品鉴师给出了很高的评价。但是这块肉排的成本可不低,它耗费了2年时间、30万美元。令人欣慰的是,人造肉的价格一直在大幅下降。孟菲斯肉联厂的报告指出,同样的一块人造肉排的成本在2018年降到了600美元。报告提出的目标是用2.2美元买到一块200克的肉排。按照现在的生产能力,大约在2023年可以实现这个目标。常言道：要和趋势做朋友,而不是和它对着干。

人造肉的一大优势在于料肉比。一般来说,牛肉制品的料肉比约为15%,猪肉制品约为30%,鸡肉制品约为60%,而人造肉高达90%。另一个优势在于放牧区域的节省。通常来说,牲畜的放牧区域占地广大,它还在巴西等国造成了乱砍滥伐问题。相比之下,生产人造肉极其节省空间。平均而言,生产人造肉需要的占地面积比传统畜牧少99%,更不用提用水方面的节约了。在绝大多数情况下,生产人造肉所需的能源远远少于牧场畜养。人造肉不需要牧场用地,所以它可以在任何地方生产。

谁来生产人造肉？未来肉品技术公司有意与酿酒厂和制药公司合作,充分发挥它们在生物反应器领域的专业知识和能力。生物反应器指的是生产人造肉的密闭容器。据估计,一座容量为2万升的生物反应器能在10～18天之内完成从细胞到成肉的整个过程,包括清洗、容器杀菌、下一个阶段生产的制备等等。未来肉品的商业模式非常有趣。很多人造肉公司专注于产肉或者与制药公司开展合作,因为制药公司更擅长操作生物反应器。

未来肉品公司则不然，它为农场主打造了一整套设备。农场主可以在这里购买生产人造肉所需的一切，包括机械设备和原材料等等。他们生产的人造肉会被运输到未来肉品技术公司完成加工，这样可以保证上乘的口味和肉质。

这一价格动态的不断延续会在几年之内为人造肉通过各种审批铺平道路，帮助它找到市场。依照本人的愚见，这将是一个巨大的市场。荷兰有一家名叫 Bistro In Vitro（试管小厨）的人造肉餐厅。有趣的是，Wild Earth（荒野地球）和 Bond Pet Foods（邦德宠物食品）等初创企业开始使用人工培育的肉类细胞或者通过菌类培育的蛋白质制作宠物食品。这种宠物食品起源于美国，在那里，宠物狗食品占据所有宠物食品肉类消耗的 1/3。

随着市场越来越多地转向人造肉，我们不难想到它对其他行业的影响。例如皮革行业，它会发生怎样的变化？这个行业很有可能走上同肉类行业一样的道路。美国企业 Modern Meadow（现代牧场）即将推出新型产品 Zoa：一种产自实验室的皮革。这种方法与人造肉的生产并不完全相同。它使用基因编辑过的酵母细胞生产胶原质，这是一种通常存在于牛皮中的蛋白质，同样广泛存在于其他条件下。随后，这些胶原蛋白会被收集起来，制成一种纤维状物质，然后被加工成正常皮革的模样。这种生产过程帮助 Modern Meadow 公司顺利完成了这一材料的相关试验，最终产品比传统皮革更坚韧、更轻薄。因此，未来的人造皮革很可能和现有的天然皮革大不相同。我们可以期待未来出现这样一种原材料，它在很多方面表现得更加卓越，例如质量，这一点对买家非常重要；它的生产更环保，还能避免伦理方面、与动物福利有关的问题。同时，它摸起来和真皮完全一样。

人造牛奶呢？一些企业正在研制人造牛奶。Perfect Day（完美的一天）公司就是其中的一家。这家公司主要生产合成牛奶蛋白，用于奶酪和其他乳制品的生产。顺便提一句，这家公司的创始人在报纸上看到，科学家发现听音乐会提高奶牛的产奶量。他们还发现，牛最喜爱的音乐是卢·里德的《完美的一天》（*Perfect Day*）。这家公司的名字由此而来。

人造肉、人造牛奶、人造皮革以及其他替代技术都非常有趣，它们就像避雷针，缓解了素食主义者和肉食主义者之间日益剧烈的冲突。要知道，如今这两大群体剑拔弩张。另一方面同样有趣。人造产品的主要生产流程就是编码细胞里的DNA，这与为自我复制的机器人编程很像。这样一来，我们就能从零开始，创造出我们想要的新型有机产品，无须和大自然本身存在的事物发生联系。就像制作现代音乐完全可以不用真正的乐器一样。

新材料

有一件事非常有趣。无论是人造肉，还是碳纤维、钛、氖、氙、锂或质子，《增长的极限》都没有提到。这让它成了我读过的最荒唐的书之一。

如今，当我们需要解决一个问题时，可供使用的材料几乎取之不尽、用之不竭。很多材料具有令人惊叹的特性，能够帮助我们实现各种各样的目标，例如，有些材料极其耐寒或者耐热；有些材料的表面可以根据我们的需要隔绝某些物质，同时对其他物质的吸收进行强化；还有些材料能达到智能水平，甚至就像活的。这个领域的发展势必日新月异，达到指数级发展水平。

以石墨烯为例。它是一种超级半金属。20世纪中叶以来，对石墨烯的研究一直停留在理论层面。它是一层极薄的石墨膜或者石墨管，类似于铅笔里的铅芯。它的厚度只有一个原子大小，相当于一根头发丝的100万分之一。因此，石墨烯有时也被称为世界上第一种真正意义的二维物质。同时，它也是人类已知最坚韧的物质：它的硬度是钢铁的100倍。另外，石墨烯是透明的、可弯曲的、导电的。它还可以当作过滤器，用来隔绝某些气体和液体。

2004年，石墨烯问世。两位来自曼彻斯特大学的科学家安德烈·海姆和康斯坦丁·诺沃肖洛夫用普通胶带清理一块石墨，他们随后发现，胶带上留下了一层极薄的石墨薄片，这就是石墨烯。这个发现以及它的出现方式过于匪夷所思，又过于平常，海姆和诺沃肖洛夫一开始根本无法让其他科学家相信他们不是在开玩笑，更无法引起人们的兴趣。尽管如此，这个发现还是帮助他们获得了2010年诺贝尔物理学奖。

石墨烯还很昂贵，但是昂贵的技术终究会变得廉价。这一技术越来越多的潜在应用不断涌现，从可折叠手机、可穿戴设备，到可以在人体内轻松游动、解决健康问题的微型机器。石墨烯甚至可能取代我们正在使用的晶体硅太阳能电池，彻底改变太阳能电池行业的面貌。它同样可能革新计算机芯片行业。水可以穿过石墨烯，但其他绝大多数物质都无法穿过它，所以，石墨烯也可以用来净化遭到污染的水。顺便提一句，在本书写作时，许多工程师正在热议一种二维材料的基本概念。这一新贵就是硼墨烯。它是一层极薄的硼膜。硼墨烯具备石墨烯的许多功能，而且硼墨烯的功能远远不止于此。

人类的创造力犹如天马行空，石墨烯和硼墨烯只是人类不断发现的新材料中的两个例子。有些工程师使用磁性矿物质做出了新型混凝土材料，这种材料可以被喷到已有建筑物的表面，起吸收冲击和振动的作用。有的工程师开发出了能为建筑物制冷的新型陶瓷砖。此外，科研人员还开发出了可食用的食品包装、有机口香糖和有机内衣，以及用沙漠中的沙子制成的、可生物降解的建筑材料等等。我们正处于一场材料革命之中，它会带来莫大的益处。

更大的繁荣，更好的环境

现在有很多反物质主义者，我们并不是第一次见到这样的人。早在古希腊时代，就已经出现了被人们称为"犬儒主义"的运动。中世纪，犬儒学派充满了苦修者。到了20世纪60年代，一种新型的反物质主义兴起，著名的嬉皮士就是其中之一。嬉皮士的人生理想似乎就是无所事事地看太阳下山。现代形式的反物质主义有时被称为"够用主义"，它的动机也许来自这样一种愿望：通过个人更少的消耗达到保护环境的目的。因此，它也是环保主义的一种表现形式，有时被称为"轻环保主义"。

然而，可笑的是，全球最富裕的、消耗最多的国家，实际上是清洁的。环境绩效指数（EPI）是我认为最可信的各国环境对比统计。它涉及25种不同的环保指标，广泛覆盖全球很多国家。EPI是由两家全球顶级大学（耶鲁大学和康奈尔大学）联合世界经济论坛和欧盟委员会的研究者们共同完成的。我们可以在谷歌上查看EPI指数，它清晰地显示，最富有的国家拥有最干净的环境，而贫困国家通常遭受着骇人听闻的污染。例如，2018年的EPI报告显示，瑞士是全球最干净的国家，法国排在第二位，丹麦第三，这个排名令人印象深刻。而海地、马里和索马里等境况悲惨的贫困国家排在了最后。一份EPI报告还提到，贫富程度和环境之间的关联非常明显："人均GDP与更高的EPI关联紧密。尤为明显的是，如果一个国家的人均GDP达到或超过1万美元，EPI总分就会更高。这丝毫不奇怪。"

统计显示，当人均GDP达到4 000美元左右时，人们通常会开始考虑环境问题，并且纠正首先出现的问题。当人均GDP达到或超过1万美元时，整体环境就会变得更清洁。二者的关联程度会随着财富规模的增长而不断增加。仍以瑞士为例，2018年，该国人均GDP超过了8万美元，这也让它变成了全世界最干净的国家。

34. 一个国家越富裕，其环境就越洁净。（环境库兹涅茨曲线）

财富会改善环境，因此出现了一种轻环保主义的替代品，它被称为"光明环保主义"。它用来改善环境的核心手段是财富和创新。需要强调指出的是，轻环保主义和光明环保主义的概念都是美国未来学者亚历克斯·格芬在2003年提出的。格芬还描述了第三种方式——"黑暗环保主义"。它提倡通过激进的政治改革来抑制消费，一边建立一种国际性的配给经济，一边把许多新型技术拒之门外。

在这三种环保主义中，我个人极力支持"光明环保主义"，同时，我认为"黑暗环保主义"只会适得其反。说了这么多，下面详细阐述几个环保问题。这些问题都是人们经常担忧的。

正确看待全球变暖

只要谈及环境，就不可能绕过全球变暖问题。在过去的几十年间，全球变暖一直是媒体和政客最烫手的山芋。在过去的15年间，关于全球变暖问题，我研读过的书籍和报告堆积如山。

但它毕竟是个极其复杂的问题。因此，我接下来会尽可能地总结科学界在这个问题上已知的东西和未知的东西。让我们从图6-5谈起，它估测了此前6亿年间的温度和二氧化碳的变化情况：

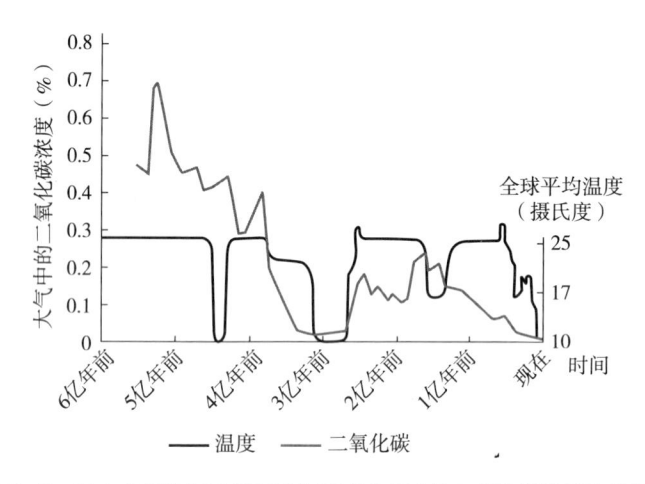

图6-5 过去6亿年间全球平均温度和大气中的二氧化碳浓度变化情况

正如我们看到的，在这段漫长的时间里，全球平均温度在17摄氏度左右波动。如图6-5所示，大气中二氧化碳含量的波动区间较难预料。但是，尽管存在不确定性、近年来大气中二氧化碳浓度有所增加，我们依然可以看到，它目前的浓度是近6亿年来的最低值。

从我们熟悉的视角来看，图中的前2 500万年里发生了寒武纪生命大爆发。地球上的物种在这一时期出现了爆炸式的增长。当时的环境温度比现在高10~14摄氏度，大气中的二氧化碳浓度比现在高6~20倍（它刚好处于研究人员所说的不确定时期之间）。需要补充的另一点非常有趣，恐龙生活在距今2.45亿年到6 600万年之间，当时，大气中的二氧化碳浓度比现在高2~10倍（这一数据波动较大，同时存在着研究不确定性因素）。

那么，为什么温度会如此剧烈地波动？其中的原因是多方面的，而且很多原因是所有人都知道的。我们先来看看此后几万年到几十万年间最重要的原因：

- 米兰科维奇周期。每隔10万年，地球绕日运行的椭圆轨道的离心率就会变化，它的转轴倾角会以4万年为周期轻微摇摆，地球像一个转动不息的陀螺，每隔2.2万～2.6万年，它就会沿着转轴轻微摇摆（或称进动）。

在过去的几百万年间，人类频繁经历了冰期和间冰期的更替。其中的主要原因也许是所有米兰科维奇周期的叠加作用。在冰期，北欧之类的地区可能处于冰川之下。如今正值间冰期，地球上一片欣欣向荣，北欧等地区也变得适合人类居住。

也就是说，人类就寄居在冰期与冰期之间的缝隙，也就是短暂的间冰期之内。最近一次冰期持续了大约9万年，最近的四次间冰期分别持续了1.6万年、2万年、5 000年和1.4万年，平均长度是1.375万年。目前，间冰期已经过去了1.17万年，我们因此有充足的理由请教气候学家，问问他们这次间冰期会在何时结束，冰冠何时重回人间。我们可能得到截然不同的答案，比如"我也不知道"或"大约1 500年之后"。第二个答案也许透露了这样一种情况：通过温室气体的排放，我们也许阻止了下一次冰期的到来。

继续讲下去。科学家们还发现了大量其他因素，在数百年到数千年的时间跨度里，它们对地球气候产生着循环往复的影响。其中的前5种都与太阳辐射强度和太阳黑子有关。太阳黑子会影响太阳周围的磁场，进而影响气候。据推测，这种影响是非常巨大的：

- 哈尔史塔特周期（Hallstatt Cycle）。一种太阳活动周期，活动频率为 2 200 ~ 2 400 年。
- 德弗里斯/苏斯周期（De Vries/Suess Cycle）。一种太阳活动周期，活动频率约为 200 年。
- 格莱斯贝格周期（Gleissberg Cycle）。一种太阳活动周期，频率约为 88 年。
- 海尔周期（Hale Cycle），也叫太阳黑子双周期。一种频率约为 22 年的太阳活动周期。
- 施瓦贝周期（Schwabe Cycle），也叫太阳黑子周期。频率约为 11 年。

另外还有 5 种洋流的周期变化，它们会交替着把温暖的海水和较冷的海水带到海面：

- 大西洋多年代际涛动。周期为 50 ~ 70 年。
- 太平洋年代际涛动（Pacific Decadal Oscillation）。周期为 20 ~ 30 年。
- 太平洋十年涛动（Interdecadal Pacific Oscillation）。周期为 15 ~ 30 年。
- 北大西洋涛动（North Atlantic Oscillation）。周期为 3 ~ 8 年。
- 厄尔尼诺－南方涛动现象及拉尼娜现象（El Niño-Southern Oscillation, La Niña）。周期为 2 ~ 7 年。

与米兰科维奇周期等不同，这些太阳活动周期，尤其是海洋活动周期，可预测性并不是很强。它们的周期会出现大幅变化，无法通过数学语言建立准确模型。

总之，我们看到，这里提到的米兰科维奇周期、5 种太阳活动周期、5种海洋活动周期对气候形成了巨大的影响。不仅如此，气候还会受到随机事件的影响，例如陆地上或者海底大型火山的爆发、陨石的撞击，或者甲烷不可预知的大量排放，等等。甲烷是一种烈性温室气体，但是它在大气中的降解平均只需要12年。此外，还有地形地貌的变化等影响因素。

所以，过去气候的剧烈波动也许可以归结为上文提到的自然之力。此外还应该加上最近几十年来人类排放的温室气体（和第二次世界大战之前相比，在这一点上并不存在明显区别）。记住这些之后，我们再来看看全球气候在过去45万年间的变化情况。图6-6的数据来自南极洲冰层钻探结果。

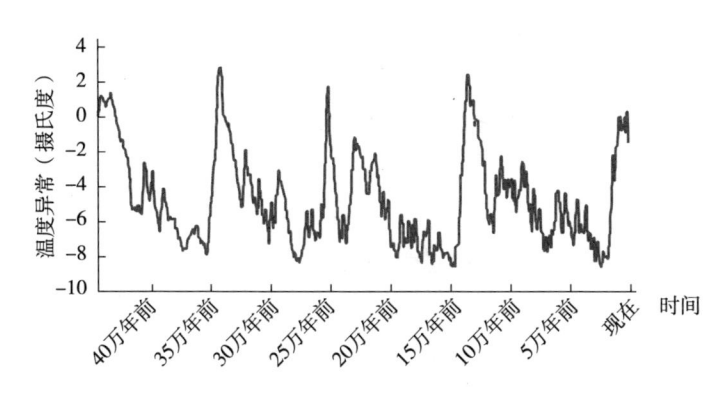

图6-6 过去45万年间南极洲温度变化

也就是说，在这段时期，人类反复经历了周期式的自然温度波动，波动范围大概在13摄氏度。无独有偶，尽管人类排放了更多的二氧化碳，但是目前这个间冰期的温度还是比此前的间冰期大约低了2摄氏度。我们目前还不清楚其中的原因。

让我们重点看看当前间冰期发生了什么。在过去的1.17万年间，也就是图6-6右上角，海平面的自然上升幅度达到了大约130米。人类文明正是在这个时期出现的。我们可以从

图 6-7 中的时间范围讲起。这幅图是根据格陵兰冰芯的钻探结果绘制的：

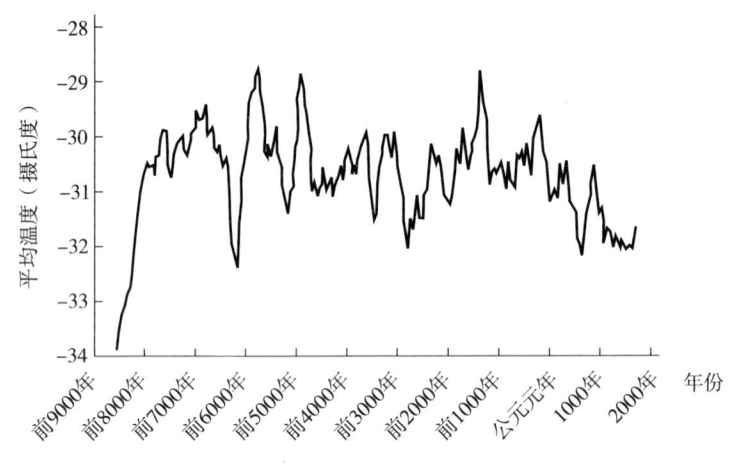

图 6-7　当前间冰期格陵兰岛冰原温度变化

请注意最后的温度下降，它也被称为小冰期。至少对欧洲来说，这意味着令人难以忍受的苦寒，它还带来了饥荒。

但是，我们从很多其他渠道了解到，温暖的时段也曾经出现。比如，1 000 年前，维京人曾在格陵兰岛上耕种，而如今的格陵兰岛是无法进行农业生产的。古斯堪的纳维亚人还在《土地赋税调查书》(*Domesday Book*)（1086 年）中记载了很多英格兰的葡萄园。我们还知道，在罗马时代的一段时期里，阿尔卑斯山的气候要比现在温暖得多，因此，如今的一些冰山，例如瑞士的施尼德峰等，在当时完全处于消融状态。同样，我们知道，在图 6-7 中曲线的最左边，非洲北部是大片的草原，而不是如今的沙漠。原因是当时比现在温度更高、降水更多。但是，人们频繁提起的全球变暖在哪里？我们在这幅图中看不见它，因为冰芯钻探带给我们的可靠数据止于 1850 年。

再来看看图 6-8。它展示了小冰期之后的变暖过程，图中的数据不再来自格陵兰岛，而是体现全球范围内的平均水平。

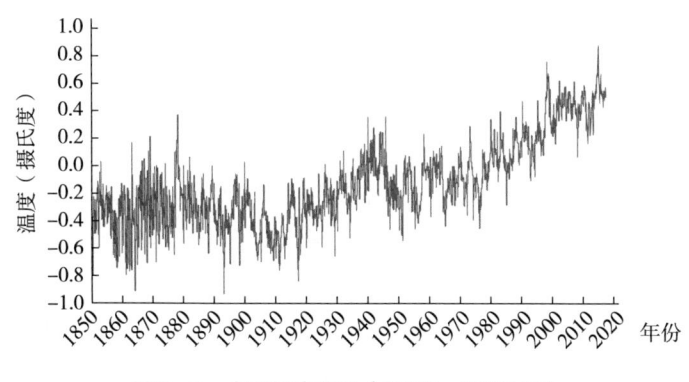

图 6-8　全球温度变化（1850—2019 年）

如图 6-8 所示，1850—1920 年，温度大致保持未变，在此后的 100 年间，全球温度上升了大约 0.75 摄氏度。这次变暖过程大致表现为两个阶段。第一个阶段大约从 1920 年持续到 1945 年，它主要是由自然原因引起的，因为当时温室气体的大规模人为排放还未开始。基本上，所有的科学工作者都把第二个阶段的责任归结于温室气体的排放。

在我看来，温室气体造成气候变暖的事实毋庸置疑。这个现象背后的物理定律非常浅显。其影响持续了较长一段时间，这也是非常明显的常识。正如前文提到的，甲烷在大气中存留的平均时间只有 12 年，而二氧化碳的消失则慢得多。65%～80% 的二氧化碳会在 20～200 年中消失在海洋里，同时，剩余部分会在大气中存留较长时间（这些数字尚存在较大的不确定性）。除了科学上的不确定性，图中持续时间较长的间歇期来自二氧化碳在大气中的自然减少，它主要取决于初始浓度。如今的共识是，如果人类在 2020 年停止所有二氧化碳的排放，那么它在大气中的比例会在接下来的200年里从如今的0.040 5%降到大约0.034 0%，随后更缓慢地走向前工业化时代的水平，大约达到0.028 0%。

另外，这样的计算还与统计浓度有关。因为，单一分子可以在整个过程中轻易地在大气和海洋中多次转换。实际上，地球上95%的二氧化碳聚集在海洋中，而不是大气里。当气候变暖时，或者说得更具体些，当海面温度上升时，二氧化碳就会从海水中被释放出来，大气中的二氧化碳浓度就会因此增加。这解释了在气候变化图中，二氧化碳浓度会随着气候的变化而波动，但稍有延迟的原因。

这里必须提到一点，如果仅仅衡量直接影响，要想让温度线性上升，二氧化碳的增长必须是指数级的。实际上，由于二氧化碳的增长仅为线性级别，不是指数级别的，所以温度的上升没有达到线性水平。模拟气候模型有时会显示出温室气体排放的较强影响，这主要是由对自我强化间接影响的预期造成的。

结论？

请允许我用一幅图来总结我的观点。它集合了格陵兰冰芯钻探结果和随后对格陵兰岛温度直接测量的结果（用虚线表示）。我们可以看到，当前的全球气候变暖是最近1.17万年间冰期之内的第8次变暖。如果算上上一次冰期的温度上升，也就是前文提到的温度上升幅度高达9摄氏度、导致海平面上升130米的自然温度上升，那么，它算是第9次。

说到这里，我们究竟应当得出怎样的结论？人们对此众说纷纭、莫衷一是。得到联合国政府间气候变化专门委员会（IPCC）以及大多数国家政府支持的态度是，温室气体的排放是一个严重问题，甚至是形成重大威胁的问题，因此必须强力干预。根据干预手段的不同性质，人们分成了三大阵营：轻环保主义、光明环保主义和黑暗环保主义。

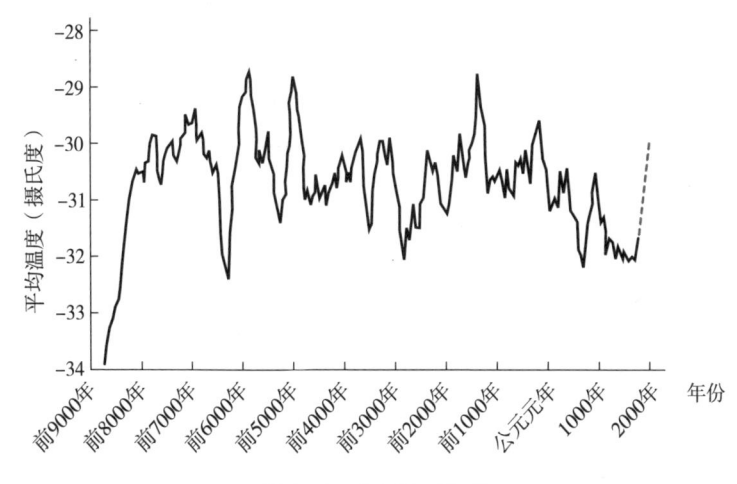

图 6-9 当前变暖情况

包括环保科学家（通常是退休的环保科学家）在内的其他人则公开表示，全球变暖的影响极其有限，甚至微乎其微，根本不需要采取过多的干预措施。其中，最常被提及的依据是，二氧化碳只能在极其有限的波长范围内捕获红外光，其余绝大部分红外光早已被阻挡；更多的排放不会造成太大影响。

有的团体认为，既然温室气体排放可能延缓或者阻止下一次冰期的到来，大气中更多的二氧化碳能够确定无疑地促进植物的生长，那么，温室气体还是有一定的益处的，反正它们不会永远存在。

最后，还有一些科学家和工程师高度肯定二氧化碳，把它视为未来"直接空气捕集"（DAC）技术的资源。前文提到的索林就是一个再简单不过的例子。它是一种人工合成的面粉，用二氧化碳、水和电力制成。

索林属于 DAC 技术的一种形式。如今的科学家进一步指出，我们还可能运用 DAC 技术创造燃料，以取代石油。DAC 技术的方法不止一种，目前最有前景的是利用带有吸附剂的过滤装置传输环境空气。Carbon Engineering（碳工程）公司、Global Thermostat（全球恒温器）公司和 Climeworks（气候工厂）公司等企业正在攻关这项技术。2018 年，美国国家科学院预测，如果二氧化碳提取技术的成本降到每吨碳 100～150 美元或低于 100 美元，人类就可以利用空气来生产石油，它的成本会低于传统的石油产业。具体来说，2019 年，Global Thermostat 公司已经做到了以每吨 120 美元的成本提取二氧化碳，并且有望在几年之内把成本降到每吨 50 美元。从这个角度来看，大气中的二氧化碳正在变成极富价值的未来商品。当然，提取二氧化碳也是需要能量的，但是这些能量可以从太阳能或者核能中来。产生燃料的关键在于建造能量储存装置，也就是液态电池。它可以在全球任何地方生产，也可以用于现有的燃料型基础设施，如管道、油箱、内燃机等等。

除此之外，它还有数不尽的其他用途。比如，CarbonCure 公司的演示证明，人们可以通过碳注射的方式提高水泥的质量。加利福尼亚大学洛杉矶分校也对碳循环进行了研究，其产品是一种名叫 CO_2 NCRETE^{TM} 的混凝土。此外还有许多原材料，如塑料，都是用大气中捕获的二氧化碳制成的。

我认为，面对如此不同的看法，读者应当遵从自己的内心得出关于事实真相的结论。我本人有幸结识了不少睿智而博学的人，他们同样对此各持己见。因此，与其贸然得出结论，不如把注意力集中在我认为未来最有可能发生的事情上。

首先，谈到二氧化碳减排问题，无论是《京都议定书》还是《巴黎协定》，都不太可能找到有效的问题解决之道（假如真的存在问题)。例如，如果全面实施《巴黎协定》，那么成本将占全球 GDP 的 1%~2%，但它只能减少大约 1% 的温室气体排放量。也就是说，这些协定极其低效，又极其昂贵。同样，我认为"轻环保主义"同样无法带来有效的影响。至于"黑暗环保主义"，即使它能产生影响，这种影响也是增加长期排放量。

可能发生(并有可能一直发生)的情况是各国政要签署各种看似光鲜、实则无用的协议，然后举杯致意。随后，他们中的多数人会把这些协议忘在脑后。

我认为，能量转换至少还需要 60~70 年，甚至可能需要 100 年的时间。即使核能可以在几十年内实现商用，情况也是一样的。从工业化成为全球主流算起，大气中的二氧化碳浓度已经从大约 0.028% 增加到了 0.041%，增加了 0.013%。假设能量转换需要 100 年，那么我们可能会目睹第二次增幅为 0.013% 的增长。即使二氧化碳浓度达到 0.05%，从地质时代的角度来看，这样的浓度水平仍然是极低的。

那么，这一转换从何而来？根据我的猜想，它会更多地来自研究和利润的驱动，而不是来自政府间的国际协议，也不是消费者中的所谓"够用主义"。与此同时，温度的增长速度会不会一直上升？会不会保持 20 世纪的水平(每 100 年提高 0.75 摄氏度)不变？会不会由于自然原因而下降？这也许在很大程度上取决于大自然的影响。我们无法对此做出可靠的预测。

实际上，世界正在变得更绿

另一个重要的环保问题是植物的生长，毕竟人们都渴望拥有一个"绿色的"世界。几年之前，我读到了美国前副总统阿尔·戈尔的《难以忽视的真相》。这是一本关于环保的著作，其中一张占满两页的大彩图给我留下了深刻印象。它展示的是一幅令人望而生畏的未来图景：变暖的地球、大片的沙漠。实际上，它更令我感到惊诧，因为二氧化碳的直接影响之一是促进植物生长。实际上，农民经常会在温室里注入二氧化碳，就是为了促进作物快速生长。

如果世界变得比现在更暖，植物生育期就会更长，植被边界就会更高，降水量就会更高（主要是因为温暖的海水的蒸发量更高）。事实上，人类正在目睹的事实是，全世界的绿色生物量正在以每年 0.5% 的速度增长。因此，一项开始于 1980 年，持续 30 年的观测表明，全球的绿色生物量在此期间增加了 14%，后续研究进一步证明，这个趋势仍在不断持续。它背后的原因不可能单纯地归结为二氧化碳浓度变化，它还与更高效的农业技术有关。它为田间带来了更高的生物量，还大大促进了热带以外的森林面积的增加。在富裕国家，这个趋势带来了"再野生化"现象。由此而来的是人类阔别已久的野生自然景观的回归，包括生活在其中的狼、熊和野猪等等。

第六次物种大灭绝？

前文提到了人类祖先是如何彻底消灭众多大型物种的。现在情况如何？很多人认为，人类正在加速"第六次物种大灭绝"的到来。下面是前五次物种灭绝的情况（关于年数和灭绝情况的数字，不同资料来源之间存在一定差异）：

- 4.4 亿～4.5 亿年前：全部物种的 60%～70% 灭绝；

- 3.6 亿~3.77 亿年前：全部物种的 70% 灭绝；
- 2.52 亿年前：全部物种的 90%~96% 灭绝；
- 2 亿年前：全部物种的 70%~75% 灭绝；
- 6 500 万年前：全部物种的 75% 灭绝。

之前每一次物种灭绝都会影响全部物种的 60%~96%。这五次物种灭绝加在一起，再加上物种定期的自然更替，造成了 99% 的物种消失在地球的漫长历史里这一事实。尽管如此，由于新物种不断涌现，地球上的物种从未像现在这样丰富。

如今，所有关于濒危物种和疑似灭绝物种的报告都会被记录在世界自然保护联盟濒危物种红色名录中。该联盟的成员包括许多政府机构和国际组织，例如自然资源保护委员会等。2012 年，该名录显示，1600—2012 年，全球共有大约 900 种已知物种灭绝。而大多数科学情报认为，在这 400 年左右的时间里，灭绝物种的实际数量应该略高于 1 000，占已知物种的 0.07%。

据此推算，每年大约有 2.6 个物种灭绝，约占所有物种的 0.000 162 5%。此外还要算上人类尚未发现，但已灭绝的物种。假设在过去 400 年间共有 150 种未知物种灭绝，那么，灭绝物种就达到了 1 200 种，也就是每年灭绝 3 种。相当于这 400 年间全球共有 0.034% 的物种灭绝，每年灭绝 0.000 085%。长期来看，对于物种的自然、平衡地发生和灭绝，最常见的估算是每 400 年有一种物种灭绝，另一种物种形成。因此，显而易见的是，每年灭绝 3 个物种的速率大约相当于自然灭绝速率的 1 200 倍。

所以，第六次物种大灭绝即将到来了吗？在我看来，这纯属对事实的曲解。据估计，地球上现有物种的数量约 850 万种，我们如果想要模拟前面的五次大灭绝，就至少要消灭其中的 60%，也就是大约 500 万个物种。按照每年灭绝 3 种计算，这个过程需要 170 万年，约等于人类历史长度的 5 倍。这还没有把人们可能创造的新物种计算在内。人类创造新物种的速度很快就会超过物种灭绝速度，这是极有可能的。

当然，与更早之前相比，过去几个世纪的物种灭绝情况较为严重，这非常令人悲哀，有时甚至让人感到悲惨。物种灭绝速率是自然灭绝速率的 1 200 倍的事实是一件不可否认的坏事。但是，在可以预见的未来，这一灭绝速率绝不可能丝毫不下降，更不要说持续 100 万年了。这是因为，全球的绿色生物量正在以每年大约 20 亿吨的速度猛增，而且全球自然保护区的规模比 50 年前多出了一倍。除此之外，国际上的各种海洋馆、动物园和植物园纷纷建立了多种多样的育种项目。如果把这些项目加在一起，那么它们足以涵盖一定数量的全球已知物种。如此一来，即便出现危机，人们也有可能把人工培育的物种放归野外。全球还有 1 000 多个种质资源库，它们不仅储存了越来越多的植物，还会定期种植和更新。在此基础之上，人类破解植物 DNA、开发技术、再造灭绝物种的速度已经达到了指数级水平。因此，未来不会像人们经常描绘的那样黯淡无光。但是，关键在于，这方面的进步主要取决于人类为了解决挑战而产生了怎样的创意和技术。也就是说，进步有赖于繁荣和创新。

黑暗环保主义的主要观点是对技术的抛弃，包括核电技术、基因编辑技术等等。这些观点强势地宣称，经济的发展势必造成资源的枯竭和环境灾难。

对于"恐慌制造者"与"否定者"（他们有时也会拿着自家的标签往对方脸上贴）之间激烈的权力斗争，我的预测是，二者之间的斗争将是长期的。其中一派立足于资源短缺和环境威胁论，他们会选择"黑暗环保主义"，力主走向配给型社会；另一派的立足点是发展、技术和自由。他们更多地偏向"光明环保主义",并因此寻求推动以经济增长为导向的创新型社会。同时,在表层现象以下,还存在着深层次的政治斗争,它关系到经济发展与不平等之间的矛盾,并进一步涉及群体主义与自由主义之间的斗争。

第 7 章
新型网络与分散式技术

"所谓创意，就是把不同事物联系起来。问问富有创意的人们，他们是怎样做成一件事的，他们可能因为无法回答而深感歉疚，因为他们其实并不是创造了一件事物，而是看到了别人没看到的事物。"这是苹果公司共同创始人史蒂夫·乔布斯在1995年接受《连线》杂志采访时的发言。我认为乔布斯说得很对。试问，哪一项创新没有融合已经存在的要素？我想没人能找到。生命也是一样的道理。全世界只有118种化学元素，它们全是由原子组成的，然而，小小的原子就像积木，搭出了活生生的850万种生灵（还要加上细菌和病毒，它们的种群数量更是达到了天文量级）。

正因如此，通过新方式组合事物的机会与能力成了创造创新，进而创造繁荣的关键。它也证明了下面的事实：从历史上看，繁荣主要兴起于最方便开展贸易的地区。在公路、铁路和航空出现之前，它主要指海洋与河流周边。因此，一个又一个帝国（例如威尼斯共和国）诞生又衰落，主角始终是具有海上运输能力的民族。非洲最发达的文明就出现在当时非洲唯一一条可以直接通航入海的大河两岸，这条河就是尼罗河。

换言之，最重要的是网络的连通，互联网把人们彼此连接起来，如此一来，每个人都可以贡献各自的聪明才智、产品和服务，不要忘了，还有基因。我经历的最大的社会变革是与他人沟通的可能性的极大增加。当然，这主要得益于互联网。现在和未来会出现大量与互联网有关的新流程，带来全新的动能和机会。我们谈论的是新的网络化形式、新的管理结构和去中心化的分散式技术。下面逐一阐述。

地理社交化——我是谁？我在哪里？

有一次，我在交通高峰期开车去苏黎世机场。我的 GPS 导航不断给我提供绕行路线，帮助我躲避拥堵路段。它知道我在哪里，也知道我要去哪里，还知道交通路况，它把这三方面结合在一起。因此，尽管路面拥堵不堪，我还是赶上了航班。我们所在的方位信息也可以用于地理社交化，形成地理社交网络。它会依据人们所处的位置，单纯地按照此时此地的标准把人们关联起来。比如，你的智能手机会告诉你，此时有哪些朋友或者熟人在附近，附近有没有商店出售你急需的商品，有没有朋友在你家附近举办的活动中签到等等。就工作而言，地理社交最有趣的是，它可以在行业会议和专业活动中帮助人们更好地认识身边的人。他们是谁？他们在寻求什么？

搜索引擎 Layar 是地理社交化的一个早期案例，它把 GPS、智能手机和指南针结合在一起，识别人们的位置和人们正在关注的事物。这些信息可以直接用于前文提到的增强现实，成为它的基础。（见图 7-1）

要想让地理社交变得有用，而不是有害甚至危险，每个人都必须控制自己：应当获取哪些人的信息？获取哪些信息？例如，对于两个人来说，只有在他们都希望了解对方是否在附近时，或者同时想了解对方在特定领域里的兴趣时，他们才能获取彼此的信息。

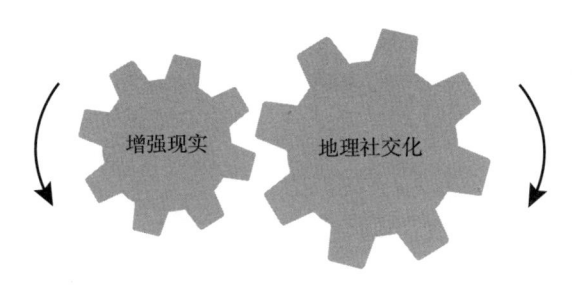

图 7-1　地理社交化与增强现实的协同效应

电子商务革命——方兴未艾

面对线上购物大潮的冲击，实体商店正在苦苦挣扎，这是近几年的一大标志性事件。以订单为基础的在线购物获得了极大增长（见图 7-2）。作为线上购物的巨型企业，亚马逊雄踞美国市场，并且主导了其他西方国家市场。2018 年，亚马逊的市值超过了 1 万亿美元。

与实体商店购物相比，在线购物更节省时间，而且方便对商品进行查找和对比。线上商店还会提供非常多的商品。仍以亚马逊为例，它的自营商品已经超过 1 000 万种，此外还有 20 多万家第三方商家（它们被称为亚马逊商场店铺）的更多商品。不仅如此，电子商务与实体商店相比还有一个优点。逛百货商场时，我们的购物车或者购物袋会透露我们的生活方式和个人品位。别人能发现我们与他们的趣味是否相同。如果我发现了这一点，那么我可能会上前攀谈，聊聊我们发现的和喜爱的商品。但是，这样的情况并不会发生，因为人们通常不会在百货商场里和陌生人搭腔，更不会分享彼此的认识和看法。

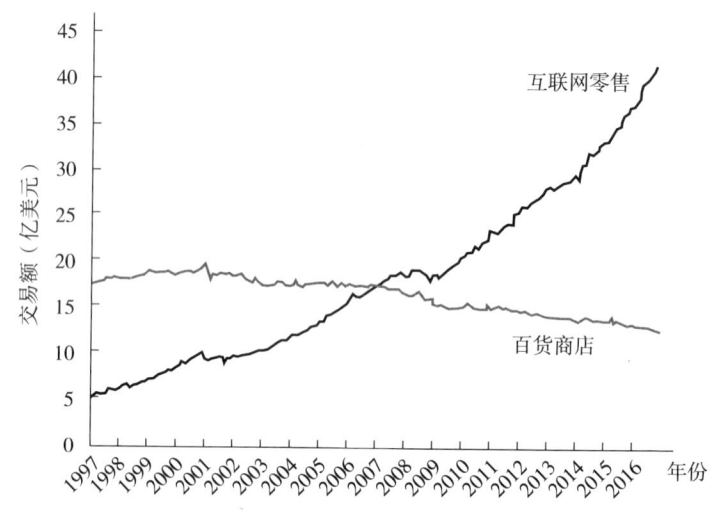

图 7-2　美国实体商业与数字商业对比情况

但是线上购物有一项功能可以解决这个问题，那就是"购买这件商品的顾客还购买了……"。在这个网络里，你不知道对方是谁，但是你们可以获得对方的经验。顺便提一句，这种现象被称为"协同过滤"。

亚马逊也在大踏步进入实体零售领域，这个过程始于它对全食超市的收购。2017 年，亚马逊斥资近 140 亿美元收购了全食超市。亚马逊走向实体零售的道路可能和竞争对手大不一样，这意味着它可能采取大量的混合方案。比如，我们可以在网上下单，再到实体店提货。当我们无法在家里直接接收较大的快递包裹时，这样的方式是比较有用的。

亚马逊的另一个目标是打造几乎完全自动化的实体商店。

人们可以从店里直接取走商品，电子账户随后会自动完成付款。视频监控和物联网、大数据与人工智能的组合能让这一想法变成现实（见图7-3）。亚马逊还为一款镜子产品申请了专利，它具备增强现实功能，可以显示出我们穿上不同服装会是什么样子。连锁美妆商店丝芙兰也推出了类似产品，一款名为Via Modiface的软件。它能模拟用户在不同妆容下的形象。

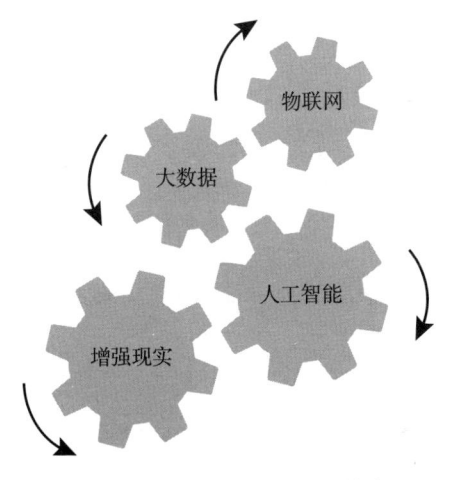

图 7-3　电子购物中的协同效应

这一发展带来的成果之一是全新的、有趣的、分散式的计算机系统，人们常说的"实体Cookie"就是这样的系统。它的名字源于在线Cookie，也就是数字足迹，商家就是利用Cookie向我们定向投放广告的。实体Cookie使用一种特制的芯片，它隶属于一套独立的计算机系统，能够追踪顾客在店内的行为，帮助商家向顾客精准推送信息。

影响者营销

影响者营销是一种比较古老的营销策略，剧情电影中的产品植入就是一个例子（比如为《007》系列电影中的邦德提供座驾），品牌大使也是一个例子（比如卡洛琳·沃兹尼亚奇、泰格·伍兹和汤姆·克鲁斯等等）。这种现象显然不会消失，但它会改变面目。例如，我们可以通过电子设备进行分别控制，让不同的用户看到不同产品的植入广告。还可以通过虚拟广告在实况体育电视中做到这一点。但是发展较快的领域是影响者营销：比如利用热门博客写手宣传产品。影响者营销最初关注的是最大牌的网络明星，但未来的数字算法会越来越多地探索更广阔的"微影响者"网络。微影响者指的是我们身边的平常人，而不是网络明星。这种方式适合推广各种各样的产品，即使人们的兴趣再怪异，相关的产品也能得到推广。微影响者真正最大的作用是更高的有效性，因为人们总是更多地依赖朋友和家人。因此，平常的社交媒体用户已经成了很多企业的微影响者，未来，这些人会更多地发挥作用。

奔放的分布式自治组织

分布式自治组织（DAO）是个非常有用的概念，掌握这个概念对理解下文非常有用。分布式自治组织属于价值驱动型组织，它能在没有管理者的情况下完全自主运行。这一般发生在创始人离开管理岗位之后，但并不绝对。顺便提一句，去中心化自治企业（DAC）是分布式自治组织的一种类型，它就是我们常说的自主管理型企业。

互联网也是一种（不完全的）分布式自治组织，尽管它离不开某种中央控制，尤其是在涉及频域分配的时候。但是，除此之外，互联网在没有组织计划、没有管理控制的情况下覆盖了整个世界，遍及各行各业，简直像病毒的传播。另外，互联网发挥了已有通信线路的作用，所以它部分属于"无基础设施网络"（NWI）。但是互联网不完全属于分布式自治组织，也不是完全的无基础设施网络。

自然生命是超大规模的分布式自治组织。人类也许除外，因为我们拥有自我意识。生命是由 DNA 控制的，它是极端的分布式自治组织（人为基因操纵除外）。在没有顶层管理者的情况下，地球上数以百万计的物种自发完成了自身的组织和发展，衍生出了新的分支，建立了自然生态系统。

实际上，近年来涌现的很多"超级公司"都属于传统企业和分布式自治组织的混合体，例如 YouTube、优步和阿里巴巴等等。因为这些企业的很大一部分资产是由去中心化的数字社区创造的，所以，即使这些公司的管理层休假一年，这些社区也能创造这些资产。

需要明确一点，现代的分布式自治组织主要是数字化的，由分布式软件控制。因为它们不是由一个中心总部控制的，所以这些组织可以达到高度稳定状态。它们分布在世界各地的计算机中，而且每一台计算机都可以获取整个企业的信息。反面的例子是计算机病毒，它们通常也是在没有中央控制的情况下肆虐的。计算机病毒和生物世界中的病毒一样，一旦流行，很难根除。另一个更有用的例子是 Orchid，它会绕过所有路由器，建立点对点的对等网络，帮助所有国家的所有人自由沟通。区块链当然不可不提，它是所有加密货币的技术前提，我们会在下文中详细讨论。以上内容可以总结为一个趋势：

35. 随着数字化的日益普及，组织和企业会变得越来越多，它们可以在没有任何传统/中央管理的情况下运行和发展。

因为所有可以程序化的事物都可以通过程序自动执行，所以它们也可以实现自我管理。现实生活中的分布式自治组织可以由人工智能来编程，这能够带来自主的数字式进化。

区块链——价值网

区块链是一种重要的分布式自治组织技术。2009 年，一个化名为中本聪的人（或者团体）发明并推出了这一技术。中本聪陈述主旨的白皮书与比特币关系密切，但它的底层技术是区块链。比特币和区块链都是中本聪的发明。

什么是区块链？它是记录交易历史的公共寄存器，而且它是不可删除、不可修改的。区块链的关键要件包括：

- 在网络中添加一项新交易之前，所有参与方必须达成共识。
- 共同记账，记录不可人为操纵。一旦记录，交易无法更改。
- 它能消除或者减少纸面流程，加快交易时间，提高效率。

区块链技术的最初应用是以比特币为代表的数字货币。总体而言，它的价值从一开始的零达到 2016 年 5 月的 90 亿美元（这本身足以令人惊叹），到 2018 年时，它的价值已经增长到了 4 200 亿美元。这一巨大的数字霸占了多家媒体的头条，人们对它并不缺乏兴趣。

难怪加密货币会如此迅速地发展。我想说的是，如果行得通，自己发行货币当然是一种聪明的商业模式,谁不想拥有属于自己的中央银行呢?

价值网

简言之,我们也可以把区块链描述为一种去中心化技术,它的目的是记录价值或者与价值有关的知识的交易,并为之记账。这些记录既不会被黑客攻击,也不会被篡改。它可以用来创造可编程的货币、证券及合约。

加密货币本身是没有价值的,这一点也让它饱受攻击。但这纯属误解,因为它的价值存在于网络效应当中。而且这一效应是受到梅特卡夫定律支配的。梅特卡夫定律指出,通信网络效应与系统中注册用户的平方成正比。

纸币本身的内在价值为零,但这丝毫没有影响它的流通。同样的道理也适用于区块链。如今的区块链技术可以发挥账务系统作用,它能安全地保护各式各样的价值,例如货币、音乐、债券、礼品券、奖励积分和股票等等。这意味着全世界的人都可以用它进行点对点交易,不需要中间媒介,不需要彼此熟识,也不需要额外的安全措施,只要使用区块链系统本身提供的用来保护信息的密码、复合编码和去中心化注册记录就足够了。

分布式应用与智能合约

它们共同解释了区块链技术对分布式自治组织的支持能力。这种前景可以这样理解:它是没有边界的,就像爱彼迎帮助全世界每个人直接出租房间一样;它还会为这些价值创造可编程性,就像如今的智能手机拥有多种App(应用程序)一样。我们把这样的App称为"Dapps",也就是"分布式App",它们与程序化功能特性的价值单位相对应。Dapps还可以被描述为一种智能合约，它的相应算法能够理解一份既定合约有没有得到履行。根据实际履行情况，它会通过区块链技术做出经济上的奖惩。这个过程会通过常规交易的方式完成。

区块链技术的应用场景极为广阔。以运输业为例，当一个集装箱被运送到指定目的地时，它会自动触发 GPS 感应器并支付运费。它还可以用于"自主身份"。有了自主身份，人们既能方便地证明自己的身份，又不需要透露其他身份信息。我们在前文提到过，截至目前，区块链技术最广泛的应用就是可编程的加密货币。它的一种变体是只能在规定时间、特定领域使用的货币，这种货币有时也被称为"彩色货币"。区块链技术也可以用来发行短期货币，抵抗经济衰退。比如，可以发行有效期为半年的货币；可以发行一种货币，一旦利率为负，这种货币就会失效；可以发行短期彩色货币，这样可以在特定时段支持经济领域中遭遇困难的某些行业。也就是说，这种技术可能会消除经济衰退。想象一下，每个人的智能手机上都装有加密钱包。经济衰退即将发生时，中央银行会给每个人派发可失效的加密货币。这必将推动经济车轮的转动。

首次代币发行

区块链也是首次代币发行（ICO）的基础，首次代币发行有时也被称为"代币销售"。首次代币发行有些类似于股票上市，但它是在一般的发行机构以外发生的，投资者通常使用比特币之类的加密货币支付，但并不总是如此。它共有 4 种类型：

- 货币：纯粹的货币，例如比特币或者以太币等。
- 礼品券：实用型代币或用户代币，用户可以用它来获取某项服务。

- 股票和证券：即股份证券，购买者以此获得某项资产（例如一种商品或者一家运营中的企业）的股份。它可能涉及股利分配。
- 债券：分配债权，持有人可获得收益。

近年来，我和 Nordic Eye 公司不断收到首次代币发行邀约。我们并没有为此投入太多时间，因为 Nordic Eye 公司和我个人都认为，绝大多数的早期首次代币发行都会以失败告终，有些是诈骗，有些因轻率而失败。另一部分原因在于，大多数初创企业原本就会失败。然而，最富有洞察力的加密货币观察家认为，多数情况下，这些问题都可以归结为创业初期的暂时困难，这就像小孩子换牙时必然经历的疼痛。这个行业的质量必将快速提升，区块链会迅速遍及各行各业。截至本书写作时，Meta 公司宣布发行加密货币，这成了区块链领域里的大事件。沃尔玛也宣布了类似的计划。

区块链有助于减轻贫困。全球约有 70% 的土地所有者的所有权公开登记情况不够完善。各国土地所有权登记几乎都由国家完成，但是在腐败较严重的国家，土地所有权经常遭到盗用和二次分配。土地真实所有者对此往往无计可施。

很多专家认为，产权登记机会的缺失是一些国家始终无法摆脱贫困的一大原因。部分原因在于人们无法拿出充足的担保，获得贷款，用来做小生意或者支持子女接受更好的教育。这种情况可以通过独立的区块链系统来解决。这套系统负责存储的信息通常是由国家来处理的。它能有效防止公共管理机构滥用公民信息、为自己谋取私利。

我再举一个例子来说明区块链技术的社会效益。个人现金交易是资本从工业化地区流向发展中国家的主要形式。据估计，这一外流规模约为每年 6 000 亿美元。其中最常见的形式是人们向老家汇款。这些汇款大约需要 6 个星期才能到账，手续费高达 10%。如果使用 Abra 之类的加密货币汇款 App，2 分钟就可以到账，手续费只有 2%。

  第三种潜在效益体现在特定行业里。有些行业的从业人员生产的数字内容常常遇到报酬过低的问题。音乐产业就是一个最重要的例子。现在的词曲作者和演唱者只能分得一首金曲收入的冰山一角。Mycelia 公司力图把音乐家的作品与区块链联系起来，以解决这个问题。只有在区块链上拥有这些歌曲，人们才能获得这些音乐的使用权。如果这样的项目获得成功，音乐的非法传播和分享就会变得极为困难。同样的做法也可以让电影和电子书行业获益：要想享用这些艺术内容，先取得直接的所有权。这个例子也说明了区块链应用潜力中最有趣的一部分：它可以跳过中间商，或者至少减少人们对中间商的需求，它会更有效地奖赏那些真正创造实在价值的人。

点评经济——对市场和文化有益

  上文清晰地说明了，区块链在很多应用中体现为一种分布式自治组织形式，例如，为可编程的价值创造代币、解决交易者之间的信任问题，因为这些交易者不知道对方的身份，所以信任成了大问题。但是，如果交易者在某种程度上了解对方的身份，但是不想再次交易，那么又会怎样呢？

  这是个有趣的问题。前工业化社会的一项重要特征是人们对自己的供应商很熟悉，并不断重复使用这些供应商，这意味着，提供优质服务高度符合供应商的自身利益。亚当·斯密早已雄辩地指出这一点。一个铁匠不可能为住在马路对面的邻居提供质量堪忧的犁铧，这会让他终生蒙羞。

但是，在工业生产方式占领阵地，极度发达的专门化和劳动分工随之而来时，匿名化也日益发展起来。人们不再知道自己使用的商品是谁制造的，这为行骗带来了更多机会。

于是，商标和品牌成了解决之道。

如今的情况正在发生新的变化。得益于社交化推荐和协同过滤的力量，我们能精确地获得可能最匹配自身需求的产品。关于一项产品的质量，我们能获得无穷无尽的货真价实的评价。

这一点的影响极为显著。随着社交化推荐和协同过滤的日益普及，零售商可以去除一部分厂商的商标权，有些分销商还推出了自有品牌产品，或者"无品牌"产品，后者也被称为"白色商标"产品。对消费者来说，它意味着更实惠的价格；对零售商而言，它意味着更高的利润。这主要得益于新的透明度。当然，路易威登和爱马仕的品牌依旧强大。但是，如果你是做牙刷或者纸尿裤的厂商，日子就不见得好过了。

点评是通过网络形式（通常是匿名的）体现的，这种方式能提高市场效率。点评的表现形式和规模多种多样。在科技领域里，猎头有时会用"堆栈溢出式点评"来评估候选人。这种堆栈溢出可以显示候选人在科技社交媒体上的回复被评为网上最佳回复的频率。也就是说，它也属于点评机制的一部分，但是候选人不一定会意识到它的重要性。

总体而言，完成评价的人不存在虚假评论的动机。因此，平均而言，这些评价是较为可信的。这种评价也是共享经济的关键组成部分，它还很好地解释了这个问题：为什么优步之类的服务企业运营和提供的服务优于传统出租车企业？司机有没有善待乘客，交易双方都非常清楚。没有善待乘客的司机会得到差评，并因此被潜在乘客排除在选择之外，甚至被彻底移出服务网络。当然，点评是双向的，司机同样可以点评乘客。

地球村与新网络红人

互联网的普及带来了一种全新的、彻底的透明度，而这种透明度是极度精英化的。也许你生活在安哥拉东部的一个小村庄里，但是足球踢得很好，只要你把你的技能拍成视频，上传到网上，世界各地的人就能在社交媒体上发现你的才能。而这在从前是根本不可能实现的。同样，如果在YouTube上发布真正有趣的内容，得到大量点赞，内容发布者就会迅速收获极大数量的观看者。最有才华的人和最具钻研精神的人会被发现，这本身就是一种美好而公平的思想，它当然会造福整个社会。举个最简单的例子。为什么令人作呕的餐厅越来越少了？因为它们会被迅速拉进社交媒体的黑名单，彻底失去顾客。而优质餐厅会同样迅速地美名远扬。

有了点评技术，假以时日，决定人们在社会经济生活中过得如何的将是能力和努力，而不再是广告预算、社会地位、人脉关系、家庭出身、品牌或者家族背景。更长的时间以后，决定人们经济收入的因素会更多地变成顾客的评价，而不再是教育背景、家庭背景或者工会的要求。

不仅如此。市场经济本身会逐渐创造更友善的文化，这是因为，商家只有态度友好才能吸引顾客。如果点评是有效的，商家就必须变得更加友好。可以预料的是，点评经济会加强这一点，巩固社交资本。

点评经济还能抵消传统通胀对产品和服务的影响。道理很简单，无论身在何处，无论想要购买什么商品，任何一位买家都能在网上轻松找到价格最低的卖家。因此，当中央银行改变货币供应量，以此改变通胀率时，其效果通常会更明显地体现在资产价格上，而不是日常产品和服务上。

火热的分享、关心与节约——共享经济

共享经济并不是新鲜事物，但是与过去相比，在信息技术的支持下，如今的共享经济正在极大范围内展开；共享经济是我们的风投基金 Nordic Eye 近些年的重点投资领域。我们为此购买了很多股份，涉及船舶、自行车、仓储空间和小型摩托车等各种分享服务。共享经济成了全球增长最快的领域之一，部分原因在于，它通常涉及已有事物的再利用。它的主要目的是节省金钱和资源，同时通过分享提高服务的供应量。共享经济主要体现为三种形式：

- 即服务：灵活的短期租赁或订阅，它可以是中央提供商拥有和维护的物品或者服务，例如云端服务器公园或者大城市里的小型摩托车租赁等等。此外还有即服务式的订阅，例如袜子即服务、咖啡即服务、美容产品即服务等等。因为生产厂商会在初始销售完成之后获得常客，所以这些产品能以更低的价格出售。
- 众包：与第一种类型非常相似，但是在这里，出租物品的所有者是普通人，相关服务的提供者也是普通人。优步和爱彼迎就是最典型的例子。可供共享的可以是资金、服务，或者汽车、自行车、滑板车和小型摩托车等等。
- 点对点式分享：不需要中介，普通人之间直接交换服务。比如分布式自治组织，它不属于任何人所有。在分布式自治组织场景中，事物要想以最佳方式运行，往往离不

开点评。以加密货币为例，它就是通过点对点式的网络进行交易的。其他的例子包括 Open Garden（开放的花园），人们在这里通过 Wi-Fi 和蓝牙连接互联网；Infin，一种面向数字艺术家群体的文件分享应用；WebTorrent，一项匿名串流服务，等等。

爱彼迎之类的平台有时也会被归入点对点类型，但是由于存在中介机构，所以这些平台不是点对点式的。有组织的点对点网络通常属于混合形态，也是效率最高的形态。"云厨房"（Cloud Kitchens）或"幽灵餐厅"（Ghost Restaurant）就是增长最迅猛的例子。它们只接受线上订单。在个别众包形式里，这些餐厅会向自由职业厨师提供后厨，由他们来服务线上食客。（见图 7-4）

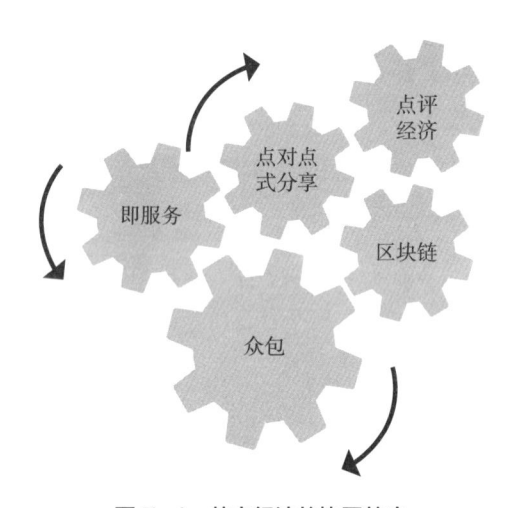

图 7-4 共享经济的协同效应

最巧妙的是，数字型平台能支持全球范围的共享。从前，当你星期五开车从一个城市前往另一个城市时，只有你最亲近的朋友才知道车上有没有空座；只有他们知道你想把割草机短租给别人使用，以此分摊一部分费用；或者你愿意在每个星期四早上帮别人家的花园收拾垃圾，赚些零花钱；或者你需要有人帮忙遛狗，因为你想在星期六晚上和一个巴塞罗那家庭共享晚餐；或者你需要有人帮你到邮局取一下包裹，顺便帮你带些别的东西回来，等等。

这样的情况早已不复存在。现在，我们可以分享这些需求，它们是有市场的。实际上，上面提到的所有服务，以及大量的其他服务，如今都可以通过数字方式向潜在的全球用户销售，或者从潜在的全球卖家处购买。这既容易又方便，甚至会催生从未被销售或者分享过的新服务。

对很多人来说，最令人震惊的是我们如今可以完全信赖他人。在使用爱彼迎、eBay、优步、BlaBlaCar（一项拼车服务）、Lyft（来福车）、La Ruche qui dit Oui（一个食品购物平台，意为"满足一切需求的蜂箱"）、Postmates（一个快递及送餐服务平台）和数不清的其他数字平台时，我们会发现，总的来说，人们都会信守自己签订的协议。正是从这个意义上来说，我相信，共享经济和它的点评体系对文化的提高和改善大有裨益。

36. 共享经济会在人与人之间建立更高的信任，进而提升社交资本水平。

无论在什么样的社会里，信任的缺失都是一种昂贵的隔阂。如果没有信任，人们就不愿意与陌生人签订合约；即使签订了合约，往往也要被迫投入许多无法创造价值的资源，确保自己不会上当受骗。

阿鲁·萨丹拉彻是一位共享经济专家，也是《共享经济的爆发》(The Sharing Economy)一书的作者。萨丹拉彻指出,从历史的角度来看,共享经济具有某些令人着迷的方面。人们可能会果断认为共享经济会造成更少的经济增长。很显然,如果20个人分享1台割草机,那么市场需要的割草机就会变少。但是,萨丹拉彻通过令人信服的论证指出,实际上,共享经济的发展会提高经济发展速度。从历史上来看,更多的供应、更多的选择和已有资源的更好利用会带来更高的人均生产率;而更高的人均生产率是经济增长的最基本要素。在此基础上,还要加上更强的信心产生的积极作用。萨丹拉彻指出,因为人们会分享割草机,所以这一机制的作用大于产量降低的影响。另外,国民经济学家们也许低估了统计手段的作用,他们当然会查实一共生产了多少台割草机,但是,他们未必能够查明每一台割草机创造的效益。GDP最令人感兴趣之处在于它反映的是总体效益或"效用",而共享经济在这一点上起了很大作用。实际上,非常大。

指数型组织:赚大钱!

很多新型网络中普遍存在一种令人着迷的现象。我会用这种现象来总结自己对新型网络的看法,它就是指数型组织(ExOs),这是我和从事风险投资的同事们喜闻乐见的一种现象。前文已经提到了指数型组织的若干例子,包括各种社交媒体和众筹组织。它们的共同之处在于,这些组织是在现有资源(例如已有的电话通信网络或者已经存在的车队等等)的基础上提供服务的,它们激活原本与这些组织不存在正式联系的人群的力量。优步、脸书网和Fiverr(一家众包平台)都是发挥已有可用能力的例子。指数型组织常常会借助自动化的力量、发挥病毒式线上营销的作用，这往往会极大影响这些组织的规模。不仅如此，它们会经常收获网络效应：一旦站稳脚跟，网络效应就会让这些组织变得极其健康、充满活力。特百惠就是个好例子。这家公司成立于1942年，属于多级营销型组织。如今，它拥有190万名销售人员！

　　复制是一种与指数型组织类似的现象：事物可以制造自身的复制品和各种变体。病毒和所有生物都是复制者。人类能制造复制者吗？当然可以。除了我们熟知的共享经济的服务，它们还包括基于人工智能的软件，它们拥有编写软件的能力。还有会制造机器人的机器人、会打印自身复制品的3D打印机等等。我们会在未来见到更多的复制者。它最重要的发展也许是会编写软件的软件。有了它，分布式自治组织、指数型组织和3D打印机就会迎来爆发式的大发展。（见图7-5）

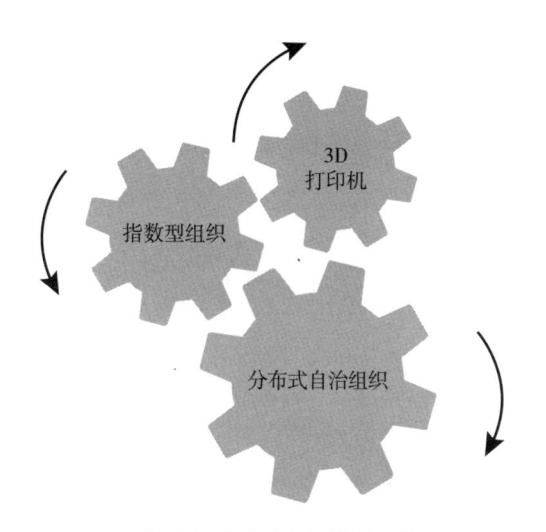

图7-5　复制背后的技术三角

第 8 章
未来的交通、住房和城市

住房、本地环境和交通在每个人的生活中都扮演着重要角色，我的生活也不例外。即使是在丹麦皇家兽医和农业大学、哥本哈根商学院求学期间，我也会在闲暇时间用硬纸板建造理想住宅的模型。为了避免在上课时睡着，我经常在纸上画房子。多年以后，当我终于买得起一个像样的房子时，我在装修设计中投入了大量时间。我同样痴迷于汽车。因此，对于这些领域会在未来如何发展，我有着极为浓厚的兴趣。我发现，新的交通方式往往有利于塑造新的住房和城市化结构，这一点让我尤为着迷。比如，有了汽车，人们就能住在郊外的独立住宅里；城区的微出行正在减少汽车的数量，为路边咖啡馆腾出空间，同时，电动汽车还会减少城市里的噪声。总体而言，它们会让城市变得越来越宜居，因此，可能会有更多人搬回城里。接下来可能会出现令人啼笑皆非的情况，自动驾驶汽车取得突破之后，很多人会再次离开城区，搬回郊区的独立住宅里。就像他们拥有第一辆汽车时那样。毕竟，在万籁俱寂的夜里，我们都想依偎在大自然的怀抱里入睡。

未来的交通——更快、更灵活

一方面，人类的出行不断增加；另一方面，一些技术的发展趋势正在走向它的反面。首先，数字基础设施的发展省去了大量的实体化交通。不仅如此，快速发展的机器人革命与人工智能结合，会带来越来越多的"回包"。回包与外包相对应。外包把生产环节转到劳动力成本更低廉的国家，而回包会把这些生产环节转移回本国。前提是自动化生产环节的成本低于劳动力成本。回包会减少人类对交通运输的需求。

与此同时，跨境贸易不断增加。这一趋势不会因为回包的发生而停止，这是人口的不断增加和财富水平的不断提高造成的。以旅行为目的的财务机会也在不断提高，人们旅行的愿望变得日益强烈。在我年轻时，从未听说过有人会飞到别的地方度过周末。实际上，在那时，就连坐飞机都是一件新鲜事。那时，我父亲偶尔会坐一次飞机，我们全家会去机场为他送行。我们还会在那里看着他的飞机起飞。每一次机场之旅都会耗费大半天的时间。

等到我为人父时，世界早已是另一番景象。我们习惯了这样的情景：我的女儿们在楚格或者苏黎世上学，她们会打电话问我能不能接她们放学。我告诉她们，我正在伦敦办事，不能接她们放学，但是可以和她们一起吃晚饭。同样，人们如今经常在周末飞到其他地方滑雪，或者晒晒地中海的太阳。所以，总体来说，因为技术变得越来越好，最重要的是因为技术的成本变得越来越低，所以人员和货物的运输量只会不断地增长，增长，再增长。

有几种正在形成和发展的趋势值得详细论述。第一，之前关于私人交通和公共交通的简单分类方式正在消失，一种新的分类方式正在兴起：

- 私人交通。例如私家车、自行车和越来越多的四轴飞行器等等。
- 共享交通。例如自动驾驶电动汽车、共享单车、共享滑板车和共享小型摩托车等等。
- 公共交通。例如火车、公共汽车和飞机等等。

其中，在共享经济快速发展的大现象之下，共享交通也成了规模不断扩大、发展速度令人惊叹的新领域。我们在前文讨论过共享经济的发展。一旦我们可以共享自动驾驶电动汽车，包括私家车（例如优步的半自动驾驶汽车等），这种趋势就会进一步扩展，进入更多维度。出于实际的原因，共享概念会在大城市里变得尤为普遍。使用机器人配送货物也是一样的道理。因此，总体而言，城市将拥有最好的动力和交通选择。同时，微出行革命也会纾解城市的交通拥堵困境。

有些人认为，由于共享经济的发展及其背后所有权概念的变化，未来的汽车需求将会下降，进入大城市居住和生活的人们会越来越多地把汽车换成更小型化的交通方式，例如共享单车和摩托车等等。也就是说，未来的汽车会变少。

我并不这样看，至少在未来几十年之内，甚至在 21 世纪之内都不会如此。首先，新兴市场对汽车的需求远远大于最富裕国家的大城市由于共享经济而出现的边际下降。其次，不要忘了，对很多人来说，汽车并不是简单的代步工具，否则怎么会有那么多汽车美容店和汽车杂志！有很多人（比如我）喜爱汽车，甚至痴迷汽车。很多人会把儿童安全座椅或者其他东西放在车里。如果我今天买了一些东西，打算明天把它们送到我妹妹家，我就会把它们放在汽车后备厢里。

另一种趋势是自动驾驶汽车，或者它前一个阶段的产品：辅助驾驶。后者已经成为现实，并将在未来进一步发展。未来的汽车不会监测驾驶者有没有做出愚蠢的举动，而是汽车在驾驶自己，人的作用只是留意这一切有没有顺利进行而已。实际上，我就是这样在高速公路上驾驶的。

人类可能距离100%的自动驾驶仍有一段距离。但是这一天终将到来。曾几何时，我们乘坐的电梯里还有负责按钮的司机，加油站还有负责加油的工人，百货超市里有售货员。如今，支配这一切的是下面这个趋势：

37. 现代经济在几乎所有行业中促进和实现自动化和自助式服务。

这个过程通常分为三步：从纯粹的人工到计算机辅助下的人工（半人马），再到自动化计算机/机器人。这个趋势还会影响职业司机。当然，有一种预想认为，人们还会从自动驾驶切换回手动驾驶，因为仍有许多人享受驾驶的乐趣。但是，职业司机可能终将走向和电梯司机一样的命运。

补充说明一点，微出行的发展和自动驾驶汽车的普及还会让儿童和老年人的出行变得更方便。这会带来积极的社会效益，有助于降低父母驾车的压力，减轻空巢老人的孤独感。

太空旅行

几十年来，人类在太空旅行方面似乎没有取得特别重大的进步，但我们正在走进一个全新的时代，人类即将启动新的太空探险，首先是月球，其次是火星。它的背后存在着两大驱动力：(1)中国、印度和其他一些国家已经发展到足以开展此类国家级项目的程度；(2)美国太空探索技术公司（SpaceX）、美国蓝色起源公司（Blue Origin）、英国维珍银河公司（Virgin Galactic）等私营企业和波音等大型企业正在大幅降低航天发射成本。

其中最有趣的一点在于，我们可以在月球和火星上使用3D打印机和机器人建造住所，而不是从地球一砖一瓦地运送过去。火星的大气层含有二氧化碳，我们甚至可以利用"直接空气捕集"技术生产水泥、食物和塑料，该技术所需要的能源可以通过太阳能板和小型钍反应堆来提供。

中长途旅行

超快速火箭原来专用于航天领域，它也仅与航天有关。我们如今已经开发出了超声速飞行器。只需要3个小时，它就能横跨大西洋。而高超声速飞行器横跨大西洋只需要1个小时。冲压式喷气发动机是用于超高速飞行器的一项有趣的技术，超声速燃烧冲压喷气发动机是这种技术的表现形式之一：这种发动机上没有活动部件，最快速度可以达到3 700千米/时，相当于今天的商用航空飞行器正常巡航速度的4倍左右。冲压式喷气发动机和超声速燃烧冲压喷气发动机仅在飞行器进入高速飞行状态时使用，但是它们极其经济，也极为可靠。因此，这样的飞行器需要配备两种发动机，它们会互相配合。尽管如此，冲压式喷气发动机一旦启动，就会立刻带来雷霆万钧的惊人气势。

混合动力飞机也是一种有趣的混合科技概念。在本书写作时，载客量为50人或者更小型的混合动力飞机项目正在进行。它主要使用动力为2兆瓦的涡轮螺旋桨，并把其中1兆瓦的动力从涡轮螺旋桨换成电池，后者主要为飞机起飞的前20分钟提供动力，帮助飞机大角度爬升到巡航高度。飞机下降时，这些螺旋桨会发挥类似于风力发电机的功能，为电池充电。

埃隆·马斯克提出了一种适用于稍短距离的新概念，名叫超回路列车（Hyperloop，也叫超级高铁）。它的客舱呈胶囊形，在几乎真空的管道中行驶。由于管道把空气阻力降到了最低，所以这种超级高铁的速度可以达到700千米/时，也就是大型客机的速度。与此同时，高速铁路也变得日益发达和普及。有些高速铁路采用磁悬浮轨道，这极大提高了列车速度。据说磁悬浮列车的速度甚至比超回路列车还要略胜一筹，但是前者不需要真空管道。

前文提到的无人机和其他飞行器同样取得了巨大的突破。未来的无人机和飞行器可能取代如今汽车的位置。虽然无人机已经出现在了市场上，但它们的潜力还远远没有得到充分发挥。部分原因来自监管问题和技术问题。

无人机已经开始作为四轴飞行出租车使用。在四旋翼无人机方面，迪拜走在了世界前列。这款名为亿航184的无人机是中国制造的。在搭载一名乘客的情况下，它能以160千米/时的速度飞行30分钟。根据迪拜方面的计划，到2030年，这座城市30%的交通将实现天空化。我没有资格对这个计划的可行性指手画脚，但是，亿航184通过了迪拜当局的严苛测试，并且走向了其他地区，例如美国内华达州。我个人认为，从一座建筑的屋顶直接飞往机场，或者飞到另一座建筑（为了参加会议），这样的需求是极其巨大的。我知道瑞士有很多企业高管每个星期都在这样做，只不过他们乘坐的是直升机。

当然，如果天空中充满了无人机，那么我们可以预测它们会发出多么震耳欲聋的噪声。但是，如果无人机全部改为电力驱动，噪声就会减少很多。现在已经出现了电力飞行器的早期型号。这些飞机安静极了。

长期来说，四旋翼无人机的发展会成为一种现代现象的一部分。这种现象就是机场对经济发展至关重要。拥有优质机场的地区的经济增长通常远远快于缺少好机场的地区。作为经济的驱动力量，交通便利性的作用是不可替代的。如今的模式是，如果一座城市在郊外建成了一座机场，这座城市就会朝着机场的方向不断移动（即使人们抱怨机场的巨大噪声），因为交通便利的吸引力实在太大了。四旋翼无人机交通会为这个现象增加一个新维度，它会实现航空交通枢纽的分散化。简单地说，人们很快就会在很多地方见到微型机场的大量涌现。

中短途旅行

只要提到新型交通，无人驾驶汽车就是人们谈论最多的技术，它有时也是最接近实际应用的技术。实际上，无人驾驶的概念早已广泛应用于地铁系统了。

它的优势一部分在于无人驾驶汽车比手动控制的汽车更安全，另一部分在于无人驾驶更节省时间。

未来车辆会配备下一代 GPS 设备，这种设备会结合路径规划功能，更好地考虑天气、路况、安全和个人偏好等因素。最重要的是，它们能实时更新最新情况，据此做出修正、提出绕行建议。与此同时，人们也在试验通过路面嵌入式传感器指挥交通，这些传感器能和路面上的车辆通信。

混合动力汽车和电动汽车当然是一个重要的发展领域，我见过的多数分析认为，到 2040 年，汽车市场的 5% 将是可充电的混合动力汽车，剩下的 95% 是燃油汽车和纯电动汽车。在我看来，朝向电动汽车的转型仍将继续，但是燃油汽车依然会占据主流地位，即使到了 21 世纪后半叶，燃油汽车仍然会大行其道。

还有一种插电式电动汽车，它们实际上完全可以"不插电"，一种替代方案就是感应式道路。当电动汽车在配备电磁场的路面上开过一段距离之后，它会自动充电。这被称为"电磁感应式充电"，电动汽车不停车也能充电。只要开过无线充电路面，汽车电池就会自动充电，当然，你的信用卡也会自动扣费。

也有人思考汽车和火车的混合体。其中一个例子就是私人高速交通系统，它也被称为 Podcars（豆荚车）。你的汽车会在主路或者高速公路上沿着一种名叫"双模态滑翔轨道"的轨道高速行驶。轨道上所有车辆的推力都由计算机控制，车辆可以达到很高的速度，比如 200 千米 / 时。还有一种与此类似的交通方式，它就是"快速高架公交"，是一种新式公交概念。这种定向导航的公交车可以在公路两侧的轨道上行驶，车厢底部只比主路的车顶稍高一些。也就是说，个别路段会出现"双层公路"，不需要建造又大又丑的水泥高架结构。这样，我们可以通过运行多辆超大型客车（足以覆盖整条路）来辅助交通。这样既能避免交通拥堵，又能纾解路面压力。

短途出行——微出行

前文提到的微出行是当前短途交通最重要的解决方案，这种新方式主要包括自行车、滑板车和小型摩托车等。它们的主要优势是远远小于汽车的体量。因此，微出行能大大缓解交通混乱问题。同时，它们还有助于营造人行街道的感觉。城市中心不再需要建造巨大的多层停车楼。因为微出行畅通无阻，所以它们成了人们解决最后一公里问题最灵活、最廉价的方案。它们是人们从停车地点、公交车站或者地铁站抵达目的地（比如办公室、住所、商场或者餐厅等等）的好选择。这种方式的最大问题在于，因为使用者并不是拥有者，所以交通工具会被随意停放（在有些城市里，这个问题主要表现为共享单车的混乱停放），人们正在设法解决这个问题。期待它能得到有效解决，或者至少有所缓解。

未来交通解决方案会对人们的生活地点和生活方式产生极大的影响。我们可以很容易地想象，未来很多建筑的屋顶会出现四旋翼飞行器停机坪，它们不仅供运送货物的无人机使用，还供飞行汽车/无人机使用。难道它们不会在未来"飞入寻常百姓家"吗？我们会看到"飞入式"社区的大量涌现。人们会普遍使用微型飞机，共享起降跑道或者起降坪。它们都是经过航空管理机构审批通过的。未来的汽车会不会自带滑板车，在我们需要时随时被取下？我认为这是极有可能的。接下来，让我们仔细讨论一下未来的住房和城市环境。

建筑行业的创新

请想象下面的情景。你拥有一块土地，想盖一座自己的房子。你先把土地图纸上传到市政府的服务器，它会自动把图纸与当地的建筑管理规定结合起来，通过图解的方式指出房子可以建在土地的哪些位置，并结合房屋可能的规模和高度提出多种建议场景。同时，你还可以通过软件服务进行模拟，把你的需求清单体现在上面："三间卧室、一间游戏室、开放式厨房、两座车库、建在屋顶的无人机停机坪……"计算机会显示出60多种不同类型的风格，从乡间小屋到极简式公寓，无所不包，你可以从中选择自己喜欢的一种或者多种风格。确认后，计算机就会显示出与选定风格匹配的大量图片，包括房屋、内部装修细节、花园设计方案等等。从此时开始，你会完成一个完整的流程，这大约需要一小时。每隔10秒钟，计算机就会展示两幅图片，你需要从中做出选择，一共360次。你要为自己的每一次选择打分，或者选出最吸引你的一幅，或者认定它们的吸引力不相上下。这套适应性系统会结合人工智能和成千上万用户的经验，逐渐识别出你真正最爱的是什么。

这个过程结束之后，你会点击"绘制方案"，几分钟之后，10套可选房屋设计方案出炉了。每一种都符合你的标准和本地监管法规的要求，而且都附有计算机核算的预计工期和预算。

接下来的几个星期里，你和家人琢磨和商讨这些方案，选定了其中的一套，并把它上传到7家建筑公司的网站上。这些企业都是通过建筑门户网站提供服务的，它们使用的都是人工智能计算机。这些计算机会结合预计项目成本和自身的能力给出报价。

这就是未来的建筑设计和建造工作的可能面貌。让我们就这个话题进一步深入探讨。

辅助营建的新技术

由于科学技术不断达到新高度，如今的建造技术正走在快速演进的路上。一个很好的例子就是能够自我修复的水泥。它能加强水泥的品质，延长使用寿命。这种技术会在水泥中加入一种细菌，它们会在水泥出现孔隙或者浸水时被激活，并产生水泥，修复这些孔隙。这可以有效降低养护成本和修复需求。

建筑光伏一体化（BIPV）表面材料听起来也许没那么新奇。形式最简单的建筑光伏一体化可以是能吸收阳光的平屋顶或者太阳能电池屋顶瓦，或者，在更多情况下，整个建筑的表面都可以利用太阳能发电，甚至窗户玻璃也可以用来捕获太阳能。多余的能源可以用来发光或者采暖、为电动汽车或者四旋翼飞机充电等等。我们可能会目睹日常建筑越来越多地变为低能耗建筑，再进一步变成纯粹能量产出型建筑。这样一来，能源问题可能会越来越多地通过云端解决，就像数字型服务和人力劳动那样，能源最终会成为共享经济的一部分。不仅如此，这种短程电力配送还带来一种新的可能性：它可以一直保持直流状态，即直流生产、直流传输。因为交流电是长距离输送电力的最廉价方式，所以人们才会把直流电转换成交流电，即使它们要先变回直流电，才能在大多数设备上使用。在转换过程中，一部分能量被白白损耗掉了。如果根本不需要长途输电，就可以节省一部分转换成本。

在传统建筑行业里，价值链是依据建筑原材料、按照地理位置分布式呈现的，许多建筑要件的产地常常远离施工地点。而3D打印技术可以在工地上打印建筑材料。超级3D打印机甚至能打印出整堵墙壁，专用打印机能打印出体积较小的专用构件。这种技术还为某些建筑细节的复兴铺平了道路。过去的城堡和庄园往往拥有大量精巧迷人的装饰细节，它们都是历代工匠的杰作。但是，经过长时间的洗礼，加上同工同酬、增值税等各种税收的作用，这些精巧的装饰在经济上不再普遍可行了。这形成了更简单的建筑风格，这种风格后来演变成了所谓的现代风格。但是我们依然为文艺复兴、新艺术运动或者装饰派艺术所深深倾倒，这也让这些风格的建筑成了名副其实的旅游胜地。3D打印把这样的装饰变成了可能，大多数人负担得起它的价格。这会带来精妙复杂风格的复兴。还有一点不得不提，假如一位建筑师无法从供货商处购得某种装置，那么他（她）可以选择自己打印。

增强现实技术同样在建筑行业占据一席之地。它能让建筑工作者在工作中摆脱平面图。增强现实可以帮助建筑工作者直接看到工程完工时的模样。

当然，我不能不提及建筑行业专用机器人。它们能在很多方面发挥重大作用，例如安装窗户玻璃，这类工作比较繁重，通常要求很高，而且相当危险。还有无人机，它们能带来独一无二的实时工地和建筑空中扫描图，生成工地全貌和 3D 视图，以及建筑和相关活动的地图等等。

智能建筑与数字控制

更加精巧复杂的软硬件技术为基于"物联网—大数据—人工智能"铁三角的智能建筑铺平了道路。它能轻松控制建筑的照明、进出、取暖、通风和安保等等。举个例子，我最近出席了 Trifork 公司的一次晚间会议。这家公司位于瑞士施维茨州，它的创始人约恩·拉森对本书的写作帮助很大。他们演示了如何通过亚马逊虚拟助理 Alexa 用语音来控制整个办公室。通过与 Alexa 的对话，他们可以轻松控制窗帘、照明和通风系统。当最后一个人下班离开办公室时，这个人只要发出一条语音指令，就可以锁上整个办公室的大门。上班时，当第一个人来到办公室时，面容识别系统会自动欢迎她（他），大门会自动打开，办公室的灯光、窗帘和通风系统也会随之自动开启。

午夜时分，一个手持撬棍的陌生人在墙外逡巡，人工智能会自动触发警报。同样，当可疑的人在停车楼里试图打开多辆汽车时，一样会触发警报。简而言之，如果人类能分辨出一个人是否应该出现在一个地方，那么人工智能也能做到。

除此之外，未来的大门钥匙可能会变成 App 应用程序。我们可以有选择地为陌生人放行，并且规定他们的进出时段。比如，你在公司上班时，可以让一位推销员或者供货商进入你家大门。你可以为员工下发数字钥匙，也可以随时在线上取消这些钥匙的使用权。有些公司已经在这样做了。智能建筑里的个人信箱也可以变成双向智能柜。我们可以把需要寄出的物品放在那里，也可以用它来收快递，例如，拥有柜子密码的机器人可以为我们送来日用百货，放在这些柜子里。我们在方便的时候随时开柜取货。

办公社区与合作居住

我们在计算机能力领域里打造了共享经济（例如云端服务器公园、共享汽车等等），类似的（部分）共享式办公社区也像雨后春笋一般不断涌现。WeWork 办公空间就是最明显的例子，很多企业可以在这里共享办公设施，而且可以在很短的时间里办理入驻和退订。私人领域里也有类似的例子，那就是合作居住。合作居住指的是一种实用型、经济型的公寓、酒店和集体农庄的混合体。它们同样会共享许多基础设施。这两种形式都具有很高的灵活性，而且非常省钱。不仅如此，它们还能把人们聚在一起，消除孤独感。二者都在进行某些主题试验，例如，有些共同办公社区会把创业作为自己的主题。

在未来的城市里，在各种各样的传感器、大数据和人工智能的支持下，我们会与越来越多的物体相互通信，例如建筑、交通指示灯、停车收费码表等等，这些通信会优化各种流程。因此，想象一下，一场足球赛即将结束，自动驾驶的共享车辆自动聚集在场馆外。当一盏路灯失灵，或者一堵墙被涂鸦时，人们可以拍照，并将照片上传到某个应用程序上，如果机器人没有自动修复它们，相应的维修工作就会在众筹平台上公开招标。

未来的奢华牧游者

济州岛位于韩国大陆以南，首府是济州市。Nomadlist.com

网站显示，济州岛环境安全、空气清新、游览方便，即使步行观光也非常方便。当然，最重要的是，这里的互联网不是"不错"、"很好"或者"很棒"这种含糊其词的词语能够评价的，它需要借助具体数字来说明：每秒 104 Mb。如果总分为 5，那么济州岛网络的得分高达 3.92。除了济州岛，这个网站上还有许多别的城市，稍加浏览，你就会发现更多。比如，打开一张城市地图，里面的每个区域都有自己的标签，例如"潮流人士"、"富人"、"学生"和"上班族"等等。

类似 nomadlist.com 的平台有很多，它们的服务对象是全世界的牧游者，通常是比较富有的那一类。他们本可以在一个地方过着正常的生活，但是，与此相反，他们偏偏选择生活在世界各地。这样的现代奢华流浪者越来越多。这种现象背后最重要的原因当然还是数字化，因为越来越多的工作可以在计算机上完成。人们需要的只有足够快速可靠的互联网，用来收发文件，并在必要时进行视频会议。这正是我在过去 20 年间的工作方式。

全球奢华牧游者把诸多趋势串联在一起。并不是所有人都偏爱那些公认的最智能的城市或者消费水平最高的城市。对有些人来说，随心所欲地在自己喜欢的地方生活和工作，是一种独特的自由，一种定居在生活成本较低的地方，不需要过多工作的自由。正因如此，罗马尼亚的普洛耶什蒂在 nomadlist.com 网站上排名第 10 位。在这里，每个月的生活成本只有 1 244 美元。

但是，无论全世界的牧游者们的收入处于怎样的水平，他们都反映了同一种趋势，我们可以在很多其他地方看到这一趋势：人们正在变得越来越移动化。我父亲中年时告诉过我，聪明人会住在出产葡萄酒的地方，因为那些地方的气候总是最宜人的。所以，我从丹麦搬到了智利。我个人还会把滑雪算作另一个极具吸引力的要素，智利同样可以滑雪。后来我又搬到了瑞士。

就像人们在线上点评餐厅和美酒一样，如今的互联网上满是客人对住处的评价。这些评价范围极广，涵盖了我们想象得到的所有地方。同样日益普遍的还有，决定我们住在哪里的不再是工作，而是对住处的喜好。

也就是说，实现物理位置的移动对人们来说越来越容易，也越来越普遍。规定日益减少，人们的好奇心日渐增强。还有很多人选择出国留学。对于完成留学的人们来说，定居国外算不上太大的飞跃。牧游者们可能会问："哪里的治安最好？"然后移居到那里。此类问题还有"哪里有较好的休闲生活？哪里的气候最宜人？哪里的税收负担较轻？哪里有好的机场？哪里的生活最自由？"等等。这些问题可能极为重要，因为说走就走的牧游者们通常具有令人称奇的乐观进取精神，牧游者通常在广受青睐的领域里拥有极强的能力。

久而久之，这很容易形成一种网络效应，它会把最勤恳、最有能力的人聚集在一起。同时，因为这些人最关心的问题之一是"哪里能找到更多同道中人？"，所以这意味着趣味相投，意味着同样的生活方式，或者意味着相同的行业。这些人之所以聚集在一起，不仅因为生活方式相同，还因为拥有共同的职业趣味，所以，这会催生一种专注于某一领域的、极富创造力的生态系统。在它们当中，有的会形成小型商业集群，有的会成为覆盖面更广的经济卓越中心，例如硅谷（科技创业）、伦敦（金融）、新加坡（金融、生物科技等）、上海（软件、硬件）、瑞士中部（金融、软件、商品贸易、生物科技等）、迪拜（诸多领域）等等。

很多时候，这样的卓越中心会进行一种特殊形式的发展，它在美国被称为"三螺旋"。三螺旋指的是一种三位一体的形态。在三螺旋式发展中，公共组织、教育和私营企业同时指向相同的商业方向。但是，在我看来，想要把这样的魔力变成现实，单凭三螺旋是不够的。它还需要以下六个方面的结合：（1）人们有机会获得卓越的商业教育；（2）良好的监管环境和相关税务体系环境；（3）跨国企业研发中心；（4）风险投资者；（5）好的机场；（6）有吸引力的生活方式。有趣的是，这样的中心很容易形成强有力的网络效应。人们首先会被良好的结构性环境吸引，它包括上述6种因素；随后，它还会进一步吸引更多的人，因为这里有极大数量的人才和许多志趣相投的人。也就是说，成功会孕育出更多的成功。

38. 开放的、流动的社会能创造出社会性及经济性网络效应，进而建立自我强化的经济卓越中心。

所谓的"海上农庄"可以被视为现代牧游生活模式的极端表现形式。人们移居到巨轮上，这艘巨轮就是一个独立的社会。多年以来，很多超级自由意志主义者一直有这个念头。问题是他们去哪里取得有效护照，进入他国旅行？

还有一点，这些奢华牧游者代表的只是旅游业中很小的一部分。全球旅游还包括商务旅行和观光旅游。旅游是个增长迅速的行业。人们变得更富裕之后，几乎都希望享受更多美妙的假期。很多时候，我们还会发现（实际上，这早已发生了），度假服务会一直发展和提高。所以它的供应量也是不断增加的。（见图8-1）

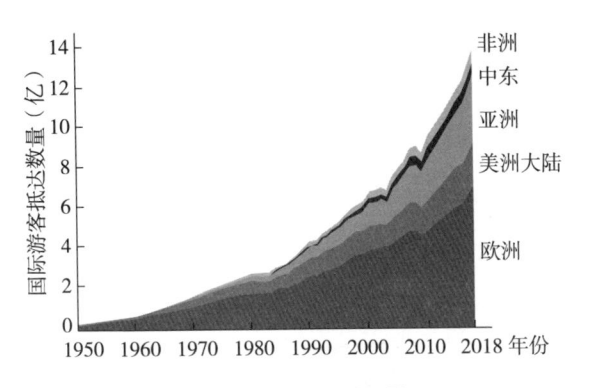

图 8-1　全球游客增长情况

第 9 章
新的生活方式
——体验与自我实现

拉尔斯·塞耶·克里斯坦森是盛宝银行的共同创始人之一，他把盛宝银行变成了一家成功的银行。随后，他又成为连续创业者、辩论家和风险投资家。拉尔斯是我在瑞士的老朋友。每当谈及政治和社会发展话题，我们的观点总是出奇地一致。但是，我们在一次讨论中遇到了意见相左的情况。这个问题是人工智能和机器人会不会造成人类大规模失业。虽然我们都无法完全肯定，但是拉尔斯很担心出现这样的情况，而我认为不会出现。我并没有那么忧心忡忡，因为萨伊定律基本可以证明我是对的。该定律指出，供应能够创造需求：在自由市场经济中，企业生产得越多，工资和其他为生产投入而发生的支付创造出的需求就会越充足，结构性失业就不会发生。

尽管这个定律是经济学家让－巴蒂斯特·萨伊在几百年前总结的，但是它通过了一轮又一轮技术浪潮的考验。无论是工业革命、绿色革命、计算机、互联网，还是其他各种技术突破，都没有造成系统性失业。以19世纪早期为例，当时大约有90%的美国人口是农民。如今，这个比例已下降至不到2%。尽管如此，截至本书写作时，美国的就业水平已经接近充分就业，国内需求，即对美国商业界生产的商品的需求极其旺盛。而拉尔斯认为，人工智能和机器人的能力会在很多方面超越人类，无论从哪一点上来说，人类都无法与机器匹敌。

即便如此，我依然对未来充满信心。这种信心并非来自他处，恰恰来自拉尔斯本人的作为。他创办了盛宝银行，赚到了人生的第一桶金。这家银行扎根于服务经济，在业内稳占一席之地。随后，他移居瑞士，并且很快卖掉了他在盛宝银行的股份。那么，是什么吸引了他的注意力？很大程度上是优秀的餐厅（而且是世界级的顶级餐厅）、冰球队和足球队、F1赛车、自行车骑行和葡萄酒酿造等等。我正是从这些事物中看到了出路。

体验经济——世界就是舞台

我认为，在未来的很多工作中，人类都不是人工智能和机器人的对手，而大多数这样的工作会转向体验的创造。可以这样解释。有些乐观主义者提出，工业革命意味着人最终将变得像机器那样工作——身穿制服、循规蹈矩、毫无创造力和自由。紧随其后的服务经济又为办公室工作带来了大量的繁文缛节。另一方面，人工智能和机器人的发展进步带来了新的可能性，它们也许可以帮助人的情感回归生产。这就像一位木匠在制作一张餐桌，他认识即将坐在这张桌子旁用餐的每一个人。因此，可以这样说，只有当机器负责机器的工作时，人才有可能回归自己最擅长的事情，像人一样工作。

这就是我的看法。当然，我们还可以通过更广阔的视角来看待这个问题。纵观人类历史，在过去的几十万年里，人类曾经是狩猎者、采集者和工匠。随后，农业带来了财富和就业的极大增长，然后是工业以及矿产和化石燃料的开采等领域也实现了极大的增长。到了过去几十年，很大一部分财富来自服务业，至少在最富裕的国家里是这样的。

服务业取得目前地位的方式非常有趣。最初，汽车和计算机等工业产品的厂商有时会提供免费服务，比如多种金融贷款选择等，以此促进销量。紧接着，越来越多的厂商发现，他们应该把先前的商业模式颠倒过来，因为这样更有利可图，尤其是能赢得更高的顾客忠诚度。这样一来，顾客的购买对象变成了服务，实物产品被包含在服务之内。因此，更多的汽车被用于出租，而不是售卖。IBM公司回购了企业计算机业务，转而为之建立了一套服务方案。同时，施乐公司为企业客户提供复印机，这些复印机归施乐公司所有，由施乐公司维护。客户不需要出钱购买它们，而是按照复印份数付钱。同样，电话公司也在或多或少地免费赠送电话，作为回报，用户需要续订服务合约。这些都是为了创造忠诚度和用户友好性而形成的服务模式。

但是，拉尔斯近年来特别感兴趣的不再是传统服务，而是人的体验。体验曾是演艺行业和娱乐行业的要素，现在更多、更宽泛地成为"体验经济"的要素。

体验经济的快速增长已经持续了很长时间。迪士尼集团就是个很好的例子，它的电影、杂志和游乐园清楚地说明，创造体验的企业可能在何种程度上创造多么巨大的财富。

如今的体验形式多种多样，例如餐厅、运动队等等。旅游业的特色体验包括潜水、远足、帆船航行、滑雪、文化和数不尽的度假方式，比如到托斯卡纳品尝红酒、在苏格兰捕捞鲑鱼、在布拉格参加狂欢、在马略卡岛徒步，还有在瑞士或者泰国享受健康医疗之旅等等。人们还可以寻找松露、乘坐热气球、和鲸鱼一起游泳、体验冰雪旅馆或者水下旅馆,甚至在月球上打高尔夫球比赛。

好吧,月球上的高尔夫球比赛暂时只是一个想法,但是将来可能真的会实现。再说说汽车和餐饮行业,经验表明,人们在一边聊天一边投入地做某事时,往往更容易卸下自己的面具。因此,有些会谈可以和工作午餐结合起来,这样的效果往往好于正襟危坐的正式会议。我们还知道,现在有一种比较流行的电影拍摄手法是请演员一边开车一边对话。科技烧烤聚会同样是一个很好的例子。人们一边烤牛排一边讨论初创企业项目和风险投资,这种令人着迷的现象被称为"社交晚餐"。在我看来,未来会出现更多类似的概念,人们会更多地把工作和休闲融合在一起,产生新的创造力和热情。

体验经济的扩展机会不胜枚举。多层停车楼不一定是简单的水泥路面。它可以有主题装饰或者特别的声音效果。机场的走廊也可以这样设计。我们会在日常生活中随处看到毫无吸引力的、可悲的、缺乏个性的空间。经过体验经济的洗礼,它们会变成引人入胜的体验。

要想说明体验经济的快速增长,最好的例子是电子竞技。不断扩大的奖金池、在线直播和职业联赛基础设施的提升,这些都为电子竞技的发展铺平了道路。短短几年,电子竞技获得的公众关注就与真正的体育赛事,例如 NFL(美国职业橄榄球大联盟)等,相差无几。据估计,2019 年会有大约 3.8 亿人观看或者参与电子竞技[①]。从收入角度来看,电子竞技产业在 2019

---

① 数据显示,2019 年全球电子竞技总观看人数增长到 4.54 亿。(来自《人民日报》2019 年 8 月 19 日第 5 版)——编者注

年突破 10 亿美元大关，并预计在 2021 年达到 16 亿美元。即使与德国足球甲级联赛相关产业的 28 亿美元相比，这种规模的收入也是相当可观的。这也是越来越多的投资者涌入电子竞技行业的原因。2018 年，Cloud9 获得 5 000 万美元融资，成为全球价值最高的电子竞技团队之一。据估计，这次融资让 Cloud9 的身价达到了大约 3.1 亿美元。手握重金的个人，例如马克·库班等，也纷纷进入电子竞技产业。传统体育俱乐部，例如英格兰足球超级联赛的球队，开始聘请电子竞技选手，请他们代表球队参加传统体育与电子竞技体育的组合赛事，这也是混合型体验的又一个例子。混合型体验通常发端于娱乐行业。

《体验经济》一书可谓高瞻远瞩，作者派恩和吉尔摩在书中提出了这样的例证。1999 年，制作一杯咖啡所需咖啡豆的商品价格大约是 1～2 美分。经过工业加工和运输，价格变成 5～25 美分。但是，进入餐厅之后，咖啡变成了服务，价格就变成了 2～4 美元，是最初的 20～40 倍。而且，你如果在威尼斯的圣马可广场买一杯卡布奇诺，就可能需要 15 美元（我当时真的在那里买过），这个价格是未经加工商品价格的 1 000 多倍，是普通餐厅咖啡的 3～7 倍。尽管如此，包括我在内的很多人都觉得值得，因为我们买到的是体验，一种在威尼斯圣马可广场品尝卡布奇诺的美妙体验。

与服务经济相比，体验经济尚处于初级阶段。后者将不断取得突破，成长为具有引领性的经济增长领域。这也许要等到企业把产品和服务结合在一起，并且作为体验出售的时候。因为企业会从中发现重大的机会。它们会发现，这样做既能避免大众化，又能规避价格战。

体验经济属于劳动密集型经济。它的特点是服务，而且，在人们心目中，这些服务不应该是由机器人或者机器提供的。

它有可能是极上乘的手工艺；可能是特立独行的餐厅的探访，例如瑞典热门餐厅 Punk Royale（意为"皇家朋克"），我去过这家餐厅，他们用汽油桶装伏特加，上菜的盘子事先会被猛摔一通；可能是手工装配的瑞士机械手表，这些手表有时会以天价出售；可能是壁炉，它们的作用是让房间变得舒适惬意；可能是限量版豪华汽车，它们的发布方式和高档女装一样；还有可能是著名设计师设计的园林、禅意装修、配有沁人心脾的香气和舒缓音乐的按摩等等，数不胜数。

不仅如此，我还认为内燃机引擎会在体验经济中占有经久不衰的地位。对于像我这样的人（像我这样的人可真不少）来说，内燃机发出的轰鸣声有一种迷人的魔力！相比之下，电动车安静得像民主德国时期的停车计时器。如果你没明白我的意思，那么你可以想象一台既没有声音也不用换挡的哈雷摩托车。现在明白了吗？因此，我仍然相信，车迷们至少还会活跃 100 年。虽然我无法确定，他们需要的汽油仍来自化石燃料、转基因藻类，还是通过直接空气捕集技术制造出来的。

在此过程中，我们会看到众多行业发生转变，这些行业一度充斥着大规模生产的标准化产品，它们如今会越来越多地以超凡脱俗的手工艺为特征。只要想想近些年来数量众多的新型咖啡就知道了。还有小型啤酒厂的大发展，它们推出了数不尽的新型啤酒。还有最近风靡一时的、多种多样的杜松子酒等等。它们会不会创造新的工作岗位？毫无疑问，答案是肯定的！实际上，它们还会产生巨大的财富。2019 年，酩悦·轩尼诗－路易·威登集团首席执行官贝尔纳·阿尔诺在福布斯全球亿万富豪排行榜排名第 4，而他的集团只生产奢侈品。这些产品的科技含量并不算高。

关于声誉的观念变革

人们对声誉的渴望是人类行为和经济现象的一大驱动力量。人人都想获得他人的认同和赞赏。如何得到？在过去几百年间，很多人认为，人的最高成就是加官晋爵，或者成为皇族的一员。如果做不到，那么，结交皇族和贵族、和他们做朋友也很好。

随着工业社会的发展壮大，经济和知识方面的成功越来越多地得到认可。它们都是人独立奋斗的结果。如今的平民同样可以致富，奢华的生活让人声名显赫。

接下来，个人发展成了声誉的第三种源泉，因此，学历较高的人们常在自己的称呼里加上头衔，比如某某博士、某某教授等等。

当然，现在仍有许多人把极高的尊重同贵族阶级、财富或者高学历紧密联系在一起，但是，这三种要素似乎失去了往日的荣光。如今，越来越多的人把地位同你所做的事联系在一起，而不是你是谁、你拥有什么。你如果过着一种冒险家式的生活、推动正义事业、从事充满意义但是要求极高的工作，就可能赢得声誉和尊重。现在，在社交媒体上讨论这些话题的人越来越多。

自我实现——成为服务的产品

体验经济代表着乐趣和魅力。很多人听说过马斯洛需求层次理论。它起初描述了 5 种人类需求，到了 20 世纪 70 年代，马斯洛又把它增加到 6 种。从那时起，需求层次演变出了数不清的变体，但是，尽管如此，它们毫无例外地指出，人的第一要务是满足最迫切的生理需求，例如吃饭、睡觉等。然后是安全需求，它主要体现为身体健康、拥有收入和住房等等。随后是对爱、友谊和亲密感的需求，接下来是自尊，也就是你认为自己正在做的事赢得了他人尊重的感觉。然后是自我实现的需求，它的实现方式可能是审美体验、创造力、对生命中更高目标的追求等等。在马斯洛修订和扩展之后的需求层次中，高居顶端的是超越自我的体验，例如灵性和利他主义等。在我看来，我们今天也可以把这个层次称为"正念"。它能帮助我们完全感知这个世界。今天，越来越多的人转向素食主义和纯素食主义，形成了国际潮流，类似的需求同样属于这一层次。

科学研究无法确定的是，马斯洛提出的需求模型，连同其他类似模型，是否总是会呈现这样的层次，是否适用于所有人。毕竟人类需求的优先级别千差万别、极其复杂。尽管如此，商业历史学家们一定会同意，在较原始的社会里，劳动力的分配是比较符合马斯洛需求层次的。确实如此，200年前，从事与食物和住房相关工作的人在劳动力市场上占绝大多数。这些工作也是普通人花费时间最多的工作。当然，有些极其富有或者极具权势的人的生活会以自我实现或者灵性修养为主，他们常常会让贫苦的人为他们修建宫殿和教堂。更不要提千百次的战争了，国王和独裁者们通过战争实现自我、沐浴在胜利者的荣光中，而贫苦的人被迫走向战场。这是违背他们意愿的。总体而言，就工作而论，当时的绝大多数人处于马斯洛需求层次的最底层。

然而，从那时起，从就业的角度来看，我们看到需求层次的顶部变得越来越宽。与此同时，需求层次的底部相应地变窄。比如，时至今日，农民（马斯洛需求层次最底层人群）变得越来越少，而滑雪教练（最顶层人群）变得越来越多了。

导致这一现象的原因有两个。第一，与最顶层需求活动相比，通过机械化方式完成最底层活动变得越来越容易了；第二，基本服务日益丰富，这为人们节省了大量的时间和资金，人们可以从事更多位于顶部的活动。我们更希望顶部活动由人来完成。

尽管体验经济方兴未艾，而且它可能会再次帮助我们避免可能的大规模失业（正如萨伊定律指出的那样），但是，我认为人类经济中的另一个取得重大发展的领域会在自助式、超越式活动的支持下蓬勃发展。它可能涉及一切事物，包括健身教练、心理专家、婚姻诊疗师、营养顾问、正念教练、瑜伽老师、美容师、整形外科医生，以及各种各样的灵修者等等。有趣的是，这一领域产生的成果既不算有形产品，也不算服务。我们自己就是成果。

创新创业——更低成本的自我实现

我认为，第三大增长源泉是创新创业领域。原因有二。首先，我本人创办过创新型企业。这是一种极端形式的自我实现，它高居马斯洛需求层次的顶端。其次，无论是启动新项目，还是创办新企业，如今的成本大大低于从前。这主要得益于技术的发展，例如云计算、视频会议、开放软件 API（应用程序接口）、众包、由于高度聚焦而变得价格实惠的广告、智能手机、平板计算机，以及全球支付系统等等。除此之外，还有大量的智能"即服务"可供选择。借助互联网和网络效应的力量，只要选对了初创模式，我们就可以做到令人难以相信的快速增长。即使在今天，在《龙潭虎穴》（Dragon's Den）之类的电视节目的推动下，我们仍在见证全球创业热潮的兴起。

自己动手与创客运动——工作即消遣

自己动手也是一种自我实现。新型工具让人们自己动手编写软件和打造实物变得更容易，这带来了创客文化，以及独立制作实体物件、以代码编写为目的的黑客文化等等的兴起，它们可以统称为"自己动手"（DIY）文化。它们得到了社交媒体、开源硬件及软件、3D 打印、机器人技术的支持，社交媒体上的数字"自己动手"亚文化也为它们提供了支持。比如，在世界的某个角落，一位创客知道如何开发某种新产品，他（她）把"秘方"上传至云端，这样一来，世界各地的创客都能复制这个产品，他们还可以在复制过程中使用机器人、计算机或者 3D 打印技术等。并在此基础之上做出改进和提升。同样，我们在社交媒体上看到的大多数内容实际上都是几百万次数字创客"自己动手"媒体创作的结果。

零工、微工作和"自己动手"的交集也被称为"共同创造"。在共同创造中，企业会与客户合作创造产品。最简单的例子是共同建造房屋和食客们在餐厅里帮厨。它也可以通过应用程序/商店来实现，或者像乐高（LEGO）公司一样，邀请用户开发新的乐高套装。

共同创造不仅能带来更好的用户体验，还能更新企业的产品。这些更新来自用户，也就是最需要这些产品的、对这些产品最具热情的人们。这样一来，这些用户很有可能成为绝佳的企业大使。我在很大程度上把共同创造视为自我实现的一部分，它接近马斯洛需求层次的最顶端，可以与自酿杜松子酒、打猎和采集松露，或者自己动手制作手工艺品相提并论。人们这样做完全出于爱好。实际上，自己动手的成本很高，只需要拿出其中的很小一部分，人们就可以买到一样的或者类似的产品、解决同样的问题，但是人们依然乐此不疲。它是富裕社会的重要发展领域。

39. 机器、机器人和计算机越来越多地被用于满足马斯洛需求层次的底层需求，与此同时，越来越多的人类劳动被用来生产马斯洛需求层次中较高层次的产品和服务。

我们是如何从相互独立的不同领域中汲取各种要素，再通过新方式把它们融合在一起的？这是我们在这里看到的最令人着迷的现象之一，它也是我们希望能够更多地看到的。比如融合音乐，它把多种不同类型的音乐形式融为一体；比如令人称奇的太阳马戏团，它把剧院、音乐会、马戏表演、体育、餐厅、无人机表演等多种要素结合在一起，带来了震撼人心的融合式体验。卡巴莱餐厅和迪斯科餐厅历史悠久，这些餐厅会在食客用餐时献上卡巴莱歌舞表演或迪斯科音乐演出。还有些餐厅结合了别具一格的建筑、自然、设计、幽默或者艺术要素。在汽车行业，经销商晚餐的概念正在广泛流行。顾客可以在豪华跑车的环绕下用餐。在我定居的楚格，这些体验统统找得到。现在随处可见的书店咖啡馆是书店和咖啡馆的混合体。

类似的趋势只会在未来愈演愈烈，随着地面全覆盖式OLED屏幕（一种超薄型透明屏幕，可弯曲折叠）及类似技术的普及，我们可能会看到提供迷幻式视听体验的餐厅。

为了说明其中蕴藏的巨大商机，我在表9-1中罗列了40个领域。我认为，它们会在生活方式领域里不断地发展和进步：

试想一下，以上种种可以带来多少种不同的组合方式？这样我们就能明白，许多未来可能出现的工作将从何而来。

表 9-1　40 个极具潜力的领域

探险猎奇	教练	康复	正念	自诊断
利他主义	共同创造	历史学	时尚	雕塑
建筑	设计	奢侈品	音乐	社交媒体
酒吧	辩论俱乐部	音效	夜总会	屏幕艺术
形体塑造	自己动手	食品	自然	运动与健身
健康监测	零售商店	创客工坊	旅游	剧院与电影
住房	香水	绘画	餐厅	健康
商店	园圃	导师	收藏	作坊

我能想象的终极场景是，在劳动力市场上，农业、商品生产、标准化服务、工业和行政管理多由机器人、人工智能和其他机器来完成，但是，剧场式的体验经济、辅助式的自助服务、升华式体验和为爱好而做的事，例如创业、DIY、创客活动以及打猎、收藏和商品手工艺等活动将会为许许多多的人提供用武之地。也就是说，在马斯洛需求层次里，绝大多数的人类工作将集中于顶层，人们从中收获大量的乐趣；同时，绝大多数的机械式活动集中在底层，完成人类不愿意做的工作。因此，我利用图 9-1 来描述未来的劳动力市场：

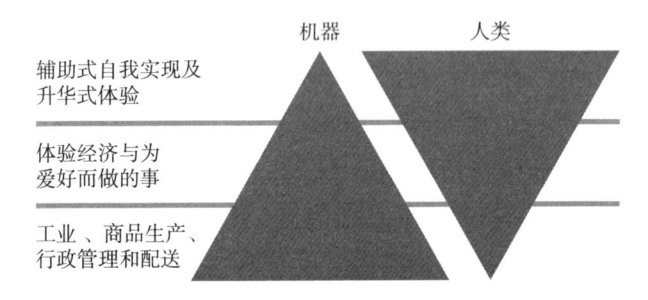

图 9-1　未来的劳动力市场

人才云——劳动力市场的完全变革

我们目睹了家庭组织形式的变迁，从传统的核心家庭形式到各种各样的其他形式。同样，我们正在见证更多元化的、非正式的工作生活。我们会越来越多地看到：

- 人们不再终生为一家雇主工作；
- 工作时间不再固定；
- 工作地点不再永久化；
- 不设固定退休年龄。

与此相对应的是，工作与生活平衡的概念常常会被工作与生活融合的概念取代。我本人的生活恰好符合后者。我的工作和个人生活之间的界限是流动多变的。

现行调研表明，平均而言，人们正在降低自己从事现有工作的预期年数。这与另一种现实情况息息相关：越来越多的人选择避免从工作到退休的骤然转变，人们更偏爱在晚年缓慢减少工作量，但是也许永远不会彻底放弃工作。不仅如此，我们还越来越多地看到，有些人正值盛年，可是他们有时几乎不工作，有时全身心地投入工作。我们甚至可以看到100岁仍然工作的人。（见图9-2）

另一个问题是，工业社会创造的巨型企业拥有大量员工。我认为这样的现象仍将持续10年、20年或者（甚至可能）50年、100年。但是，净增长将来自更小型的企业，以及从事体验经济、辅助式自我实现、升华式体验和为爱好而做事的独立自由职业者。

劳动力市场对劳资双方灵活度的要求与日俱增。一方面，雇主可以选择非永久性雇用，在员工没有太多工作可做的时候，雇主可以选择不雇用，这样可以节省资金；另一方面，由于世界变得越来越灵活多变，自由职业者可以更多地从其他工作中汲取灵感，这同样可以为雇主带来益处。最后，如果企业不能灵活地替换正在使用的资源，那么它最终也许会被迫做出重大调整。这样的调整很难一举成功。同样，员工们也在追求自由，寻找最适合自己的工作地点和工作时间。

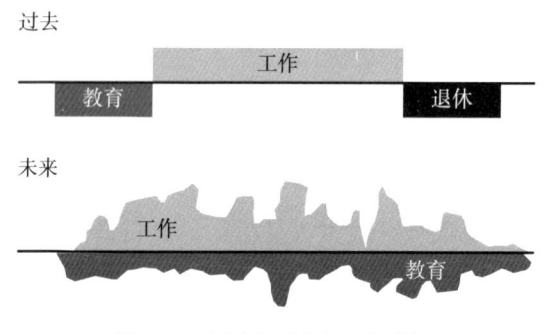

图 9-2　过去与现在的工作生活

零工经济、微工作与不设立工作场所的工作

"零工"本来是管弦乐队现场演出时常用的一种现代俚语。它指的是那些没有长期安排或者预约的、在不同地方演出的艺术家。"零工经济"描述了同样形式的工作是如何扩展到其他商业领域的。和零工经济一同出现的概念还有"找到自己的工位"、"自带设备"及其变体"自带技术"等等。雇主单位会接受，甚至鼓励员工自带硬件，找到适合自己的工位。

办公室工作的旧有概念同样正在发生改变。如今，越来越多的人选择"居家办公"。实际上，人们通常并不是在家里办公。比如，旧金山和许多时髦城市的咖啡馆提供一种新型服务，人们不再为自己购买的物品付钱，而是根据在咖啡店里工作的时长付钱。人们喜欢把咖啡馆当作工作场所，在那里，他（她）们可以戴上耳机、隔绝噪声，全身心地沉浸在工作里。人们不喜欢一个人坐在家里，所以很多人选择在咖啡馆里工作。在咖啡馆里，或者类似于 WeWork 公司推出的灵活短时工作酒店里，人们可以被其他"居家办公"的、来自其他公司的陌生人环绕。近期研究表明，开放式办公室的效率往往不高，而封闭式办公室容易使人感到疏离。与此相反，在咖啡馆里戴着"包耳式耳机"工作既能保证聚精会神，又能避免孤独感，它因此成了很多人最完美的选择。

举个有趣的例子：2017 年，Nordic Eye 公司向加利福尼亚的 Weblife 公司投资 300 万美元。当时这家公司只有 7 名员工，没有自己的办公室。7 个月过后，这家公司以 6 000 万美元的价格出售，我们获得了 2 000 万美元的投资收益。最好笑的是，直到那时，这家公司依然没有自己的办公室。

这是行得通的，尤其是在每个人都没有自己的办公室的时候。但是我发现，如果有些人需要坐班，另一些人不需要坐班，那么这往往会引发矛盾。要么每个人都在办公室工作，要么没人坐班，这才是最好的办法。

无论选择哪一种方式，总体而言，上述现象都是下面这个趋势的具体表现。

40. 随着社会变得越来越数字化，个人生活与工作之间、家庭与工作场所之间，以及工作时间与休闲时间之间的界限会变得越来越模糊。

当然，这一运动既有优点又有缺点。有的人很享受随时随地工作的方式，他们甚至可以在远隔千里的地方，通过笔记本计算机、平板计算机和智能手机完成工作。这样的工作常常被归类为"微工作"。它把一个完整的工作流程视为一条装配线，每名工作者负责一个阶段，共同完成整个项目。微工作的实例可能包括标识与口号设计、解答科学谜题、设计数字报告等等。这种形式的工作会用灵活多变的"工作集群"和特别行动团队取代传统意义上的公司结构。实际上，我们可以称之为"人才云"，它和我们使用的计算机云并称。未来还会出现能源云，它会让很多建筑变成能源的净产出单位。人才云也会与能源云相提并论。

总体而言，未来的劳动力市场趋势会和其他市场的趋势高度相似。在未来将会出现"非捆绑式"服务，我们通常不会考虑员工的总体劳动时间，而是考虑一小部分时间。换言之，一种灵活流动的、对象驱动的劳动力市场即将出现，我们都会成为其中的一分子，我们面临的工作通常只会占用我们一小部分时间。

41. 随着社会变得日益数字化，越来越多的服务，包括产品、服务和劳动力在内，将会被细分为更小的对象并出现在灵活流动的劳动力市场上，这一市场有时也被称为"云"。这样的市场通常表现为实时的价格波动、公开透明的竞争和点评排名。

对于工作提供者来说，零工经济通常意味着更高的工作效率和更小的压力，人们不会产生被解雇的感觉。有时，他们就像全职员工；有时，他们根本无须工作。人们有时会遇到工作过多或者过少的情况，但是再也不会面临真正的失业威胁了。反过来说，有些人可能会发现自己赚不到足够多的钱，因为零工经济通常意味着残酷的竞争和价格下降。一些人会倍感压力，因为每天都要面对不同的考验。对很多人来说，永久性工作带来的安全感一去不复返了。

由于数量众多的提供者和客户的积极支持，零工经济正在不断发展。伴随着人工智能、机器人和指数型组织的发展，零工经济为员工较少的企业带来了巨大的支持。出于这个原因，我们可以看到，在过去的几十年里，美国企业的平均规模出现了急剧下降。这一切都是合乎逻辑的，因为未来的发展离不开数量巨大的、灵活多变的小型企业。这些企业会结合自身需求，在不同程度上取得和依靠外部劳动力。

更多的回包

第二次世界大战之后，尤其是1980年以来，在"全球化"浪潮的推动下，移民、贸易的增长和生产资源的重新配置形成了强劲有力的全球趋势。这一趋势的延续是众多因素作用的结果。但是也有人提出，在有些情况下，商业和外包也许会逆潮流而动。原因在于前文提到的回包现象。一位工厂仓库工人在东欧或者亚洲地区的薪酬要低于西欧或者美国，但是，无论在哪里，同样用途的机器人的价格只会比前者更低，或者至少持平。人工智能机器的情况也是一样。当机器人和人工智能的价格变得足够低时，回包现象就会越来越多。因此，最富裕国家的生产厂商会再次把生产基地转回本国，这样的情况一定会变得日益普遍。回归本国之后，这些厂商可以自行管理生产。这会帮助它们更加容易地保持创新。

定制媒体

在体验经济、自我实现和创新中，媒体发挥着重要作用。未来媒体的一大要素在于个人化，这种个人化通过红板报（Flipboard）等社交媒体来实现。实际上，这一潮流早已大行其道了，还会愈演愈烈。在未来，我们中的每个人都能精确设计自己最想要的媒体类型。

但这并不代表毫无挑战。人们对假新闻，对刻意为之的、系统性的误导信息的畏惧仍然广泛存在。从某种程度而言，这些畏惧并不是毫无道理的。比如，人们正在使用一种名叫"深度伪造"（Deep Fake）的技术制作视频。视频中的人说着他（她）们永远都不可能说的话，但是整个视频活灵活现、非常逼真。互联网能让每个人直接获取几乎一切信息。但是，由于没有专业审核人员负责区分事实与糟粕，因此许多人最终选择相信歪曲事实真相的说法。同时，互联网的一大优势也在于，糟糕的记者和站不住脚的媒体（这样的记者和媒体非常多）会立即遭到网友的批驳。

定制媒体和社交媒体上的信息聚合意味着，人们越来越多地生活在"回声室"里，这里的绝大多数成员彼此认同。同时，这些人也很容易过高地估计志同道合者的人数。

我认为，无论新型媒体如何发展，传统的、自上而下式的、由职业记者和专家负责报道和阐述的媒体形式都会长久地存在下去。但是，主流趋势是信息的分散，传统记者会遭遇更年轻的、反应敏捷的、才华横溢的人群的挑战，后者是真正推动事物发展、深知事件真相的人。

42. 随着世界变得日益数字化，信息及娱乐的创造、交流和管理会变得越来越分散化、网络化和交互化。

我们可能会看到一种被称为"灯塔媒体"的新形式。它由洞察力极其敏锐的人群（通常不是记者）负责选择或管理最好的在线内容，也许还会为它们附上注释，并让最感兴趣的人看到它们。

人们可能会把 OLED 屏幕当成"墙纸"来使用，这也许会引发媒体发展趋势的变化。例如大型合作型视频墙，它们主要用于视频会议和虚拟现实模拟。换句话说，视频艺术也许会成为全世界发展最快的艺术和设计现象。

屏幕能改变一栋建筑的整体景观。这还意味着，我们创造的媒体不仅能为自己今天看到的屏幕服务，还能为更大的、整体性的环境服务。这进一步证明了下面这个趋势：

43. 全球 OLED 屏幕行业的产出以每年 30% 的速度增长。

多元身份获得更多认可

对多元身份的接受和赞美也是一种正在兴起的趋势，它还会继续发展下去。传统思维认为，一位银行家就应该一直是银行家；一位经济学教授就应该有教授的样子。直到今天，仍有许多人持有这样的看法。然而，在现实生活中，人当然要比这复杂得多。比如，这位银行家可能是一位机车迷，那位教授偏偏喜爱硬核摇滚。幸运的是，人们已经越来越乐于接纳这一点，这不仅仅得益于社交媒体的力量。即使是在公开场合，一个人也可能拥有两种甚至多种身份：比如，一面是西装革履的银行家，另一面是身穿皮衣的机车骑士。而且，我们一旦适应了这一点，就会意识到多重身份不仅是可以被接受的，而且实际上是健康的表现。人们因此为身份松绑。可以这样理解：一个人无须努力活成别人的样子，每个人都应该更加自由地拥有完整的、以诚待己的人生。

44. 人们越来越习惯于在社交媒体上展现自己的其他身份，越来越不愿意在工作场合里隐藏自我。

智力放大——更好、更灵活的教育

在过去的几十年里，人们曾对数字技术寄予厚望，期待它为教育带来极大的补充作用，但是，这些希望大多落空了。相反，我们发现，数字平台往往无法像我们期待的那样让学生全身心投入；师生共处一室，由教师发挥主导作用仍然是最有效的教育方式，小学阶段尤其如此。也许最理想的模式是用人工智能和其他技术，例如虚拟现实和增强现实等，逐渐取代学校教育授课过程的一小部分。例如，哈佛大学教授、学习技术专家克里斯托弗·德德强调了智力放大的种种益处。智力放大指的是人在学习环境中得到计算机的辅助。

另一方面，提到传播教育、让更多人获得教育，没有比技术更好的辅助工具了。这可以通过开放式数字化学习做到，尤其是大型开放式网络课程（MOOC）。MOOC 的优势不仅在于低价格、高效率，还意味着人们可以在需要使用某项知识时随时开始学习。

在线课程的普遍流行还有一大优势：它们让数百万人有机会听到全球最杰出教师的课。除此之外，在线教育也为模式化的教学试验提供了绝佳的机会。例如，有人发现，最有效的学习方式是，首先完成平均时长为 7 分钟的教学时段，紧接着进行随堂测试，然后继续教学 7 分钟。如此循环往复。

其他正在发展的形式还包括教育 App、计算机游戏、国际在线竞赛等等，寓教于乐。例如，我最小的女儿在国际在线数学竞赛中自学了大量的算术知识，这种竞赛办得好极了。总而言之，未来的教育势必拥有更多的工具，走向规模化定制，就像我们已经在零售行业里看到的那样。不仅如此，我认为，对绝大多数人来说，最有效的学习方式莫过于解决让自己深深着迷的、实实在在的问题，而不是一直埋头于理论学习。我相信这里蕴藏着极大的、有待挖掘的潜力。这种以解决实际问题为中心的学习方式还被称为发现式学习。

应当注意到，利用开放的数字资源学习的一大优势在于，人工智能和大数据分析的加入，能够使电子系统在实践的基础上得到持续不断的改进。这样一来，这些教学系统本身也变成了学习系统。

让每个人都拥有互联网连接，享有受教育的机会，这一理念本身就是一种范式的转变。在拥有互联网连接和没有互联网连接的人群之间，教育是最关键的因素之一；我们能多大程度地覆盖人群，保证每个人接受最适合自己大脑的、最精准的教育，就能从根本上帮助多少人改善自己的生活。通过视频方式听课、完成作业并获得批改（当涉及较复杂的答案时，我们会越来越多地得到人工智能的帮助）、通过 FAQ（常见问题）形式咨询教师……以上种种形式的结合意味着，生活在全世界最偏僻角落里的年轻人突然取得了资格证书，他们能让潜在的雇主看到自己的才华。

实际上，这是一场浩大的民主运动。它的特征是知识的传播和更多人在信息充足的基础之上获取知识、获得参与这一运动的资格的机会。得益于日益增长的经济繁荣、人工智能、游戏化和互联网的普及，全球教育水平正在不断提升，而且这种发展趋势会一直延续下去。这会带来经济的进一步繁荣，不仅如此，它还会限制人口的剧增。在解决人口过剩的问题上，教育远远比发放免费避孕套有效得多！（见图 9-3）

图 9-3　由技术驱动的未来教育变革

第 10 章
更动态世界的商业管理

2014年,经济学家、麦肯锡咨询公司前任顾问弗雷德里克·莱卢推出了畅销书《重塑组织》。我也是该书的几十万名读者之一。莱卢在这本书中阐释了人类多年以来对主要组织形式做出的改变。他把主要组织形式分为五种类型:(1)冲动型;(2)因循型;(3)事功型;(4)多元型;(5)进化型。

冲动型组织

莱卢用"冲动"来形容最古老的组织形式。早在古人类狩猎采集的石器时代,这种组织形式就已经存在了,它主要由充当首领的男性来统治。这样的人物(几乎永远是男性)会做出绝大多数(即使不是全部)重大决策。他们的领导主要依靠威慑力,通常缺乏长远规划。他们通常认为,组织的收益(全体人员的劳动果实)主要归属于首领。他们会选择性地挑出一部分来笼络人心。

这种形式的组织至少盛行了1万年。它与石器时代其他组织的区别在于,这种组织具有较先进的劳动分工和权力结构。

这意味着它能扩大自身规模，使其超过 20～40 人的一般规模。石器时代的部落通常只有 20～40 人。

纵观西方世界以外的众多独裁政府，我们仍然能从其政治领导阶层中看到这种组织形式的遗留产物。这些独裁政府通常运行得很糟糕。我们还可以在现代世界看到更多这样的例子，比如规模较小的家族企业，包括本地餐馆和初创企业。在这样的小型组织里，这种组织形式实际上可能会有极高的效率。在我创办的、工作过的和投资过的许多初创企业里，这种组织形式表现得十分出色，至少一开始时如此。

因循型组织

下一阶段的组织形式被称为"因循型组织"。它出现在大约 4 000 年前的美索不达米亚地区。它主要体现为一种受节制的、金字塔式的结构，它具有更稳定的流程和多种固定的规程，我们也可以称之为"方法控制"。人们获得的奖励完全取决于资历和头衔，在这个方面会依照现有的规定来执行。

这样的管理风格通常极为专制，因为正式规则和流程的存在，凡事不必与最高领导者先行讨论。在备受节制的因循型组织里，绝大多数劳动者会选择遵循成文的规章制度，而不是自己的见解。这样的组织会要求大多数人穿上制服，例如套装、实验室的白大褂、警服等等并视之为理所应当。由于固定规则和流程的存在，这种形式的组织可以扩展到极其庞大的规模。同样，它还会带来相当高的可预测性，促使人们自律地、循规蹈矩地生活在各自的既定角色和程式里。

因循式领导风格主导着如今绝大多数的公共机构，包括军队在内，它们之间的差别仅在于程度深浅而已。它同样常见于权力主义宗教之中，例如罗马天主教会等等。它是一种极度自上而下式的层级结构，它的工作人员必须身穿制服，以此区别身份和等级。

因循式领导容易产生问题，其中最严重的问题包括：（1）其思考方式和责任落实往往与眼界和结果相去甚远；（2）酬劳通常无法反映劳动差别；（3）组织期望的服从对创新有害无益；（4）组织的集权不利于调动劳动者的积极性；（5）这些组织往往会追求职能结构的不断增长。

事功型组织

在文艺复兴时期和启蒙时代早期——尤其是在工业革命时代，出现了一种新型组织形式。它用目标管理取代了形式上的控制。

普鲁士军队的改造就是个很好的例子。1810—1812年，普鲁士将领格哈德·冯·沙恩霍斯特发起了对普鲁士军队的再造。在此之前，普鲁士的战争总是有条不紊、自上而下地指挥的。沙恩霍斯特的改造带来了全新的"任务战术"，它把军队分为单独行动的小型作战单位，它们仅在大型战役时集中。各单位和士兵会得到关于任务目标的明确指令，它们拥有决定任务完成方式的极大自由。也就是说，作战方式变得更分散、更灵活，我们如今称之为"敏捷"。1834年，普鲁士军事策略家卡尔·冯·克劳塞维茨提出的"战争迷雾"同样反映了这一现象。迷雾造成了几乎所有作战计划的失灵，因此，任务式指挥的中心思想是小单位灵活作战，把认识、责任和结果更紧密地结合在一起。英国军队和美国军队同样拥有各自的任务式指挥，这同样帮助它们赢得了战争。

这种形式的组织盛行于大多数现代大型企业，这些企业通常使用 KPI（关键业绩指标）和预算来管理员工。它也被称为"目标管理法"。

多元型组织

"多元型"是弗雷德里克·莱卢提出的第四种组织形式。这种组织形式聚焦于企业文化、员工激励和组织的更高目标。辅导、团队合作、利益相关者和赋权等表达方式在这种组织形式中极为流行。总体而言，这种组织形式会让更多员工参与到整体决策和价值链中。这种组织的责任感会超出仅仅为股东创造财富的狭隘范围。这种类型的企业通常把造福全社会当作自己追求的目标。

虽然很少存在百分之百的多元型企业，但是已经有许多企业转到这个方向上来了。其中的一个原因可能是多元型企业很难管理。比如，组织很难确定应当促进哪些整体利益，关于这一点，可能会出现内部分歧。不仅如此，有时可能还会因为内部争吵过多而长期延误必要的决策。比如，员工可能会反对创新或者合理化，就像德国汽车企业董事会里的员工代表那样：他们反对工厂转产电动汽车，因为电动汽车更容易生产，这会降低对劳动力的需求。因此，在这个具体事例中，员工的参与破坏了企业和社会的长远利益。

进化型组织

在《重塑组织》中，弗雷德里克·莱卢指出，以上四种组织形式各具优势，擅长解决不同问题。但他认为人类组织的未来发展有赖于另一种不同的形式，它就是"进化型"组织。

在这种组织中，员工在小型团队中工作。这些团队把认识、责任和成果密切联系在一起。团队之间会互帮互助，但主要依靠自身决策。员工再也不用"把自己的个性留在家里"了。恰恰相反，他们可以回归自我，无须隐藏个人习惯和态度。除非出于特别的需要，员工也不需要穿制服。

进化型组织远比前面四种组织更善于包容错误，包容的前提是组织和相关各方能在这些错误中有所学习。进化型组织的工作规划与现代初创企业的规划非常相似，它们从不制订详尽的长期规划。相反，它们预期的是一段难以预料的旅程。在这段旅程里，驱动员工前进的是工作热情和个人能力，与此同时，他们还会持续不断地适应外部环境的千变万化。这种组织几乎不设职能机构，工作规划往往极为简单、变化性强，而且高度分散化。组织里的信息会得到公开、透明的实时分享。因此，总体而言，这种组织极其敏捷，富有创造力，能够遵从内心、自我成长。这也是莱卢称之为"进化型"的原因。（莱卢提出的五种组织类型见图10-1。）

新技术带来新的管理方式

莱卢提出，在未来，进化型组织会越来越多。我完全认同这一点。在我看来，其中的一大原因是技术的发展，它在过去推动了因循型组织和事功型组织的进步，如今越来越多地偏向于进化型组织。数字化社会需要的企业不仅能激励那些生活中充满多样选择的人，帮助人们在飞速变化的现实环境中迅速灵活地找到方向，还有能力调动大规模的协同力量，赢得值得赢得的战役：例如为了创造网络效应而打响的战役。

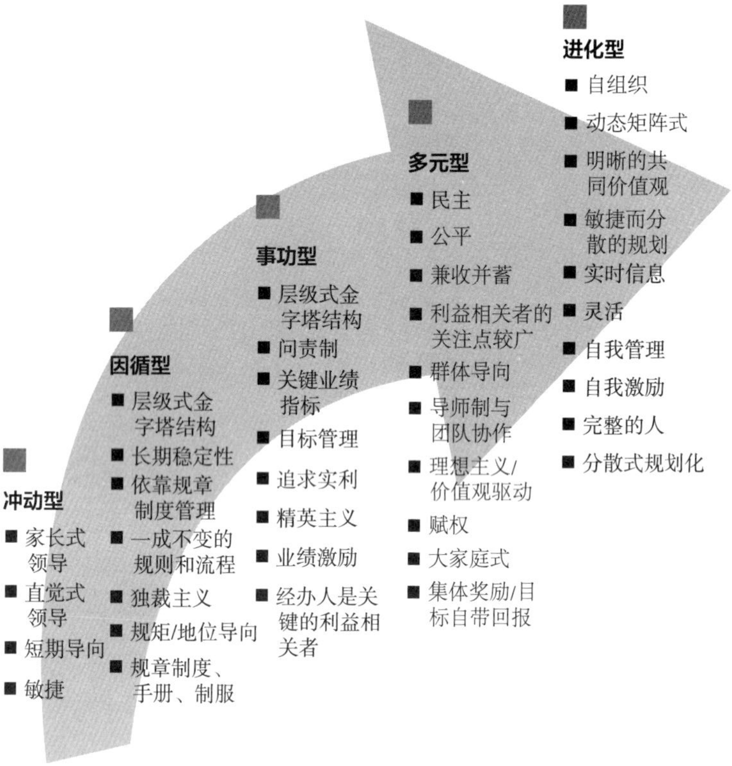

进化型
- 自组织
- 动态矩阵式
- 明晰的共同价值观
- 敏捷而分散的规划
- 实时信息
- 灵活
- 自我管理
- 自我激励
- 完整的人
- 分散式规划化

多元型
- 民主
- 公平
- 兼收并蓄
- 利益相关者的关注点较广
- 群体导向
- 导师制与团队协作
- 理想主义/价值观驱动
- 赋权
- 大家庭式
- 集体奖励/目标自带回报

事功型
- 层级式金字塔结构
- 问责制
- 关键业绩指标
- 目标管理
- 追求实利
- 精英主义
- 业绩激励
- 经办人是关键的利益相关者

因循型
- 层级式金字塔结构
- 长期稳定性
- 依靠规章制度管理
- 一成不变的规则和流程
- 独裁主义
- 规矩/地位导向
- 规章制度、手册、制服

冲动型
- 家长式领导
- 直觉式领导
- 短期导向
- 敏捷

图10-1 弗雷德里克·莱卢的五种组织类型

总体而言，在解决变革问题方面，小型企业比大型企业更有优势。因此，在变化的世界里，小型企业通常比大型企业表现得更好。近年来，人们对创业者高效工作的积极描述日益增加：一开始这种描述集中在较快的速度方面，后来主要集中在灵活性方面。他们的工作计划往往只是若干要点的罗列，这种列表也被称为"商业模式图"。创业者们还会制造非常简单的最小化产品原型，定期投入市场进行测试。有些原型的完善程度连最终产品的一半都未达到。创业者会根据市场的反馈定期、快速地改变商业模式图和产品。他们信奉的金科玉律是：不怕失败、快速向前。他们有时甚至会一再彻底改变工作计划,这被称为"转向"。也就是说,创业者就像一群职业足球运动员,他们管理项目的方式就像带球一样快速、熟练地绕过对方多名后卫,与队友灵活配合,最终目标是破门得分。这当然不需要操作手册,也不需要精确的计划,但是离不开高度的敏捷性,还要始终明确对方的球门在哪里。这就是行动中的高效的进化型组织。

新型信息范式:探寻—感知—分享

在快速变革的大环境里,人们需要新的洞察方式。在这方面,来自加拿大的哈罗德·贾什提出的个人知识管理(PKM)是一种很好的方法。它分为:(1)信息的探寻;(2)对信息的思考;(3)信息及相关思想的分享。这是个人知识管理最重要的特点。

"探寻"一词涵盖诸多活动,例如有针对性的互联网搜索、文献的检索、各种纸质及数字新闻渠道的订阅、书籍和期刊的阅读,在推特和领英等平台上关注恰当的人和组织等等。"思考信息"可以帮助人们确保优先级、应用部分素材,并对搜寻过程做出反馈。接下来是"信息及相关思想的分享",指的是调动已积累的知识和洞见中的最优部分。知识和洞见的分享可以就我们感兴趣的话题传达出良好信号。截至本书写作时,我在各种社交媒体上拥有大约3万名好友和粉丝。每当我发出自己感兴趣的话题时,我都能从网络中收到大量反馈信息、想法、介绍、创意和资源。这样一来,我的"探寻—感知—分享"过程就变成了一种创意循环,它能极好地匹配进化型工作方法。它也是整体信息发生方式的一部分:

45. 随着世界变得日益数字化，个人的信息收集会走向草根结构的、多点对多点式的交互循环，而不是金字塔结构的、一点对多点的传播。

什么应当保持不变？什么应当灵活处理？

在我看来，对于较成熟的大型组织而言，走向进化型管理风格的第一步是区分哪些工作应该灵活处理，哪些应该保持不变。首先，组织的价值观不应该变化无常，更不能含混不清。正因为世界是变化的，组织是不断演化的，所以更要确保组织所做的一切是反映其价值观的。这样做既非常困难，又非常重要。可以借用军队里的一个常见问题"我们为什么而战？"说明这一点。

这些规则会衍生出一种道德行为规范，这种规范会与组织的价值观结合在一起，形成坚实的基石。因此，它需要严密的设计及良好的宣传和贯彻。这在军队里被称为"交战规则"。

那么，"可变的"方面呢？在此之前，变化常常被限定在特定项目里，由特定学科来应对，这一学科被称为"变革管理"。它可能会利用周末，请组织的管理者们在远离办公室的地方商讨某个问题。例如"我们是否应该在某项工作中采用新型互联网技术？"等等。然而，从我们把变化看作例外到视变化为常态，势必给管理和理解变革的整体方式带来挑战。无论我们身处莱卢五种组织形式中的哪一种，这样的挑战都存在。那么，一家企业应当如何在提高自身敏捷性的同时更具自发的进化性呢？

答案是必须实现敏捷的制度化。它必须与日常工作方式融为一体。下面的例子说明了如何在企业中做到这一点。我把它称为"DII方法",即授权(delegation)、投入(involvement)和兼收并蓄(inclusion)。

授权——激活员工

从授权讲起:

- 把组织分为多个自主式小型团队,每支团队做到认识、责任和绩效的紧密结合。
- 转向任务控制型管理,清晰阐明需要达成的目标,灵活对待任务的完成方式。
- 组织内部的《龙潭虎穴》式创投活动。发动员工提出新创意、为新创意的预算展开竞争。
- 组织内部的创新竞赛。
- 允许员工把一部分工作时间用在自己的项目上。
- 准许"臭鼬工厂"式项目,即存在于组织标准程序以外的研发团队的存在。

再次强调,这些只不过是例子,可以说明如何在组织里激发主观能动性和责任感。它们并不是放之四海而皆准的,在有些地方甚至可能完全不适用。

说了这么多,有一个比喻可以更好地说明传统领导方式和此处描述的领导方式之间的区别,那就是十字路口的交通控制。传统管理就像红绿灯,驾驶者只要遵守信号灯的指示就够了,此外无须多想。更加现代的管理方式就像环岛。它通过行为准则来控制交通,让每一位驾驶者依据具体情景决定自身的行动。

投入——元组织的运用

第二个方面是更多地利用项目周围的环境。如何从元组织出发，做到这一点呢？下面是可供参考的例子。元组织是由与企业关系较松散的人们组成的、扩大化的团队：

- 建立各种类型的顾问委员会，例如由年轻人才、经验丰富的创业者或资深管理者组成的各类顾问委员会，由科学工作者组成的咨询委员会等。
- 组织会议，邀请代表新现象、长远潮流的代言人做报告。
- 在社交媒体上打造高水准的可见性，结交新朋友，吸引新想法。
- 建立与组织业务相关的数字论坛，或者通过其他方法把组织变成充满启发性流量、人才或创意的集散枢纽。
- 围绕自身核心技术，动员用户群体开发各项应用。为更多的协同合作敞开大门。
- 在用户、供应商或者其他人群中运用软件和快速测试方法，理解元组织的各项需求。
- 借助众包平台的力量，找到解决挑战的出路。
- 举办创新头脑风暴活动。
- 组织编程训练营、软件黑客马拉松等类似的活动。

兼收并蓄：为你的项目调用全球力量

我们已经看到了两种方法：（1）为员工授权；（2）善于运用元组织中的人的力量。第三种方法是融入外部世界：

- 建立企业孵化器或加速器。
- 成立企业风险投资基金。
- 与风险投资基金或者其他有经验的投资机构合作投资。
- 系统性并购本领域内的创新型组织。
- 系统复制商业模式：复制其他企业使用过的、行之有效的商业模式。
- 立足本企业的核心技术，打造自己的应用商店，就像苹果公司和三星公司为智能手机建立的应用商店一样。
- 与数字巨头企业签订合作协议。
- 有些合作伙伴需要以本企业核心技术为特征的各项应用，可以与它们建立体系化的合资企业。
- 运用开放式体系结构：也就是说，既销售本公司的产品，又销售其他公司的产品。
- 系统地建立衍生企业，把整个组织变成孵化器。

上面共有 25 个例子，它们都是让组织永远保持创意性与敏捷性的实用方法，即使管理者不事必躬亲也没关系。这种组织的内核是一支核心团队，类似于军队里的指挥部。它更像一支足球队的教练，而不是球员。还要牢记一点，只要组织的管理层成功地授权、保证员工的参与，并且把组织内外数不尽的个人纳入工作中，那么，整个组织的结构将不再是循规蹈矩的金字塔，而是会成为一张多维度的网络。也就是说，组织会实现网络式管理。

紧随网络式管理而来的是更加扁平的组织结构，它拥有大量的触角，这些触角会延伸到周围的环境中。这意味着，传统意义的管理控制及管理层权力常常不得不为之让路、放手，让数量众多的小型团队完成自己的工作。这些团队全部具备至关重要的"认识—责任—绩效"铁三角。一个实际的例子是由小型本地团队而不是位居企业中心的人力资源部门来负责招聘工作。前文提到过,弗雷德里克·莱卢曾经指出,在高度进化型组织里,职能部门几乎会消失。

一旦意识到自己无法在本领域中严格地通过指令规定做到什么、实际会发生什么,我们就会转向上述方法的落实,实现创新和敏捷在自身组织中的制度化。

我们终将接受这一铁证如山的事实:我们也许会肩负领导职责,但是,实际上,我们根本没有靠得住的规划。至少没有能在竞争进入白热化时一以贯之的计划。我们也许可以把价值观和行为准则刻在石碑上,但是,我们的商业计划也许更应该多向初创企业的商业计划学习。要做到这一点,就不得不虚心待人、做到倾听他人、主动放弃那些曾经行之有效,如今已然行不通的工作方式。还要发扬甘冒风险的精神,充满好奇心。实际上就是站在"照我说的办,我是领导我最懂"式领导风格的对面。我们看到,网络式领导的预先假设是"最懂"的不是个人,而是作为一个整体的网络。

基于算法的管理与人治型管理

接下来论述企业的自动化部分。斯塔福德·比尔在20世纪50年代提出的管理理论在这里具有特别重要的作用,因为它带来了自治概念,即我们熟知的"控制论"。控制论的要义在于调节机制,例如人体的各个组成部分会无意识运转(血液循环、呼吸、消化等等)。同样,通过物联网、大数据、机器人技术和人工智能的结合,企业的很大一部分有时也会完全"条件反射式"地运行,实际上,它很像一种内部的分布式自治组织。与此同时，我们可以通过标准化的仪表盘来监测企业的绩效。控制论主张把企业的一部分变成直觉式的。这个概念影响了很多管理理论学家和顾问，包括彼得·德鲁克和弗雷德蒙德·马利克等人。随着电子产业和其他产业的指数式发展，这个概念正在变得越来越重要。此外，大量的"赛博"（Cyber，即"与计算机与网络有关的"）概念不断涌现，例如赛博空间（Cyberspace，亦称"网络空间"）、网络安全（Cyber Security）、网吧（Cybercafé）、网络犯罪（Cybercrime）和网络战争（Cyberwar）等等，它们都是由控制论（Cybernetics）概念衍生而来的。

我们可以把企业的自主部分称为它们的"算法"。从这个意义来说，现代企业也许是由基于价值观的管理、网络式管理和控制论（或算法）组成的。

成为常事

总而言之，我们可以把下列各项结合起来，武装我们的业务，应对这个不断变化的世界：

- "探寻—感知—分享"回路：通过去中心化的互动创造信息和洞察力。
- 基于价值观的管理：对价值观及行为准则的精准认知，关于价值观和行为准则的高效沟通。
- 去同一性：员工越来越多地接受彼此的真实面目，这种接受是毫无保留的。
- 越来越高的容错度：接受每一位员工可能的失误，前提是他们和组织能从中受到教益。
- 网络式管理：授权、参与和兼收并蓄，裁撤职能部门。
- 业务画布式的计划：过分详细的计划会被更简单、更灵活多变的计划取代。信息的分享更加透明化、实时化。
- 控制论式的管理：以自动化为基础的各项职能，可以通过仪表盘实时监测，可以与物联网、大数据和人工智能结合。

一方面，企业的敏捷度和创造力会因此实现制度化。另一方面，管理者会有更多的时间投入自己擅长的领域里，即直觉式的、人性化的各个方面，包括愿望的管理、战略性/核心创新、对未来场景的评估、个人交易、团队建设、与外界的沟通以及确保企业的行为符合价值观要求等等。

在一个更经得起未来考验的组织里，团队之间会相互帮助，但它们更多地依靠独立决策。人们不再期望员工把自己的个性留在家里。我们会接受彼此的真实面目，无须隐藏个人立场和弱点。因此，人们不再需要用制服抹去个性。只要能学到教训，失误就是可以接受的。

这里的核心思想是，我们不需要为自己的生活或者公司的未来制订详尽无遗的计划。相反，它们的整个过程应该被视为一段不可预料的旅程。驱动我们和员工前进的是工作的热情和自身的能力。同时，我们还要持续不断地适应内部产生的想法和外部出现的变化。职能部门可能会彻底消失。计划变得极为简单、灵活，呈颗粒状。决策高度分散，同时保证信息的透明和实时化。总而言之，组织会变得更敏捷，它会与周遭世界密不可分地结合在一起。总体的方向是：

46. 随着全球创新速度的不断提升，主流企业的管理风格会走向莱卢的进化型组织，它的特征是自觉创新的制度化。

第 11 章
未来技术的政治影响力

技术的发展不仅为私营企业带来了新的管理形式，还在不同的时代影响着政治发展进程。只要想想工业革命的政治效应，就不难明白这一点。工业化带来了经济财富的空前增长，这为国家和国民带来了数不尽的积极影响。然而，新技术同时也形成了漫长的、令人费解的价值链。它们造成了日益增长的专业化分工，人们不再像从前一样熟悉彼此的生活和工作。

之所以提到这一点，当然是因为本书论述的技术及商业预测具有同样的政治影响力，我们必须把它纳入自己对未来的思考。本章专门论述这一点。

时常祸乱文明的三种社会规范模式

在正式论述其政治影响力之前，我想首先强调人类文明中长期存在的三种现象，我认为，它们会对未来几十年的政治发展产生极大影响。它们是：(1)卡普曼戏剧三角；(2)过度制度化；(3)优势道德本能的转变。

卡普曼戏剧三角

卡普曼戏剧三角与三种不同角色人群之间非理性的（时常是破坏性的）心理游戏有关：

- 迫害者：通常会隐藏自身弱点，施加过度的控制、批评、愤怒、羞辱、暴力、权威和傲慢等等。
- 受害者：通常终身陷于失败者的形象中。所有事情都是错的，习惯于依附他人。
- 拯救者：内心深处时常感到内疚、冷漠或软弱，希望不断代替他人甚至全世界成为挽救者，以此弥补内心深处的不安。拯救者会让所有人清楚地知道自己以此为使命。

想进入这个游戏的人会主动寻找他人，并把他人投射到三角形的缺失部分中。这是卡普曼戏剧三角的一大特点。比如，有些人想要扮演受害者的角色，他（她）们可能会因此寻找迫害者，而拯救者可能会寻找受害者。这种游戏的发起人通常是自诩拯救者的人，他（她）们会通过"美德信号"准确无误地展示自己拯救者的地位。他们会通过宣言、服饰和行动向外界清楚地表明，他（她）们才是正面人物，是好人；这当然意味着其他人不是好人。接下来，拯救者会找到受害者和迫害者。为了获得宽恕（尤其是当你作为迫害者时），你可能会把权力拱手交给拯救者，也可能为此投其所好。

这种现象的问题有很多，比如，它常常会妨碍人们对自己的生活负责、阻碍自发的双赢交易。

卡普曼戏剧三角的流毒极深极广，它构成了古往今来众多宗教的哲学基础。这些宗教通过自己的方式把世界分为虔诚的受害者、离经叛道的迫害者和循循善诱的拯救者三大部分。以中世纪为例，欧洲经历了无数场新教徒与天主教徒之间的战争和冲突，这些教徒毫无例外地把自己视为虔诚的受害者，认为自己活在对方的迫害中。就这样，前一种卡普曼戏剧三角巩固了后一种，后一种又反过来强化了前一种，冤冤相报，没完没了。

当然，随着基督教变得日益平和、冷战铁幕的落下，以及欧洲国家之间战争的结束，上述种种大多消失不见。自20世纪80年代起，它开始以更加极端的"生态法西斯主义"的面貌发展壮大。它试图从贪得无厌的人类手中拯救这个世界。到了距今更近的时期，迫害文化或者犯罪文化开始抬头。在这些文化中，各类人群把自己视为长期的受害者，他（她）们把这一切归咎于迫害者，期盼拯救者的帮助。

过度制度化

第二种文明形式通常极具破坏力和重复性，它就是过度制度化。这种现象导致的结果是，人们会越来越多地剥夺对方的洞察力、责任感和一致性，同时，越来越多的社会活动不再是通过自发的、双赢的交易形成的，而是变成强迫性的。我们需要特别注意两点。首先，过度制度化是一种自发现象，因循型组织很难消除过度制度化，因为这种组织的自然倾向是催生更多的制度化，而不是消除它。其次，过度制度化的力量极其强大，它不仅在历史上摧毁了数不尽的人类文明，而且成了私营企业里的常见现象。因此，作为因循型组织的现代企业会自动变得僵化、充满官僚主义，直到由于过度制度化而消亡为止。

与造成企业的失败相比，它在摧毁文明方面的危害更加严重。过度制度化是文明的杀手。实际上，人类学家、历史学家泰恩特和历史学家卡罗尔·奎格利都曾指出，过度制度化是摧毁大量人类文明的罪魁祸首。其中以奎格利的强调最为突出。

过度制度化常以宗教专制的面貌出现。我认为，在当今的世俗社会里，通向过度制度化的道路通常由以下几个阶段组成：

- 阶段1：最弱意义的国家。国家仅负责人民的安全。仅在集体方式成为显而易见的最佳方式时，国家才会介入处理实际事务。
- 阶段2：社会保障型国家。国家在更大程度上帮扶老弱病残和失业者。
- 阶段3：福利国家。国家还会帮助低收入群体，无论这些人是否对自己的糟糕境况负有部分责任。
- 阶段4：均贫富型国家。这种国家的新目标是通过财富的转移实现收入和繁荣的均衡。
- 阶段5：全民所有国家。国家对人民的一切负责。

在我看来，我们正在研究的未来5个发展阶段，势必遭遇过度制度化带来的挑战，这才是最重要的。

规范的崩溃与道德的沦丧

第三种影响未来的重要现象是人类优势道德本能的转变。社会心理学家乔纳森·海特在《正义之心》中描述了六种道德本能。在人类走出洞穴至今的几千年里，这些道德本能无一例外地发挥了至关重要的作用：

- 抵御外侮（最早是为了确保后代的生存）
- 公平（规避寄生者、支持包括贸易在内的合作）
- 忠诚（在困境中彼此支持）
- 信任权威（建立合作和工作中的指挥系统）

- 卫生（避免传染）
- 自由（去除约束性领导者）

我个人认为，对于我的多数家人和朋友来说，勤劳、坚忍和勇于冒险也是重要的道德本能，虽然它们并没有出现在海特的清单上。海特最具说服力的一种观点是，人类生来具有一些独特的本能，它们会在此后的人生中形成极为重要的影响，包括影响我们的政治态度。海特还进一步阐明，在现代社会，这些本能正在面临新的形势。对于人类远祖而言，这些新形势是陌生的。一个眼前的例子是，现代人是如何把忠诚的本能和对权威的信任投射到对球队的热爱中去的。实际上，在如今这个极度卫生的世界里，我们与生俱来的卫生本能常常会转变为一种对食物的歇斯底里。我们可能会突然认为自己正在被食物毒害，而它们实际上是健康无害的。或者套用卡普曼的说法，我们都是受害者，万恶的食品工业是迫害者，是善良的拯救者救了我们的命。于是，"排毒"成了新的流行词。人人都在"排毒"。

但是，道德本能不仅会把个人引入不合时宜的方向，还会为破坏性的群众运动推波助澜。比如，我认为，在上述海特的六种道德本能中，前五种很容易（实际上也常常）遭到滥用，成为卡普曼戏剧三角的推动力量：例如，不信教的人被看作"不洁"的人；例如，天生信任权威的人们匍匐在自封的"拯救者"的脚下，五体投地。实际上，这些所谓的拯救者不过是一些白日做梦的人和江湖骗子。

但是，如果一个社会长时间远离明显的威胁，那么其本能的相对优先次序确实可能发生变化。例如，统计表明，福利社会的铺展和规范的没落之间存在相关性。越来越好的福利服务为我们带来了日益沉重的税负，与此同时，每个人都会经常目睹职业道德的沦落。一旦工作的激励降低，有些人就会更少地工作，甚至试图完全不工作。你当然可以视之为人的自由选择，但是，如果这些人可以享有同等的社会公共服务（昂贵的公共服务），这就成了问题。不仅如此，如今越来越多的人想方设法获得公共资金，仅仅因为他们看到别人也在这样做。这同样会造成道德滑坡。这和腐败社会的问题有些相似，这种社会中的每个人都在腐败，因为别人在这样做。

每一位合格的历史学家都很清楚，这种现象自古就有。讲述美国第二位总统故事的电视剧《约翰·亚当斯》就是一个绝佳的例子。在这部电视剧中，亚当斯和本杰明·富兰克林拜访了路易十五极其奢靡的王宫。那里的男人们穿着女性化的服装，涂抹着一层又一层的脂粉，大肆挥霍民脂民膏，过着穷奢极欲的生活。与此形成鲜明对比的是，约翰·亚当斯是个平民出身的、脚踏实地的实干家。他要在自己的祖国建立一个最弱意义的国家。路易十五的堕落震惊了亚当斯。他就像一只跑进九柱戏游戏场地里的狗一样不受待见。

实际上，阿拉伯历史学家伊本·赫勒敦早就在他的著作《历史绪论》中描述过这种日益堕落的现象。他把王朝分为四个阶段：

- 第一个阶段：开国领导者，通过勤恳和节俭奠定价值观。
- 第二个阶段：较为高效的第二代领导者，见识过第一代领导者的工作，能理解主要的社会价值。
- 第三个阶段：较为低效的第三代领导者，主要依靠新近建立的、较为高效的传统，但是无法充分理解或者完全接受其背后的深层原因。因此效率较低。
- 第四个阶段：第四代领导者，完全不具备必要的德行，无法理解（也没有兴趣理解）价值观的建立，只会挥霍无度。

几代人以来，西方世界基本免于本土战争、瘟疫、霍乱和饥荒之苦。我认为，正是由于这个原因，西方主流的道德本能发生了急剧的转变。因此，关于价值观的建立和保护，很大一部分人的认识和兴趣出现了严重的退化。我们正在经历道德滑坡，它会让各个国家不足以自立、无力应对各种威胁，甚至无法维持前几代人创造的发展动能、保证经济增长。实际上，我认为，尽管这一现象非常明显，但是很多人被技术的指数级发展蒙蔽了双眼，对这一现象的恶化视而不见。最根本的威胁在于，我们可能与伊本·赫勒敦模型中描述的第四代人过于相似，我们正在肆无忌惮地挥霍着可信赖的人才。

47. 由于消极的自组织的影响，社会显现出了分崩离析的自然趋势，它们包括卡普曼戏剧三角、过度制度化和道德的沦丧。这三种趋势都是自然发生的，也是极难解决的。

应当注意到，这种分崩离析的样态不仅仅涉及财富与权力。在全球各地旅行时，我经常会对着较古老的建筑和艺术惊叹不已。它们是过去文化的见证者，尽管这些文化出自技术发展水平较低的阶段，但远比同一区域的现代文化精妙。无论身在何处，每当发现这一点时，我都会清楚地看到，该区域唯一取得进步的事物只有技术，但这些技术并不是由本地人开发的，而是从更先进的文明中引进的。我甚至怀疑，这种文化衰退唯一的共同原因是认识、责任和结果的过度分离。这种分离可能是卡普曼戏剧三角、过度制度化和道德沦丧的共同结果。

未来的福利社会——金字塔型国家还是灵活的应用商店?

在我看来,上述现象构成了对我们自身文明的整体威胁。对现代混合经济而言,它同样存在着比较具体的问题。借用弗雷德里克·莱卢的理论,现代公共部门主要属于因循型组织,由方法驱动,等级森严。我认为,毁灭这些组织的种子就埋藏在它们的内部。

第一颗种子是所谓的"鲍莫尔效应"。它是以美国经济学家威廉·鲍莫尔的名字命名的,也被称为"鲍莫尔成本病"。具体而言,如果某个行业每位员工的生产效率都有所提高,就可以顺理成章地、轻松地提高每个人的工资。但是,以弦乐四重奏乐团为例(它是鲍莫尔最喜欢的例子之一),在过去的几百年间,这种乐团的生产效率没有丝毫的提高。但是乐手照样和各行各业的人一样涨工资。这意味着,同其他产品相比,消费者会觉得这项服务变得越来越贵了。因此,如今职业古典音乐的生存离不开政府的大量补助。

弦乐四重奏乐团当然不是全球经济的重要因素。但是,严重的问题在于,全球的公共部门都在遭受同一个问题的困扰:与私营企业不同,公共部门不存在竞争压力,因此缺少创新和提高生产效率的动机。它们也不会奖励创新和生产效率的提高。另一方面,如果公共部门完全遵循市场化原则,那么一部分人肯定会因此失业。这造成的实际结果是,长久以来,公共部门几乎从未提高工作效率,我们因此感到公共部门越来越昂贵,它们在 GDP 中的占比因此越来越大,即使它们的服务质量没有丝毫提升。假设我们转而冻结公共部门在 GDP 中的占比,那么,在鲍莫尔效应的作用下,它们的服务质量甚至会变得更糟。

垄断式管理方式是造成公共部门工作效率增长率不高的一大原因，这也是莱卢因循型组织的典型特征。这意味着，正是通过法律和命令决定供应什么（甚至在零售层面供应什么）的人们决定着如何供应。也就是说，它是与"任务式指挥"相反的。

无论是在公共领域，还是在私营领域，方法式管理有时未尝不可。比如麦当劳采用的就是方法式管理，因为一致性在这里是非常重要的。但它同时也会带来大量的弊端，原因在于，当我们把责任从人们身上移走时，他们很容易变得不负责任。当我们拿走权力时，人们很容易感到无能为力。除此之外，方法式管理还会营造出一种不信任的氛围，因为它表现出来的是做出决策的人不信任做实际工作的人。它会叫停试验，所以方法式管理还会扼杀创新。

同样，经过长期累积，方法式管理会催生极其复杂的规则丛林，人们越来越找不到正确的方法。在此基础之上，行政管理的成本不断增长，正如莱卢指出的那样，其中的部分原因在于因循型组织会产生极为庞大的职能部门。最后还要注意到，方法式管理会把组织或社会固化在单一状态里，彻底阻碍它们追随常变常新的现实的脚步。换句话说，过分的方法式管理相当于过度制度化，技术进步的脚步越快，行动迟缓的方法式管理模式就会变得越没有希望。

鲍莫尔效应存在问题的另一个原因在于，总体而言，人们不会像管理自身财富一样负责任地管理他人的财富。公共领域中所谓的预算最大化模式就是一个例子。1971 年，大学教授、研究人员威廉·尼斯卡宁第一次科学地论述了这种模式。公务员通常会尽力增加本组织的预算，以便获得更多的下属、攫取更多的权力。这与私营企业大为不同，在私营企业里，管理者通常会降低成本、精兵简政、提高业绩，以此追求利润的最大化。

这就引出了曼瑟·奥尔森的非工作定律。大型官僚机构通常会建立数量众多的工作委员会和小组委员会，这些委员会的工作越来越迟缓，工作效率越来越低。它们工作的总体成果令人极度失望：

48. 公共机构会贪婪地攫取越来越多的社会财富，它们的工作效率却变得日益低下。

由于鲍莫尔成本病和规则崩溃的共同作用，现代福利国家的税负通常会稳步增加。我认为这本身就是一个严重的问题。实际上，前文提到过的伊本·赫勒敦曾经指出："我们都应该知道，当一个王朝初建时，它的税率通常很低，但是税收收入相当高。等到它走到末路时，它的税率通常极高，但是税收收入少得可怜。"过高的税负会带来有害影响，我可以通过下面这些显而易见的例子说明这一点：

- 它主要不利于创意型企业，因为许多艺术家、运动员、创业者的工作中充满了不确定性，他们的收入上下浮动极大。由于收入的不均衡，他们有时是纳税额最高的人，有时却深陷财务危机，甚至不得不求助于社会保险。这些财务危机很大程度上是由偶发的巨额税单造成的，因为他们没能在丰收年攒下足够的财富，用来应对接下来的歉收年。
- 过度税收会破坏劳动分工和就业。假如工匠史密斯要为房主布朗刷墙，假设他们都按50%的边际税率和25%的增值税来纳税，那么，如果要让布朗觉得这件事值得，并为史密斯的服务付钱，那么史密斯的手艺至少要比布朗好 5 倍（这太难了！）。假如边际税率增长到 70%，那么史密斯的手艺就要比布朗好 14 倍。这种现象逼迫许多人离开了劳动力市场，沦为依靠社会福利生活的人。

- 它会让更多的人逃避报税。税负越高，偷税漏税的诱惑力就越大。
- 它会造成更多的社会欺诈。不报税的人会寻求社会福利，以此证明自己确实没有正式工作。
- 它会造成人才流失。最有才华的、勇于冒险的、勤奋工作的专业人才会选择离开税收过高的国家。
- 它会减少人们的出行。过高的汽车使用税会压制人们外出工作的意愿，因为有些地区的公共交通很不方便。
- 它会引发非生产性储蓄。人们不愿把存款投资于需要纳税的生产性企业（股票）。因此，人们会把自己的收入隐藏到非生产对象（例如黄金、首饰或者房屋装修）中，税务部门很难追查到这些收入。如果所得来自未报税的工作或者犯罪，那么情况更是如此。
- 它会妨碍创新。如果创业成功的人要缴纳很高的税，冒险创业就会变得很不值得。
- 它会阻碍就业流动性。沉重的税负会迫使人们更多地储蓄。因此，人们不敢轻易跳槽或者换行业，更不要提创业了。
- 它会导致行政管理成本变高。税收的惩罚性越高，就需要投入越多的资源，用于管理、征收、优化和对偷税漏税的稽查惩治。

同时，由于行政管理的立足点保持在莱卢的因循型管理模式上不变，所以，长此以往，上述挑战的整体后果会让原本已有的紧张局面变得更加不可收拾。

还有一种威胁来自所谓的"福利联盟",其收入主要来自国家。这也有可能最终造成崩溃。(见图11-1)

如前所述,上述社会问题的总和说明了现代混合经济包藏着自我毁灭的祸根。卡普曼戏剧三角、迫害文化、过度制度化、紧随盛世而来的道德沦丧、鲍莫尔成本病、规范崩溃和极高的税负都会造成不断的相对衰退,最终造成绝对的恶化。这正是阿根廷在近100年以来的遭遇,也是常常在成功家族的第二代、第三代和第四代身上不断上演的故事。

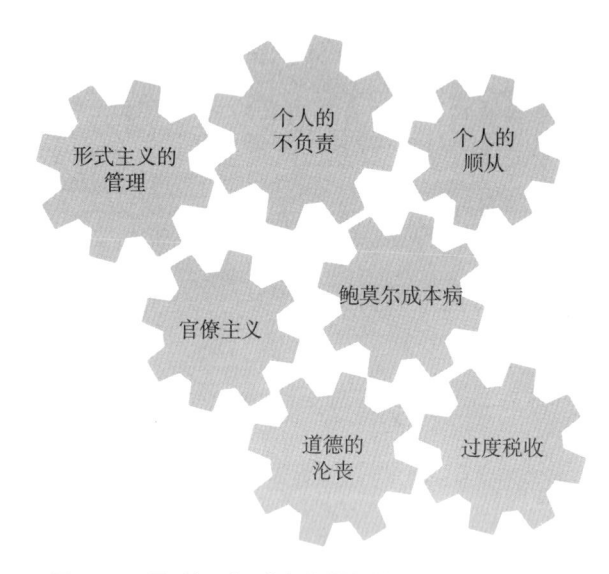

图11-1 导致福利国家长期增长较低或者停滞的力量

自上而下式的管理和草根发展的斗争

在我看来,在我们的社会中,在公权力集中、等级社会的支持者与去中心化基层社区的支持者之间,存在巨大的潜在矛盾。

层级模式对公共领域的统治由来已久。以我的祖国丹麦为例，直到20世纪70年代，国家的重要权力主体仍是数以千计的教区，接下来，绝大多数教区把权力转交给了市政府。随后，随着国家合并县市、建立大区的步伐，这些权力相应地一再合并。尽管如此，仍有越来越多的权力归入了议会，而议会又进一步把越来越多的权力转交给了欧盟、联合国和其他国际组织。也就是说，已被不断地从个人和本地社区转移出去，逐渐集中在越来越大的组织的顶层。代表和支持这一潮流的理论根据是"共同解决方案"和"和谐共处"的种种益处。

由此可见，公共领域主要是集中式的，它是莱卢因循型组织的天然倾向；而私有领域（主要依靠应用程序、众包、区块链、大型开放式网络课程、共享经济、点评经济、3D打印和分布式自治组织等）主要是分散式的（见图11-2）。就像我们在莱卢的事功型组织中看到的，分布式发展经常成为有利可图的机会；它也是多元型组织的关键，是正在涌现的进化型组织必不可少的。

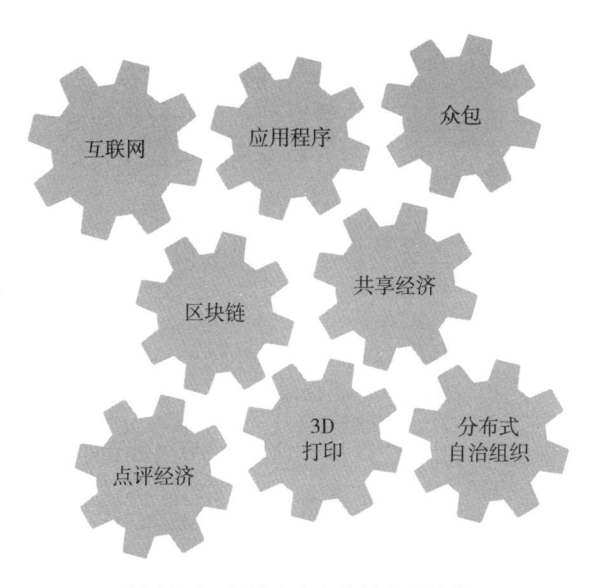

图11-2 促进去中心化的各项技术

这里需要理解的重点是，去中心化市场经济的核心是创新。它具有一种内在分类机制，它会根据吸引正确创业团队的能力，持续不断地筛选各种创意，说服像我一样的投资者，吸引和我们一样的商业用户。因此可以说，即使市场经济中的企业个体本身不是进化式的，市场经济总体也一定是进化式的。

如今的信息流动变得更加自由。这一事实同样支持上面的观点。传统媒体，例如书籍、广播和电视采用的都是自上而下的形式，它们会把信息从极少数人手里传播到广大人群中。然而，互联网让信息实现了向上流动、向下流动和横向流动。在草根模式的支持下，通过数百万个相互连接的"探寻—感知—分享"回路，信息实现了完全自由的、无拘束的流动。如此一来，信息的流动变为进化型，并因此动摇了因循型组织的基本假设：精英阶层比别人知道得更多。

如今来看，集权化与分权化辩论的起点也许是欧盟。两种根本不同的观点在这里冲突和交锋。德国和法国（尤其是法国，无论其国内的反对声音多高）都是集权的急先锋。它们认为欧盟必须实施集权式控制，就像罗马帝国一样，拥有共同的解决方案。与此相反，一些周边国家更多地支持欧洲自由贸易联盟（EFTA）。它们更倾向于成为自由自治的民族国家，实现自由贸易与政治多样化。这一矛盾还涉及因循型组织模式与进化型组织模式之间的冲突。

假如这种冲突最终没有以貌合神离的结合告终，那么它也许很有必要分裂为两种或者多种欧盟组成方式，从大规模的集权到小规模集权。如果不是这样，那么我的预测是，这场糟糕透顶的婚姻也许会变得难看至极，就像真正的婚姻常有的样子。

开放还是封闭？

我们早已注意到，抛开移民这一群体，富裕国家居民的生育率太低，不足以维持人口的稳定。与此同时，中东地区和非洲大部分地区出现了人口大规模增长的前景。这当然会成为形成大规模移民潮的一个原因，同时也会让很多国家限制移民。这样做的一大理论依据是，如果保持边境开放，为进入这些国家的每个人提供福利，这些福利国家就会很快破产。反过来看，他们中的很多人在劳动力市场上发挥着极其重要的作用，因此，抑制移民可能会付出极高的代价。确实如此，全球最富有创新性、经济运转良好的地区几乎都拥有比例极高的国际人口。

在这种情况下，我认为世界各国（例如欧盟国家）会逐渐采取有条件地开放边境的模式，这些条件可能是移民必须能自食其力、遵纪守法等等。这正是瑞士的基本模式。瑞士不仅采取偏向进化的社会模式，还是全球国际化程度最高的国家之一。同时，瑞士在防止移民耗尽公共资金、防止人们依靠犯罪手段谋生方面表现得相当优异。可以想象，这种"智能开放"会在未来发挥日益重要的作用。

公共管理中的信息问题

社会公众广阔的总体知识与国家精英相对有限的眼界之间的差异日益增大，公共管理因此越来越多地变成了一种信息问题。我们可以负责任地说，石器时代的部落首领也许掌握了部落成员整体知识的绝大部分，但这样的情况当然不适用于高度发达的现代社会，因为后者的劳动分工已经发展到了极其细致的程度。而且二者的规模也无法比较。

首先提出这一中心主题的两位学者是奥地利经济学家路德维希·冯·米塞斯和哈耶克。在他们提出这个问题时，这个问题远比现在小得多。他们都论述了信息是如何在社会中流传的。每一天，每一个人（教师、工匠、商人、研究人员和所有其他人）都在自己所处的环境里收集和处理信息。即使某位精英想在层级模式下控制所有人的行为，他也无法处理全社会的知识和见解的总体，连万分之一都做不到。因此，按照最乐观的估计，假设这位精英掌握总体知识的0.1%，那么，他凭什么指导掌握其余99.9%的知识的人们，如何处理生活中大大小小的事情？

这根本做不到。所以，去中心化的系统往往能得到最好的结果。长期而论，去中心化的系统拥有更好的发展前景，因为它们会开展更多的试验和竞争；同时，由于"认识—责任—成果"在去中心化体系中得到了更好的统一，因此，它们能在更大的范围里激励人。无独有偶，纳西姆·塔勒布也在他的著作《非对称风险》中精彩地论述了这一点。这本书的主要观点是，假如人们无须对自身决策的结果承担个人责任，那么他们根本不应当做出这些决策。因此，我冒昧地用塔勒布的名字为本书倒数第二个超级趋势命名。

49. 长期来看，把认识、责任和成果结合得最紧密的体系通常有最好的表现。（塔勒布定律）

等到客户端/服务器式计算流行时，它的表现会超越许多企业，因为这些组织还处在主从式计算模式当中。这样的情况同样发生在随之而来的每一种计算模式里。去中心化职能与信息的强大哲学构成了近年来计算范式（例如客户端/服务器式计算和后来的个人计算等等）的基础，这样的情况还会继续延续下去。但是，在我看来，真正惊人的现象是各国依旧把因循型组织作为自身行为的基础，而这种组织模式不仅代表着使用大型主机的主从式计算模式，而且会不断地如此延续下去。因此，我的部分预判是，未来的权力和财富会越来越多地集中到一部分国家手里，这些国家是最懂得如何从主从式社会模式转变为个人式网络边缘云系统的国家，这些系统会分散为数不尽的、审慎的、符合逻辑的主体，每一个这样的主体都能把自身的认识、责任和结构很好地统一起来，成为符合塔勒布定律的主体。也就是说，哪些国家能够走出因循型组织，迈向事功型、多元型组织，并且最终成为进化型组织，哪些国家就能主导未来。

莱卢把冲动型组织比作狼群，把因循型组织比作军队（需要补充说明的是，这里指尚未实现"任务型指挥"的军队），把事功型组织比作机器，把多元型组织比作家庭，把进化型组织比作活体生物。

是的，活体生物。从这个角度来看，我们会发现一个有趣的现象：塔勒布定律同样适用于自然界。想想大自然的组织方式，就能明白这一点：它是由无数个小型的、理性的、自治型的细胞组成的，这些细胞会通过自身的化学算法做出有利的决策。比如，人体是由几十亿个细胞组成的，它们会共同组成各种器官。每个细胞都属于一定的器官，这些器官的编码帮助它们实现物质交换，决定什么物质进，什么物质出；它还会帮助细胞对外界的刺激做出符合逻辑的反应。再没有哪个学科能比生物学更具有进化性，因此，生物学在很大程度上立足于边缘计算。而我们在市场经济社会中，在类似于物联网的各类技术中，或者在类似于共享经济的商业模式（当然还有进化型组织）中，向大自然学习的正是这种有机的、去中心化的原则。换言之，大自然从一开始就向我们展示了这一原理，而我们直到现在才看到它们在电子生态系统中的熟练应用，看到它们越来越多地被用于私营商业模式中。

这也是各个国家需要学习的。所以，在未来的公共管理领域，我们必须更多地追求进化型、黑客友好型社会。这种社会是由更小型的自治主体构成的，每一个主体都可以被开放平台上的其他主体轻松替代。在这里，财富会在更大程度上追随公民的脚步，而公民会在政府支持的"应用商店"中自由选择供应商。我们可以通过提供一定数量的加密货币做到这一点。这些加密货币只能用于专门目的，例如教育。经济学家最初把这样的现象称为"代币经济"，我认为这个名词更贴切。

罗马帝国

如此说来，我会对这一点做出怎样的预测？我不得不遗憾地说，在由因循型模式转变为更敏捷的模式的过程中，各个国家，尤其是规模较大的国家的表现会极不尽如人意。那些勉强做到这一点的国家会像磁石一样吸引最有活力的人群和以增长为导向的、盈利的企业。进化型国家的形成也许是我们社会中最少被开发的机会之一。

罗马帝国的衰落和随后发生的历史也许可以成为现实案例，很好地说明我们如今正在经历什么。西罗马帝国于公元476年灭亡。它从到达鼎盛的巅峰到被日耳曼部落推翻，只用了71年的时间。在此后500年左右的时间里，几千个城邦国家出现在一条带状地区里，它从今天的意大利北部开始，覆盖瑞士、德国、法国东部、比利时、荷兰、卢森堡，以及北欧的部分地区。正如前文所述，这些城邦国家见证了创意的蓬勃发展，这种分散式的、无中心的结构支持居民移居到机会最好的地方。关于这一时期移民的一项重要分析来自美国国家经济研究局（NBER），它得出了这样的结论：

按照西欧城市从 1000 年到 1800 年的发展速度来衡量，专制君主国家妨碍了工商业的发展。与非专制君主统治地区相比，专制君主统治地区的城市总人口每 100 年缩减 10 万人。其中的原因也许是收入最大化的专制政府较高的税率。相对而言，非专制政府的税率较低，它们更加关注总体的经济繁荣，较少关注国家的收入。（朗和施莱费尔，1993）

这正是我们正在目睹的事实，我认为这只会愈演愈烈。因此，西方世界即将亲身体验的政治也许会让人一方面想起西罗马帝国的最后时光，另一方面想到创新，以及无数小型城邦国家里的人们随后是怎样用脚投票的。

平台型政府：小政府、大服务

缓解系统性政治危机的方法之一是寻求建立平台型政府。

在这里，智能手机可以成为一个有用的例子，供我们参考。它们带来了数以百万计的应用程序。这些应用程序都通过了测试，能够满足特定的法律、安全和质量要求，但是它们都是在外部开发完成的。也就是说，智能手机厂商通过众包的形式完成了绝大部分的服务，并由用户来完成最终的评判。它用极具竞争力的价格创造了各种各样的服务（其中有很多服务甚至是免费的），推动了不可思议的创新。

它的前提是智能手机厂商开放应用程序接口，这意味着定义完备的软件界面和外部软件的轻松整合。同样，我们可以想象到，在平台型政府模式中，公共数据和服务是高度公开的，个人可以在这些数据和服务的基础上创造出各种各样的延展和插件等等。

远不止这些。想象一下，一个国家提出："我们为全体国民提供各类服务，例如教育和医疗保险等等，费用由国家税收来承担。我们会确保这些服务符合相关政策法规的要求。公民可以自由选择自己的服务供应者。"

这是对平台型政府的简单描述。它会抛弃方法式管理的垄断，推动竞争和选择，进而产生创新、促进生产力的提高。在这样的系统里，众多本地单位会更紧密地把认识、责任和结果结合起来。这会在一定程度上推动主从式的、使用大型主机的计算向联网的边缘计算转变。这会减少服务提供者满足公共领域方法式管理体系各种要求的时间，使之更多地关注自己的客户。

但是，客户会如何选择呢？客户会通过自发的点评系统做出选择。除此之外，国家可能还会要求公共平台上的所有服务提供者披露某些信息，例如学校的平均得分、诊所的现有候诊时间等等。智能手机厂商和其他现代企业几乎全部建立了在线仪表盘，它们会实时显示最重要的目标数字，例如销售额、投诉数量、收入情况、数据流等等。也就是说，要让人精确地知道，就在此时此地，问题出在哪里。如果公共服务的提供者是私营企业或者自治型企业，那么顾客必须在此时此地知道问题出在哪里。

公共服务的另一发展也许是越来越多的审批流程通过智能手机应用程序和网站在线预约。它们能立即回复大部分问题，就像人们可以在几秒钟之内通过亚马逊等私营服务供应商获得订单确认和预计送达时间一样。

如果国家成为服务提供者,那么它同样可以提供案件处理的实时追踪服务。这与私营物流企业提供包裹实时运送信息很相似。我们可以通过这些企业的系统随时追踪自己包裹的位置。它和优步也很相似,我们可以在手机上实时查看预订车辆的位置、预计到达时间等等。

不仅如此,这种实时反馈不仅对用户和公民有用,还对提供者本身有利。政治家和公共管理者会看到,在这些在线实时仪表盘的帮助下,他们的系统会变得多么高效。而且,在出现问题时,每个人都能清楚地看到,应当由谁来承担责任。

吸引力日益增长的基本收入

技术发展带来的另一面也许是人们对基本收入越来越多的争论。如前所述,我个人并不过分担心新技术会造成大规模失业,但是,这一情况很有可能发生在西方福利国家。如果按照目前的形势发展下去,那么这些国家可能遭遇重大问题。首先,经验表明,福利国家的管理成本会高得出奇,它会形成控制型社会体制。国家及公民的合并福利成本,加上与机制相关的成本,会占税收收入的20%~25%。其次,福利国家可能一直困在无所作为的圈套里,因为即使是一丝一毫的工作意愿或能力都可能让人们丧失已有福利;这种关系最终会吸引一些人长期扮演被供养的角色,类似卡普曼戏剧三角中那些没完没了的"受害者"。这也是为什么很多国家会选择用基本收入来代替各种传统的福利制度。

实际上,有些国家已经开展了关于这方面的试验,并取得了一定程度的成功。鲁特格尔·布雷格曼就在《现实主义者的乌托邦》一书中描述过这样的尝试。

引入基本收入的成功标准必须是：一方面，这样的制度只能确保相当有限的日常生活；另一方面，任何工作实际上都是有价值的。只有这样，基本收入才不会变得毫无必要、消极被动。

还有一点很有趣，基本收入的支持者遍及所有政治派别。同样出于这个原因，我认为，各国都有可能反复开展关于基本收入的试验，找到有效的模式。如果你问我，我对这样的项目最大的担忧是什么，那就是它可能会让一部分人变成"屏幕僵尸"，他们会整天沉迷在数字世界里，与现实生活完全脱节。

基于价值观的公共管理——好事还是坏事？

前文阐述过，在动荡不安的未来，私营企业会前所未有地需要建立和表达明确的价值观。对一家企业而言，基于价值观的管理不仅意味着雇用志同道合的人才，还意味着那是我们想要通过努力达到的目标。

但是，这适用于未来的国家吗？在这种情况下，答案并不是非黑即白的。每个国家都会通过宪法阐明一整套基本的价值观，我相信，绝大多数国家里的绝大多数人都是支持本国宪法的。但是，大量的移民意味着，比例越来越高的人移居到了新的国家，而这些国家宪法中的价值观原本并非他们最初接受的价值观，甚至在有些时候，移民会直接反对这些价值观。

根本问题在于，只要一个国家的国民压倒性地支持这些价值观，我们的公共管理就只能立足于此，而这离不开一定程度的内部同质性。顺便提一句，在经典著作《无政府、国家和乌托邦》的最后一章里，哲学家罗伯特·诺奇克非常精彩地阐述了这个问题。如果一个国家过于庞大，或者变得过于庞大，或者文化过于多元分散，以至无法形成基本统一的价值观，这个国家的管理就必须从实际出发并做出改变。因为，如果大部分国民不认同国家追求的价值观，我们就会失去宝贵的信任和团结。出现过这一问题的国家不止一个。

技术的发展如何对公共管理和行政管理提出了种种挑战？它又如何带来新的机遇？如果非要对此做出总结，那么它必将是逐步减少因循型组织模式的使用，避免庞大的立法丛林和罔顾现实的领导者，建立一种融合事功型组织、多元型组织和进化型组织等多种形式的新型组织。这里的关键词是"平台型政府"，也许还应该包括"基本收入"。

第 12 章

最后一点

行文至此，本书即将结束。请问，您有没有发现某些共同特征？上述种种各不相同的主题能不能形成一个统领全局的结论？我会试着在本章的最后回答这个问题。在此之前，我先强调几个最重要的观点。

创新是没有止境的。正如齐曼定律指出的，人类的科学活动每隔15年就会翻一番，每个世纪增长100倍。只要计算机能以更快的速度处理越来越多的任务，这一趋势似乎就会永不停歇地延续下去。除此之外，因为创新实质上是业已存在的事物的重新组合，所以，过去发展得越好，未来就越有可能创造出更多新事物。正因如此，无论从哪个方面来说，创新都是没有止境的。唯一能限制它的是广泛存在的物理定律和社会对自由思想的宽容程度。虽然市场对许多新型核心技术的第一反应往往不尽如人意，但是人们会逐渐找到新的商业模式和用途，它们会触发无穷无尽的、新的商业机会和技术。

在这一方面，人类拥有许多指数增长和超指数增长的技术。越来越多的技术表现出了指数级或超指数级增长。比如DNA测序与合成、物联网设备的全球增长、海量数字数据的产生与存储、可用带宽的数量和速度、全球OLED屏幕的区域产量、可用无线频段的数量以及LED、电池和硬盘的性能等等。尽管我在本书罗列了许多这方面的突破，但是在现实生活中，这样的例子数不胜数。尤其是，当一种新技术领域从模拟阶段跨越到数字阶段时，创新的速度和性能的提升往往会由线性增长变为指数级增长。还会有更多的指数级增长现象不断涌现。顺便提一句，这种令人欣喜的进步有很多，远远超出了官方GDP统计所能囊括和反映的范围。

最彻底的变革是人类拥有了生物编码能力。近年来，人类掌握了为生命编码的能力，并达到了极高的精确度。有了这项技术，人类就可以清除现有的物种（物种清除），让已经灭绝的物种重现人间（反灭绝），改变现有物种的面貌，批量创造新的物种等等。我们还能对自身物种进行再编码，我认为人类毫无疑问会这样做。人类还会越来越多地为细胞编码，就像我们为服务于人类的机器人编码那样，让它们更好地、更奇妙地为我们服务。简言之，人类成了新的程序员，而大自然就是我们的新型计算机。

人工智能和量子计算机会带来递归式超级智能。计算机在越来越多的领域，包括越来越多涉及直觉的领域，胜过人类。在这里，人工智能发挥了巨大作用。不仅如此，量子计算机领域也取得了突破，对某些种类的计算而言，量子计算机要比如今最快的超级计算机快几十亿倍。这一切都意味着广阔的应用空间，这种计算机可能的最大用途在于，它们可能会在建立科学假设和编写软件方面表现得越来越突出，甚至很快就会超过人类。它们会推动和促进极为成功的科学发现出现和技术创新。

传感器和互联网会变得无处不在。这是此前从未出现的盛况，物联网会帮助人类为这个世界的无机部分配备人工神经纤维、器官和微型大脑。如此一来，海量的日常生活中的事物将拥有昆虫般的能力，有时，它们的样子都很像昆虫。也就是说，人类会创造出完全非生物式的生态系统，这种系统的整体智能和能力会不断扩张。与生物界的生态系统不同，人类会借助大数据和人工智能持续不断地分析这些系统。这必然会让整个世界变得更智能，但同时也会让世界变得没那么私密。

资源将永不穷尽。创新才是人类的终极资源，它永远不会被耗尽，只会以指数形式不断演进。几百年以来，关于人类耗尽自然资源的担忧只是永远不会成真的恐怖故事。实际上，在过去的200年间，所有主要商品的真实价格不断地大幅下降，这是以下几方面创新的结果：（1）合成化；（2）集约化；（3）虚拟化；（4）循环再利用；（5）共享经济；（6）替代化。最奇妙的是，因为创新是人类的终极资源，所以地球上的人越多，创新的速度就会越快，人均富足程度就会越高。在未来，这种日益提高的富足可能体现在新型超级材料、智能基因工程、新型核能（包括可能的钍的使用和核聚变等）、人造肉、垂直农业等许多方面。

环境问题不会通过"轻环保主义"或者"黑暗环保主义"解决，而是通过"光明环保主义"（发展、财富与创新）解决。经验告诉我们，更智能的新技术几乎无一例外地结束了在环境方面不可持续的做法，而且这些技术大多是在最富裕的国家里开发并率先应用的。除此之外，财富的增长是最有效的生育控制手段。因此，我们不能通过限制发展、财富增长或者消费的方式来解决环境挑战。恰恰相反，前进的道路存在于更多的发展、财富和创新当中。幸运的是，我们已经掌握大量的、卓越的技术，可以解决环境问题的挑战，它们或者已经得到应用，或者正在开发过程中。

  劳动力市场正在反转马斯洛的需求层次。处于马斯洛需求层次最底层的需求正在越来越多地通过机器、机器人和计算机来满足。与此同时，人类劳动越来越多地集中在马斯洛需求层次中较高层次的产品和服务生产当中，这些产品和服务包括剧院式的体验经济、辅助式的自助服务、超越式体验，以及为爱好而做事，例如创业、自己动手和创客活动等等。

  数字化不仅与比特和字节有关，还与新型粒状市场和灵活多变的生活方式有关。数字化支持实时数据流，后者带来的必要信息可以把市场分解成更小的、可交易的单位，就像我们在众包和共享经济中看到的那样。这可能涉及劳动力、数据存储、软件使用、电力等许多产品和服务的粒状市场。这种产品和服务的粒状单位被置于云端，随时可被使用。它们的价格会实时波动，这主要取决于点评和公开透明的竞争。这种基于点评的云端粒状产品和服务的交易，无论其规模庞大、较小还是微不足道，都为市场经济带来了意义重大的提高和改善，它们同时还可以消除通货膨胀。除此之外，在劳动力市场上，这些趋势带来了灵活的零工经济的增长。越来越多的身在其中的人不再局限于固定的工作场所、上下班时间、假期，甚至没有固定的退休年龄。与此相反，人们更愿意在工作、休闲和学习的流动组合中度过自己的成年岁月，甚至永远不退休。

  新技术激发新的组织形式。正如主流计算机从主从式结构向客户端/服务器结构转变，并带来联网的边缘计算一样，新技术同样会推动主流管理风格走向分布式、自治式、网络式组织，或者像弗雷德里克·莱卢说的那样，变成"进化型组织"。共享经济和点评经济在这方面发挥着不可或缺的作用，它们会继续以爆炸式的速度不断发展。也就是说，我们讨论的不是智能物体，而是智能生态系统，这种系统中的人和机器之间会通过新的、更好的方式完成交易。但是对公共管理领域而言，其主流管理方式将长期停留在层级式的因循型组织模式当中。这势必引发矛盾和问题。

人类会获得更激动人心的体验。有些新体验可能来自新型计算机游戏和与之关系密切的电子竞技、新型媒体和类似于虚拟及环境计算的事物，它们都是来自电子领域的新体验。此外，目前还产生了令人着迷的新型混合体验，它们会丰富人类的所有感官、激发我们的感受，更不用提增强现实中新的实境体验与电子体验的组合了。这样的体验非常精彩、令人着迷。

在此过程中，各种各样令人惊讶的事物层出不穷。我们可以比较肯定地预知其中的一部分，其余部分只能依靠推测，还有一部分会像变戏法一样横空出世。可能的例子包括核聚变、量子计算机、人造肉、超级智能、退激、癌症疫苗以及各种延年益寿的技术等等。我们也必须对意料之外的事物有所准备。比如，你可曾想到区块链会这样出现？我认为你可能没想到过。比如，在人类发明疫苗和麻醉术之前，有多少人预测了它们的出现？恐怕很少。

未来的挑战主要依靠未来的科技来解决。这要依靠未来的重要创新。我们一定会发现这样一种普遍存在的假设：未来的挑战需要通过今天的技术来解决。这个假设通常是错的。比如，我认为，在接下来的 100 年里，人类会获得极大数量的、较清洁的能源。这是显而易见的。但是，这些能源中的大多数是不是来自太阳能电池板和风力涡轮发电机？实际上并非如此。我认为，它的主要来源也许是如今尚未发挥作用的某种事物。

总体来说，未来极其光明。我的看法很明确：未来一定好于现在。就像现在好于过去一样。这就是本书总结的第 50 个超级趋势，也是最后一个、最关键的超级趋势：

50. 总体来说，明天会更好。

你觉得呢？

后　记

本书末尾只列出了少量参考文献，详细的目录已上传到我个人网站（www.larstvede.com）中的"逃不开的大势"专栏。其中的大部分链接可以直接点击跳转，方便读者查阅相关信息。此外还请注意一点，关于本书述及的很多话题，新的信息和成果仍在不断涌现，因此，建议感兴趣的读者多多搜索、深入了解。

如何让自己保持信息灵通？关于这一点，我要在这里特别提到一些作家。他们为我带来了极其重要的启发。

我每年会读完（或听完）30～50本书（或有声书），出差旅行时读得比较多。我喜欢在开车时听有声书，喜欢在乘坐飞机或者夏日出海时阅读纸质书。为我带来特别启发的作家有：戴维·多伊奇、克雷格·文特尔、尼古拉斯·韦德、斯图尔特·布兰德、乔纳森·海特、托马斯·索维尔、纳西姆·塔勒布、斯蒂芬·平克、比约恩·隆贝格、尼尔·弗格森、马特·里德利、查尔斯·默里、理查德·道金斯和保罗·科利尔。此外还有很多。

我喜欢在线购书，因为这样能让亚马逊慢慢了解我的喜好、为我推荐更多更好的书。在长达20年的时间里，我不断地大量使用这一服务，因此，亚马逊的算法已经相当了解我的喜好，它知道什么书能让拉斯·特维德高兴得手舞足蹈！

我还会从各大银行收集大量的分析材料。通常情况下，这些材料的质量极高。我从18岁开始订阅《经济学人》杂志，我还喜欢通过红板报获取信息。我不会花时间阅读"爆炸新闻"，我更喜欢阅读背景信息和分析文章。

我也是一位通过社交媒体阅读、分享和探讨信息的活跃用户。这与前文提到的哈罗德·贾什的个人知识管理原则不谋而合。我使用最多的平台是脸书、领英和推特，同时还有另外6个平台。我的经验证明，贾什的理论是完全正确的。只要在社交媒体上分享自己感兴趣的话题和想法，我们就一定能收获大量的启示，尤其是像我这样拥有3万多名好友和粉丝，同时关注了很多人的用户。这些平台上的多数人偶尔也会分享一些个人信息或者非专业资料，仅供娱乐。我有时也会这样做。

主动发起活动是个不错的主意，尤其是在领英和推特上。你可以关注那些在专业上对你有所启发的人，随后，平台算法会定期为你推荐同一类型或水平的其他活动。从这里开始，你就可以得心应手地使用这些平台了。

提到信息，我想分享的最后一点（但并非最不重要的一点）是，正如贾什指出的，我们都应当花些时间进行深度反思。办公室并不是我的最佳选择，我会在运动或者驾船出海时反思，你同样可以随心所欲地选择适合自己的时机。

最后，总体而言，大多数人的关系网中都存在给予者和索取者。我指的并不是他们会不会请你吃晚饭或者抢着买单，我指的是，你在和他们交谈时能不能获得积极向上的东西。比如，当你提出一个想法时，他们能不能提出对应的想法，推动事情前进？他们会不会帮助你结识与自己熟悉的、与你们的谈话关系密切的人？能做到这一点的朋友就是启迪心智的，是应该结交的。灵感和知识及理解力一样，它也是我们在应对疯狂的未来时不可或缺的。有了知识，我们就可以在不断变化的世界里取得非凡的成就；相反，如果没有知识，我们就容易遭受意外的打击，感到畏惧和彷徨。

致　谢

本书的资料来源较多，总篇幅长达 60 页。因此，我和 Wiley 出版社决定把出处列表放在相关网站（www.larstvede.com）上。读者不仅可以前往查阅，还可以点击链接，做更深一步的探究。因此，本书末尾仅列出了少量参考文献。

在本书写作的过程中，我得到了很多人的帮助，这是之前几乎没出现过的情况。我对给予帮助的人充满了由衷的感激。尽管如此，无论从哪个方面来说，给予支持和启发的人都无须对本书的内容负责。因为，在整个写作过程中，最终落笔的人是我。为本书的写作提供帮助的人包括：

延斯·乌尔里克·汉森：未来学家、资深管理顾问。延斯帮助很多大型企业设计过工作方法，应对飞速变革的时代。延斯对本书的帮助非常大，这主要体现在企业对变革的应对方面，尤其是企业如何打造灵活的、充满创造力的组织，免于在混乱中走向终结。

约恩·拉森：瑞士软件企业 Trifork 的创始人兼首席执行官。这家公司约有 800 名员工。除了为全球客户开发软件解决方案，Trifork 每年还会组织大约 50 场关于未来科技的会议。它共有大约100家衍生企业，其中大多集中于软件行业。我还和延斯、约恩以及Trifork合作打造了名为"逃不开的大势"的应用程序和网站（supertrends.com）。

尼克拉斯·布兰伯格：尼克拉斯是丹麦高中历史上平均成绩最高纪录的保持者。他和拉尔斯·霍斯比尔共同撰写了畅销书《尖子生》(*Topstudent*)。尼克拉斯最近获得哥本哈根大学分子生物医学专业学士学位。他关于抗衰老的最新著作即将面世。

拉尔斯·霍斯比尔："青年委员会"委员、畅销书《尖子生》的合著者。拉尔斯拥有哥本哈根商学院学士学位，毕业于"全球商业环境进修"（GLOBE）精英班。他目前专注于商业分析领域的研究工作，是人工智能和大数据方面的专家。拉尔斯还运营着两个播客："地产投资者"（*Ejendomsinvestoren*）和"未来工厂"（*Fremtidsfabrikken*）。

卡尔·伊弗·达尔·马森：工程师、哥本哈根未来研究所原副董事长，曾担任丹麦技术大学代表委员会委员。卡尔精通数学建模和水产行业。他运用开放客观的思维分析问题的能力令人钦佩。

苏涅·阿加德：文学硕士（历史与新闻学）。感谢丹麦外交大臣安诺斯·萨穆埃尔森介绍我们认识。苏涅供职于丹麦的国家级报社《柏森日报》，并担任国内党派自由联盟的主任和宣传部长。

埃斯克·格鲁普："青年委员会"委员。埃斯克目前就读于哥本哈根商学院的精英班GLOBAL SCLM（全球供应链与物流管理）。他和拉尔斯·霍斯比尔共同运营着播客"未来工厂"。他们为此采访过众多创业者和投资者，探讨初创环境的发展趋势和未来技术。埃斯克最近加入了麦肯锡公司。

安德烈亚斯·法鲁普："青年委员会"委员。他早在高中时就赢得了安永青年人才大赛，随后在哥本哈根大学研究工业4.0和数字化项目。安德烈亚斯目前就读于哥本哈根商学院，主修国际商务。与他合作过的企业有IBM、巴克莱银行、彭博、高盛和普华永道等。

  再次由衷地感谢诸位对本书做出的贡献。我们都会在人生的长路上收获大量知识。我深知，你们对此充满热情。

参考文献

Beckerman, W. (1996) *Through Green-Colored Glasses: Environmentalism Reconsidered.* CATO Institute.

Booker, C. and North, R. (2009) *Scared to Death: From BSE to Global Warming: Why Scares are Costing Us the Earth.* Continuum International Publishing Group Ltd.

Brand, S. (2009) *Whole Earth Discipline: An Ecopragmatist Manifesto.* Viking Books.

Bregman, R. (2017) *Utopia for Realists: And How We Can Get There.* Bloomsbury Publishing.

Buckminster Fuller, R. (1981) *Critical Path.* St Martin's Press.

Collier, P. (2007) *The Bottom Billion: Why the Poorest Countries are Failing and What Can be Done About It.* Oxford University Press.

Deutsch, D. (2011) *The Beginning of Infinity.* Viking Books.

Ehrlich, Paul R. (1968) *The Population Bomb.* Ballantine Books.

Ehrlich, Paul R. (1975) *The End of Affluence.* Amereon Books.

Festinger, L., Riecken, H., and Schachter, S. (1956) *When Prophecy Fails: A Social and Psychological Study of a Modern Group That Predicted the Destruction of the World.* Harper-Torchbooks.

Franklin, D. (ed.) (2018) *Megatech: Technology in 2050.* Economist Books.

Gore, A. (2007) *An Inconvenient Truth.* Perfection Learning.

Haidt, J. (2012) *The Righteous Mind: Why Good People are Divided by Politics and Religion.* Pantheon Books.

Hawkins, J. with Blakeslee, S. (2005) *On Intelligence: How a New Understanding of the Brain Will Lead to the Creation of Truly Intelligent Machines.* Times Books.

Ibbitson, J. and Bricker, D. (2019) *Empty Planet: The Shock of Global Population Decline.* Robinson.

Kaku, M. (2012) *Physics of the Future: The Inventions That Will Transform Our Lives.* Penguin.

Khaldun, I. (1377) *Muqaddimah.*

Laloux, F. (2014) *Reinventing Organizations: A Guide to Creating Organizations Inspired by the Next Stage in Human Consciousness.* Nelson Parker.

Long, J. B. D. and Shleifer, A. (1993) Princes and Merchants: European City Growth before the Industrial Revolution. NBER Working Paper No. 4274.

Mackay, C. (1841) *Extraordinary Popular Delusions and the Madness of Crowds.* London: Richard Bentley.

Meadows, D. L., Meadows, D. H., Behrens, W. W., and Randers, J. (1974) *The Limits to Growth: A Report for the Club of Rome's Project on the Predicament of Mankind.* Universe Books.

Nozick, R. (1974) *State, Anarchy, and Utopia.* Basic Books.

Paddock, W. and Paddock, P. (1968) *Famine, 1975! America's Decision: Who Will Survive?* Little Brown.

Piketty, T. and Goldhammer, A. (2014) *Capital in the Twenty-First Century*. Harvard University Press.

Pine, B. J. and Gilmore, J. H. (1999) *The Experience Economy: Work Is Theater & Every Business a Stage*. Harvard Business Review Press.

Pinker, S. (1997) *How the Mind Works*. W. W. Norton and Co.

Ridley, M. (2010) *The Rational Optimist: How Prosperity Evolves*. Harper.

Roslin, H., Rosling, O., and Rosling Rönnlund, A. (2018) *Factfulness: Ten Reasons We're Wrong About the World – and Why Things Are Better Than You Think*. Flatiron Books.

Simon, J. (1981) *The Ultimate Resource*. Princeton University Press.

Sundararajan, A. (2016) *The Sharing Economy: The End of Employment and the Rise of Crowd-Based Capitalism*. MIT Press.

Taleb, N. (2018) *Skin in the Game: Hidden Asymmetries in Daily Life*. Allen Lane.

Tvede, L. (2016) *The Creative Society: How the Future Can Be Won*. LID Publishing.

Venter, J. C. (2007) *A Life Decoded: My Genome: My Life*. Viking Books.

Wade, N. (2006) *Before the Dawn: Recovering the Lost History of Our Ancestors*. Penguin.